ミネルヴァ日本評伝選

やってみもせんで、何がわかる

本田宗一郎

伊丹敬之著

ミネルヴァ書房

刊行の趣意

「学問は歴史に極まり候ことに候」とは、先哲荻生徂徠のことばである。

歴史のなかにこそ人間の智恵は宿されている。人間の愚かさもそこにはあらわだ。この歴史を探り、歴史に学んでこそ、人間はようやくみずからの正体を知り、いくらかは賢くなることができる。新しい勇気を得て未来に向かうことができる。徂徠はそう言いたかったのだろう。

「ミネルヴァ日本評伝選」は、私たちの直接の先人について、この人間知を学びなおそうという試みである。日本列島の過去に生きた人々の言行を、深く、くわしく探って、そこに現代への批判を聴きとろうとする試みである。日本人ばかりではない。列島の歴史にかかわった多くの異国の人々の声にも耳を傾けよう。

先人たちの書き残した文章をそのひだにまで立ち入って読み、彼らの旅した跡をたどりなおし、彼らのなしとげた事業を広い文脈のなかで注意深く観察しなおす――そのとき、はじめて先人たちはいまの私たちのかたわらによみがえってくる。彼らのなまの声で歴史の智恵を、また人間であることのよろこびと苦しみを、私たちに伝えてくれもするだろう。

この「評伝選」のつらなりのなかから、列島の歴史はおのずからその複雑さと奥ゆきの深さをもって浮かび上がってくるはずだ。これを読むとき、私たちのなかに新たな自信と勇気が湧いてきて、その矜持と勇気をもって「グローバリゼーション」の世紀に立ち向かってゆくことができる――そのような「ミネルヴァ日本評伝選」にしたいと、私たちは願っている。

平成十五年（二〇〇三）九月

上横手雅敬
芳賀　徹

ホンダの初代 F1カーに乗る宗一郎
（傍らは中村良夫）

東海精機重工業の社屋と宗一郎（左端）

ホンダの商品第一号（改造補助エンジン）
（ホンダコレクションホール展示）

A 型エンジン搭載の自転車

出会って間もない頃の宗一郎と藤澤

ドリーム C70

スーパーカブ

マン島レース初参戦のホンダ車

技術研究所創立時の全メンバー

N360と宗一郎

自動車の殿堂入りの記念に（さち夫人と共に）

お礼の会のセンターボード

本田宗一郎——やってみもせんで、何がわかる　目次

目　次

図版一覧

図版一覧

▨特記以外本田技研工業株式会社提供

第一章　本田宗一郎とその時代

ブタペスト、東京、光明村船明、富士霊園

一九九一年八月十一日、ハンガリー・ブタペスト郊外。

この日、四輪モーターレースの最高峰F1のハンガリーグランプリが、ブタペスト郊外のサーキットで行われた。レース後の表彰式で、台の中央には不世出《ふせいしゅつ》のF1ドライバー・音速の貴公子と呼ばれたアイルトン・セナが立っていた。セナの腕には、黒い喪章。本田宗一郎への弔意である。

マクラーレン・ホンダのクルマに乗り、他をまったく寄せ付けずに見事な優勝を果たしたセナは、試合後のインタビューで涙ながらに本田宗一郎《ほんだそういちろう》（以下この本では宗一郎と書く）への追悼の言葉を語った。音速の貴公子は宗一郎を心から慕っていたのである。

一九九一年（平成三年）八月五日、東京。

セナのハンガリーグランプリ優勝の六日前、宗一郎は東京・本郷の順天堂医院で、家族に見守られながら安らかに八十四年の生涯を閉じた。長年の糖尿病の後、肝臓ガンになっていた。しかし、その直前までドイツ旅行をするなど最後まで活動的に動き回り、短い入院の後に大往生をとげた。

終戦後の混乱の中で本田技研工業を創業し、徒手空拳からスタートして世界的な自動車メーカーにまで育てた伝説の経営者の、見事な人生の着陸であった。アメリカのニューヨークタイムズも、第一面に写真入りで宗一郎の死去を報じた。

一九〇六年（明治三九年）十一月十七日、静岡県。

その死去の夏から八十四年と八カ月ほど前の晩秋、宗一郎は当時の静岡県磐田郡光明《こうみょう》村に生まれた。現在の浜松市天竜区の一部である。

光明村は天竜川が浜松平野へと流れだす、まさにその最後の山すそにある。村は天竜川に面し、そして村の中を天竜の支流である二俣川も流れている。その山と川に囲まれた静かな村の船明《ふなぎら》という地区で、宗一郎は村の鍛冶屋の長男として生まれた。林業と天竜茶の、小さな村である。

その地名は、妙に明るい。光明村であり、船明である。そして、山の中ではあるが、閉鎖された空間ではない。船明の天も広く、天竜の水も広い。

南アルプス山塊が浜松平野へと溶け込んでいく端の部分に位置する船明では、もう山は深くなく、里山である。その里山の向こうには高い天が広がっている。そして、諏訪湖を流れ出し南アルプスをえぐるように流れてくる天竜川も、船明のあたりから川幅も広くなり、水が豊かに流れている。天竜の水は広いのである。

そして、天竜川は浜松平野へと流れ出すとすぐに、太平洋へと注ぎ込む。その海には、世界へとつながる広さがある。つまり船明は、山から平野へ、平野から海へ、と広い世界へ飛び出そうとする発射台のような位置にある。

この遠州の小さな村に生まれた宗一郎は、そこから世界に羽ばたいた。自分の身体と才能だけを出発点にして、世界のホンダを作り上げたのである。それは、小さな山あいの空間がすぐに大きな天地へとつながる、その広がり行く感覚が現実のものになった、とも見える。船明の土地が抱かせる「広がる思い」が、宗一郎という竜を天に駆け上がらせた、といえるかも知れない。まさに、天竜である。

昔の遠州光明村

その竜はいま、静岡県小山の富士霊園で眠っている。富士山の山麓に作られたこの霊園のすぐ近くには、富士スピードウェイがある。そしてこの霊園から見ると、光明村船明は西南西の方角で、宗一郎の墓石も西を向いて置かれている。宗一郎は故郷・船明の山河を望みながら、レーシングエンジンの爆音に包まれて眠っているのである。

光明村船明は静岡県の西の端に、富士霊園は同じ静岡県の東の端にある。その間の距離は直線距離で一五〇キロに満たない。しかし、直線距離こそ短いが、この二つの土地の間の旅に宗一郎が要した時間は八十四年と長く、またその途中経路は全世界をめぐる超長距離であった。それは、波乱とドラマに満ちた八十四年の旅だった。

この本は、光明村船明を出発し富士霊園に到着するまでの、一人の天才的技術者・経営者の人生を描こうとする本である。天衣無縫に夢を追い続けた、快男児の人生である。

ホンダの成長、ホンダDNAの伝承

宗一郎は経営者である。その最大の作品は本田技研工業（以下この本ではホンダと書く）という企業そのものである。その作品の成果はどのようなものだったか、ホンダの企業成長を振り返ってみよう。

宗一郎が浜松に自転車用補助エンジンの個人商店を創業したのは、一九四六年。そして四八年にそれを法人化して、本田技研工業株式会社が創立される。その翌四九年、共同創業者ともいうべき重要な役割を一貫して果たす藤澤武夫《ふじさわたけお》が、宗一郎と出会い、すぐに常務としてホンダに参加する。そして、二人の名コンビは一九七三年に二人がそれぞれ、社長・副社長を退任するまで続く。宗一郎の社長在任は二十五年間であった。社長退任から十八年後の一九九一年、宗一郎は死去する。藤澤はその三年前に亡くなっていた。

ホンダの法人化初年度となる一九四九年度を起点に、宗一郎の社長退任の年（一九七三年度）、死去の年（一九九一年度）、そしてさまざまなデータのある最新年（二〇〇八年度）のホンダの売上、従業員数、資本金を連結ベースで見てみると、表の通りである。

	売上（億円）	従業員数（人）	資本金（億円）
1949年	0.33	50	0.01
1973年	3,915	19,200	181.8
1991年	43,918	90,500	853.6
2008年	100,112	181,876	860.7

ホンダの成長

戦争直後とは貨幣価値がちがうのでこれらの数字の単純比較はできないが、ホンダ創立時にわずか三三〇〇万円だった売上が、社長退任時には三九一五億円。当時としては、堂々たる大企業である。さらに、宗一郎が社長を退任しても、彼の存命中はホンダは成長を続け、一九八三年には戦後生まれの企業としては一番乗りで売上一兆円を超す。そして宗一郎の死去の年（九一年）には、売上四兆三〇〇〇億円の世界的な大企業になっていた。

宗一郎の死去以降のホンダの成長は、規模がすでに大きくなっていたこともあり、成長率としてはそれ以前と比べてかなり鈍った。しかし、絶対規模としては宗一郎の死後の十七年間で六兆円近い売り上げ増になっている。大きな成長である。そして、二〇〇八年の自動車メーカーランキングで、ホンダは世界第七位。売上十兆円を超し、従業員も全世界で十八万人強を雇用する、超巨大企業になっている。六十年前の売上三三〇〇万円、従業員数五十人と比べると、その成長のすさまじさがよく分かる。

規模の成長があっただけでは、もちろんない。ホンダの商品や技術、その市場も、この六十年間、拡大・深化をし続けてきている。

ホンダの創業は、第三章でよりくわしく語るように、自転車用補助エンジンである。それも既存のエンジンを少し改造して自転車補助動力用にする、という仕事がホンダの最初の事業であった。そのとき宗一郎は三十九歳、決して若くはない創業だった。そこから、オートバイの生産、汎用エンジンの生産、軽自動車の生産、四輪乗用車の生産、と事業分野が拡大してきた。現在は四輪中心の会社であるが、二輪車としても世界一で、世界的にも珍しい二輪・四輪兼営の巨大企業である。

市場も、国内でナンバーワンのオートバイメーカーになるとすぐに世界に目を向け、早くも一九五九年にはアメリカホンダという現地販売会社を設立している。その後もアジア、ヨーロッパと市場は拡大していって、いまは全世界が市場となっている。

こうした企業成長を可能にしたのはホンダの技術ベースの深化・拡大であったが、その最大の駆動力は世界最高峰のモーターレースへの参加による技術蓄積の深化であった。レースの修羅場がホンダの技術陣を鍛えたといってもよい。

一九五九年のイギリス・マン島のオートバイレース参戦を皮切りに、オートバイの世界グランプリはいうに及ばず、一九六三年には四輪の最高峰であるF１（フォーミュラ1）グランプリへの参加を宗一郎は決める。そして六一年にはマン島レースで完全優勝（第四章）、六五年にはF１メキシコグランプリで優勝、六六年にはF２（フォーミュラ2）レースで十一連勝（いずれも第五章）、と次々と成果を上げていくのである。いずれも宗一郎の陣頭指揮である。六五年にはすでに宗一郎は五十九歳になっていたが、その年齢でF１への挑戦を引っ張っていくエネルギーを見せていた。

こうしたモーターレースはエンジンの極限の開発を要求する。それがホンダの若い技術者たちを育てた。そうして鍛えられた彼らが、次々と市販製品の開発に投入される。それゆえに、ホンダのクルマは小型高性能のエンジンを製品差別化の鍵とするものになっていったのである。とくに、極限状況のエンジンの燃焼を必要とするＦ１の経験が、エンジンの燃焼技術を他の誰よりもホンダに蓄積させた。その蓄積が見事に活きたのが、希薄燃焼によって画期的な低公害を実現し、ホンダの小型乗用車を世界の舞台に立たせる原動力となった、一九七二年のＣＶＣＣエンジンの開発成功である（第七章）。

こうしたホンダの成長プロセスを、宗一郎は社長として引っ張り続けた。営業と管理は一九四九年に出会った名コンビの藤澤に任せたが、技術を育て、製品を作り、ホンダという会社を社会に対して代表していたのは、一貫して宗一郎であった。そして一九七三年、後々まで潔い引き際と語り継がれているように、宗一郎と藤澤は社長・副社長を退任して、最高顧問に直ちに退く。このとき、宗一郎六十六歳、藤澤六十二歳、後任社長の河島喜好《かわしまきよし》は四十五歳であった。

社長退任後、宗一郎はさまざまな公職を中心とする社会的活動に軸足を移すが、同時にホンダのかけがえのない対外的象徴としての活躍も続ける。経営の現場からは退いても、ホンダの内外でその存在感は巨大であり続けた。そして晩年には、アメリカの自動車の殿堂入りをはじめ、多くの国際的な栄誉に輝いた。

ホンダの成長と宗一郎の人生を重ね合わせるときに特筆すべきは、「社長在任中のみならず、退任後も」ホンダという企業が成長を続けた、ということである。その事実は、宗一郎が社長を退いた後もきちんと経営をしていけるだけの人材や組織風土あるいは経営路線が、社長在任中にかなり整えられたことを意味する。

多くの創業者社長はワンマンで、ワンマンゆえにリーダーシップを発揮して企業を引っ張って成長させる。しかし、いったんワンマンが退くと、途端に低迷する企業が多い。ホンダはそうはならなかった。宗一郎と藤澤が残したホンダＤＮＡが組織の内部に深く浸透し、それが企業の活力を生み出してきたからであろう。

ホンダの人々は、宗一郎没後二十年近くたつ現在でも、ホンダＤＮＡ、ホンダフィロソフィということをさかんに語り、強調する。同じように強烈な創業者をもつパナソニック（もとの松下電器産業）でも松下幸之助《まつしたこうのすけ》の経営理念が同じような熱で語られるが、しかしこの二社を除けば、大企業ではあまり例がないであろう。戦後の成長企業の代名詞としてホンダと並び称されるソニーでも、創業者のＤＮＡがそこまで語られることはないし、むしろその希薄化が問題だという人もいる。

そうしたホンダＤＮＡの最大の源泉は、宗一郎の個性であった。彼の行動、言葉、そして背中が、人々の心と頭に深く刻むものがあった。その上、宗一郎はきわめて人に好かれる人柄で、だから宗一郎には多くの人々が心酔し、また親しみを込めて「オヤジさん」あるいは「親父」と呼んだのである。

個性の強さは宗一郎のみならず、多くの創業経営者に共通する点ではある。しかし、宗一郎の個性は例外的なほどに強烈で、しかも人の心をわしづかみにするようなものだった。そのために、人々が心酔する程度も深く、また伝染性や残存性も強かった。その上、後々の章で明らかになるように、藤澤武夫という名伯楽がホンダＤＮＡ伝承のための組織的な手配りをさまざまな形で行った。

桁外れの個性とその影響力を伝承させようとする組織的努力とが両立して、創業者の個性が組織のＤＮＡとして長く伝承されて大きな意味を持ち続けた例は、あまりない。桁外れの個性はそれに頼りすぎることが多くて、「一代限り」となるのがふつうである。また創業者の精神の伝承のための組織的努力があっても、そもそも伝承に足る強烈な個性の源泉がなければ、伝承されるＤＮＡの貢献は大したことにならない。

ホンダと宗一郎の事例は、その両立の珍しい例であろう。

天衣無縫、夢、エネルギー、人間賛歌

そうした宗一郎の個性は以下の章でさまざまな形で登場するが、あえて本書の冒頭で四つにまとめてみると、第一に天衣無縫さ、第二に夢の大きさ、第三に前進へのエネルギー、そして第四に人間賛歌、となると私は思う。

宗一郎の天衣無縫さは、大は技術の発想や経営の構想に、小は対人関係の心配りに、随所に表れる。驚くような発想で、宗一郎は動いてしまう。世間の常識など、気にしない。

たとえば、本筋でいいと思えば、多くの人が喜ぶと思えば、とにかく実行してみようとする。前例も何も気にしない。「人間は入れる所と出す所が大切だ」、とボロ工場を買ったときにまっさきに便所を水洗にしたりする。あるいはまだ四十歳台で藍綬褒章を受章したとき、高松宮に「研究は大変だね」と声をかけられると、「いいえ、惚れて通えば千里も一里と申しまして、好きだから苦労でもありません」と答えた。宮様に対する常識的な返事ではない。

宗一郎はまた、大きな夢をつねに描こうとしていた。それも、ぎりぎりの努力を続ければなんとか達成できるかも知れない、という厳しいレベルの大きな夢である。

たとえば、まだ浜松の町工場に過ぎなかった頃から、世界一のオートバイメーカーになるとミカン箱の上から従業員に演説をぶつ。四輪車への参入を発表した直後のまだろくに四輪事業もやっていない時期に、いきなり四輪の世界最高峰のレースであるＦ１グランプリに参戦するという夢をぶち上げ、すぐ準備に入る。

そして、宗一郎の描いた夢の大きさと筋のよさが、人々を奮い立たせ、結集させるのである。

夢を描くだけでなく、その実現に向けて前進を継続するエネルギーについても、宗一郎は並外れている。その基本は、肉体的エネルギーの強靭さと精神的エネルギーの無尽蔵さであろう。疲れを知らぬ、と表現したくなるような行動をたびたび宗一郎はとっていたようである。

たとえば、宗一郎は社長でありながら研究所を本拠としていたのだが、研究所で深夜まで若い人と部品試作のアイデアを議論し、次の日は朝一番に研究所に来る。そして、どうだった、と尋ねる。彼自身も家で寝ながらも思考を続けていたが、若い人たちが徹夜で実際に試作してみることを当然とも思っている。「時間は酷使するものだ」と宗一郎らしい言葉があるが、時間を酷使してすべての活動のスピードを上げるだけのエネルギーと体力が、宗一郎にはあった。そして、そうした前進のエネルギーを他人にも要求している。

そうした前進のエネルギーは、夢からも生まれるが、しかし苦境からも生まれる。何かを試みて、挫折し、悩み、その状況をなんとかしなければともがくエネルギーが、前進のエネルギーになるのである。宗一郎はしばしば、「創意工夫は苦しまぎれの知恵である」といっていた。

宗一郎は他人にも大量の前進エネルギー・高速回転活動を要求した。現在ホンダで語り継がれている、エネルギー創出の秘訣を語る言葉がそれを象徴している。

「二階に上げ、はしごを外して、下から火をつける」

そして、他人への高速回転活動の要求に相手が十分に応えていないと思ったとき、宗一郎は怒った。しばしば、手が先に出た。高速で前進のエネルギーを生み出さないことへの怒りである。自分との温度差の違い、集中度の差に、つい我慢ができなくなるのである。

しかし、不思議にそうして叩かれた人たちが育つ。宗一郎を慕う。だから、宗一郎にどの程度怒られたか、叩かれたかが、秘かに宗一郎の部下たちの誇りの量（距離が近いことを誇りに思う）を決めていた部分がかなりあった。宗一郎との距離の近さと怒られる頻度や程度は比例する、と暗黙に了解されていたのである。

こうした厳しい要求をする宗一郎に、それでも人々はついていった。多くの人が心酔した。それは、宗一郎の夢やエネルギーがなせる業でもあったが、しかし宗一郎が基本的に人間というものを信頼し、尊重し、人間への賛歌を自分の中に充満させていた人だったからであろう。宗一郎は純粋な人だった。

社員と遊ぶ宗一郎

人は平等だ、人のポテンシャルは大きい、目立たないところで努力する人は本当にえらい、人の喜ぶ顔をぜひ見たい。宗一郎は本質的なところで人間というものを信じていた。それを人間賛歌、と表現してもいいだろう。その賛歌が根底にあると思えるからこそ、人々は宗一郎の磁力に引きつけられていく。

社内の運動会で、女性社員と一緒になって分け隔てなく楽しむ。アイルトン・セナの肩をやさしく抱いて、悩みを受け止めてやる。風邪を引きながらヨーロッパへの出張に旅立った部下のエンジニアに、途中給油地の空港宛てに「身体を大事にせよ」と電報を打つ。なんとかしろと部下を殴りつけた翌朝、「悪かったな、でもやればできるじゃないか」と声をかける。

宗一郎には、人情の機微にふれるような大小とり混ぜての行動のエピソードが沢山残っている。宗一郎ほど、さまざまな立場の人から好かれた人も珍しいだろう。その根底に、宗一郎の身体に満ちた人間賛歌がある。

天衣無縫、夢、エネルギー、人間賛歌という四つの個性を統合して表現していると私が思う、宗一

郎の口癖の言葉の一つがある。この本の副題にした、

「やってみもせんで、何がわかる」

である。

とにかく既成観念や常識にとらわれず、自由に考えよ。そして、大きな夢を描いて、まずやってみよ。それができるかどうか分からないのだから、だからこそ前進してみるのだ。へ理屈をいう前に、できませんという理由を考える前に、とにかく行動して、確かめよ。人間は思いもかけないこともできるポテンシャルを誰しも秘めているのだ。だから、やってみよ。

しかし、天衣無縫に夢を描いて前へ前へと進むと、いかに人間賛歌でもときに大きな揺れが来る。暴走になってしまうことがある。だから、後ろからしっかりと支える人がいないと、早晩、企業としてはつぶれる危険が大きい。ホンダは宗一郎の社長在任中少なくとも二度は、宗一郎の暴走気味の行動が一つの大きな原因となった巨大な危機に直面している。一九五四年の経営危機（第四章）と一九七〇年の経営危機（第七章）である。この二つの危機ではともに、藤澤武夫が危機を切り抜けるための「後ろから支える役割」を見事に果たした。だからこそ、ホンダは生き延びられた。

若い人々に慕われ、藤澤のような名パートナーに支えられ、宗一郎は幸運な一生を送ったのである。この四つの個性がときに大きなマイナスをもたらしながら、しかし最後の帳尻としては巨大なプラス

が残り続けたのである。

戦後日本経済の象徴としての宗一郎

宗一郎は、明治に生まれ、大正時代に少年期を過ごし、昭和の初期に本格的な仕事人生を始めた。そして戦前にすでに二つの創業（自動車修理工場とピストンリング製造事業）を成功させていた。さらに戦争直後に三十九歳で、それまでの事業をすべて売却して新たにホンダの前身となる個人商店を創業し、それを世界的な自動車メーカーに育てた。そして人生の終幕を迎えたのは平成になってからだから、宗一郎は明治、大正、昭和、平成と四つの時代を駆け抜けたのである。

そして、その時代の変遷の中、宗一郎は三回の創業をいずれも成功させたが、宗一郎の戦後の成功が、ホンダの成功である。その戦後の宗一郎の経営者人生にはいくつかの句読点があるが、それらがすべて以下に説明するように戦後の日本経済の句読点と不思議に一致している。その意味で宗一郎は、戦後日本経済の復興と高度成長を象徴する経営者なのである。

宗一郎がホンダ（の前身となる個人商店）を浜松で創業したのは、一九四六年の夏であった。第二次世界大戦が終わってちょうど一年、終戦直後の茫然自失状態から人々が目覚め、戦後の混乱期がいよいよ本格的に始まった頃である。そして宗一郎がより大きな世界を求めて浜松から東京へとホンダの本社を移したのは、一九五〇年。この年、朝鮮半島で朝鮮戦争が勃発した。そのための特需が、戦後の混乱期の日本経済にはきわめて強力なカンフル剤になった。ここから、戦後日本の本格的復興期が始まる。それは、ホンダの最初の急成長期でもあった。

朝鮮動乱から十年後の一九六〇年、日本は本格的な高度成長に突入しようとしていた。この年、戦後の労働運動の分水嶺となった三井三池の闘争が終焉し、戦後日本の安全保障体制の骨格を決めた日米安全保障条約が国会を囲むデモの嵐の中で成立する。そして、新たに登場した池田内閣が所得倍増計画を発表する。一九六〇年は、日本が終戦後の政治の季節から転換して、高度成長の経済の季節に入っていく、その分岐点の年だった。

宗一郎が鈴鹿製作所の新設という大設備投資、研究開発部門の本田技術研究所としての独立組織化による開発機能の充実、というのちのホンダの成長に大きく貢献した戦略を実行したのは、この一九六〇年であった。そして、日本の高度成長がホンダの高度成長にもなっていく。

その日本の高度成長が終わったことを告げたのは、一九七三年のオイルショックであった。一九七三年十月に勃発した第四次中東戦争を契機に、アラブ諸国が石油の禁輸に踏み切り、石油をはじめとする資源価格が一気に大幅に上昇した。それは、重化学工業化を中心に高度経済成長をしてきた日本にとって、安価な資源の存在という成長基盤が失われたことを意味していた。翌七四年から日本経済は、それまでの平均経済成長率一〇%の高度成長から、一気に五%前後の安定成長へと激変していく。

宗一郎がホンダの社長を退いたのは、まさに一九七三年十月。オイルショックの一カ月前であった。宗一郎は、日本経済の高度成長の終焉と同時に、ホンダの表舞台から退場したのである。

引退後も社会的にさまざまな活躍を続けた宗一郎が逝去したのは、一九九一年であった。それはバブル崩壊の年であり、ソビエト連邦の崩壊の年でもあった。つまり、日本の安定成長期が終わった年であり、日本の安全保障が一気に不透明となった年である。失われた十年が始まったのが、この一九九一年であった。

こうして、戦後日本経済の主な句読点と宗一郎の経営者人生の大きな句読点が、見事に一致する。まことに、戦後日本経済を象徴するような人生であった。

それは別な角度から見れば、宗一郎が経営者として過ごした時代は、日本にとっても宗一郎にとっても、「坂の上の雲」を追い求める幸せな時代であった、ということでもある。戦後生まれのホンダの成長は、日本の高度成長という時代背景があったからこそ実現できた、というべきであろう。現在の経済状況の中で宗一郎とまったく同じ個性と能力を持った人物が企業を興し成長させようと思っても、ホンダの成長の再現はほとんど不可能に近いだろう。

しかし、宗一郎の経営者としての貢献は、もちろん巨大である。

高度成長時代にすべての経営者が、時代背景のおかげで同じように成功できたわけではない。あるいは終戦直後の経済復興期に、没落していった戦前の有力企業も多かった。宗一郎は、戦後の混乱の中で徒手空拳の中で企業を興すことに成功し、そして高度成長期に他の企業よりもはるかに速いスピードでホンダを成長させたのである。

偶然の一致か、宗一郎が死去した一九九一年から、日本経済は長い低迷期に入っている。日本経済と日本企業のエネルギー水準の低下がさまざまな形で懸念される時代になっている。

宗一郎は生涯を通して、つねに前へ前へと進もうとする人だった。その前進のエネルギーは、宗一郎が経営者としてホンダを率いていた時代の日本全体にも満ちていた。宗一郎は、その時代の申し子のような存在であった。

だからであろうか、宗一郎について新たに書かれる本が出版され続け、また復刻される宗一郎の著書や関連書籍も多い。時代が、宗一郎のようなエネルギーを、そして宗一郎のような経営者像を、しきりに求めていることの表れであろう。

そうして宗一郎の人生に何かの示唆とエネルギーを求めようとしている人たちに対して、宗一郎はこう語りかけるのではないか。

「やってみもせんで、何がわかる」

多くの日本企業は、四の五のいわずに、新たな挑戦に踏み切る時期にとうに来ている。もちろん、失敗の危険はある。しかしかりに失敗しても、前向きの挑戦からは何かが残る。動かなければ、何も起きないし、何も残らない。

宗一郎は、果敢に、ときには無謀と思われるほどに、大きく動く人だった。そして、その大きな挑戦を成功させようとする必死の努力の中から、巨大な何ものかをさまざまな形で残した人だった。

第二章　誕生から人間休業宣言まで——一九〇六年から一九四五年

三つ子の魂百まで

宗一郎の人生を振り返ると、そのあちこちに家族と家業が、光明村の天地が、そして天竜川が、その影を残している。そして、宗一郎自身も子供がそのまま大人になったような人生を歩んでいる。まさに、三つ子の魂百まで、である。彼の墓が故郷の方を向いているのも、無理もない。

宗一郎は一九〇六年（明治三九年）十一月十七日、父儀平《ぎへい》、母みかの長男として、当時の静岡県磐田郡光明村船明に生まれた。儀平は村の実直な鍛冶屋で、みかは機織りの上手な気丈な人であった。その鍛冶屋の鉄を鍛える音の中で、鉄を加工してさまざまな道具にする作業場の傍らで、宗一郎は育った。そして、大きくなると鍛冶屋の仕事を喜んで手伝った。

両親の血を引いた宗一郎は手先が器用で、小さい頃から自分も鉄片を曲げて何かを作るのが好きだった。そして宗一郎の一生の仕事となった自動車製造業もまた、金属を加工してクルマという道具を作る仕事なのである。

のちに宗一郎は東京・西落合の自宅の敷地の中に、天竜の自然を模した広大な庭を作った。その庭に小川を作り、毎年、鮎パーティで知人たちをもてなした。鮎は清流に棲む敏感な魚だから、庭の小川で飼うのはきわめてむつかしい。しかも、一年の命の魚である。それをなんとか稚魚から成魚に自分の庭で育て、客に釣ってもらって食べてあげよう、という趣向のパーティである。宗一郎は、「天竜川」で親しい人たちをもてなしたかったのである。

宗一郎はおじいさん子だった。祖父寅平《とらへい》は幼児の宗一郎にせがまれて、毎日のように近所の精米所に連れて行った。ソニーの創業者井深大《いぶかまさる》との対談で宗一郎がこう語っている。

「石油の発動機でね。それがトントンかわりばんこに動いて、米をつく。プーンと石油のいい匂いがする。……荷重がかかると『トン、トントン』とやって、荷重がないと『トン、スカスカ』って、……その雰囲気が何ともいえない。……一日中、見ている」

（井深大『わが友　本田宗一郎』ワック、二〇〇四年、一九七頁、以下『わが友』と記す）

これが宗一郎とエンジンの最初の出会いである。そして、光明村にはじめて自動車が来たとき、宗一郎は興奮して自動車を追いかけて走り回った。

「私らのところで自動車を見かけるようになったのは、小学校の二、三年ごろだったなあ。自動車がきたら、そりゃもう、たまらなくなったものだ。むかしの自動車はね、止まれば必ず、オイルがしみて落ちてるんだ。そのオイルのにおいを……気が遠くなるような心持ちで嗅いだなあ」

（『わが友』一九九頁）

自動車いじりや運転は、宗一郎の子供としての夢になっていく。

宗一郎は、貧しいけれども暖かい家庭で育った。父母は、自分の好きなようにやってもいいが他人に迷惑だけはかけるな、時間を守れ、と厳しくしつけながらも個性を殺さなかった。そして宗一郎は、巨大な好奇心を持った子供だった。その好奇心ゆえに、ときにとんでもない行動に出る。たとえば、小学校四年生の頃である。

光明村から二十キロ離れた浜松の練兵場で、アメリカの飛行機乗りが曲芸飛行を見せる、という興行があった。それを知った宗一郎は、矢も楯もたまらず、親には無断で学校をさぼって父の自転車を持ち出し、浜松まで一人で見に行

父儀平

った。小さな子供が大人の自転車を三角乗りして、二十キロの距離を途中で道を聞きながら行ったのである。入場料が高くて持っていったお金では入れず、しかし知恵を働かせて場外の松を見つけて登って見た。のちに「創意工夫は苦しまぎれの知恵である」と宗一郎はいうようになるが、子供の頃から自分で実践していたのである。

家に帰ると、もう暗い。父が心配して待っていた。きつく叱られると覚悟して正直に話すと、父の目に理解の色が見える。そして、父は飛行機のことをくわしく宗一郎に聞いたという。宗一郎の巨大な好奇心は、父親譲りなのであろう。

宗一郎は、腕白で勉強嫌い、自分のやりたいようにやりたがる子供だった。のちに宗一郎が自由を重んじ、人まねが大嫌いだったのは、子供の頃のままである。

いたずらのエピソードがいくつも残っている。たとえば、小学校で飼っていた赤い金魚をエナメルで青に塗り替えてしまった。通信簿に親のハンコを捺さなければならないときに、親に成績を見せずに済むようにゴムに「本田」と自分で彫って涼しい顔をしていた。友達がそれを見て自分にもと頼むので彫ってやったが、ハンコには逆字に彫ることが必要なことを知らなかったので、先生にバレてしまう。本田という漢字は左右対称だから偶然大丈夫だったのである。要するに、何かを試すこと、何かを工夫することが大好きなのである。

しかし、知識を詰め込む勉強は大嫌いで、「自分で考えるのでなければいやだ」という。その上、綴り方が苦手で文章がうまく書けない。だから、学校の成績は実技のものはよかったが、書いてテストをするふつうの科目はからっきしダメだった。こうした小学校体験が宗一郎の学歴あるいは机上の学問への深い懐疑心の源になっている。手で考えることが大切だ、というのである。

貧しかった小さな頃に、つらい思いもしている。着物をそれほど買ってもらえず、汚い格好のときも多い。それを理由に、近所の金持ちの家に武者人形を見せてもらいに行ったとき、追い返された。このときのことを宗一郎は、金で差別されたくやしさを忘れない、と一九六二年に書いた日本経済新聞の「私の履歴書」でこう語っている。

「なんでそうするのかと疑問を持ったことをいまだに覚えている。そんな経験を身にしみて感じとっている私は、金によって人間を差別するということは絶対に排撃する。これは現在の私の事業経営のうえでも、人間だれでも皆平等でなければならぬという考え方になって現れている」

（本田宗一郎『本田宗一郎　夢を力に——私の履歴書』日経ビジネス人文庫、二〇〇一年、二一頁、以下『履歴書』と記す）

父の背中

宗一郎が尋常小学校を卒業して高等小学校へ進む頃、父儀平は肩や腰を悪くして鍛冶屋の仕事ができなくなった。それで、そのころ出回り始めていた自転車の修理業に転向する。腕のいい職人だった儀平は溶接技術も独学で覚え、工具や工作機械なども自分で作って修理の客を増やしていった。そして儀平は、たんに持ち込まれた故障の部分を直すだけでなく、他の部分も点検して乗り心地をよくしてから返した。お客様本位のサービス精神である。

さらに儀平は、中古自転車を安く買って修理再生して販売することを思いつく。東京まで足を伸ばして中古自転車を買い集め、それを新品のようにピカピカに再生して売った。いわば、自転車改造業である。戦後に宗一郎は自転車に補助エンジンを付けて売ることでホンダを創業するが、その原点といえないこともない。

宗一郎は、当時は新しかった自転車に挑戦する父、「ものはただ作ればいいんだ」では満足せずにとことんサービスする父、自分で工夫して工作機械から作って自転車の再生・改造をする父、その儀平の背中を見て育ったのである。そして、自転車屋の父がとっていた『輪業之世界』という雑誌に、一生を決める広告を見つける。

東京のアート商会という自動車修理工場の、丁稚小僧の募集広告である。高等小学校を卒業する頃であった。当時は多少は豊かになっていた儀平は「中学へ進学するか」と聞いてくれたが、宗一郎はもう学校はまっぴらだと思っていた。自動車は小さい頃からの夢だった。しかも、東京へ出られる。

宗一郎はすぐに自分で手紙を書き、応募した。親が承諾しているなら雇ってもいい、という返事がきた。宗一郎は儀平に頼み、許しを得た。母みかは家業を継いで欲しかったが、宗一郎は光明村より大きな天地に出たかった。

こうして東京行きが決まった宗一郎に、父・儀平はこういったという。

「なにをやろうと勝手だが、他人に迷惑をかけることだけはするな」

「大人になっても博打だけはやるな。あれは癖になる。麻薬と同じだ」

「時間を大事にせよ。時間を有効に使うか無駄にするかで人生は決まる」

（「宗一郎・創業前のエピソード」一九二二年、ホンダ社内資料）


宗一郎は、この三つの教えを終生、守った。父儀平が宗一郎にとって占めていた位置は特別なものだったのであろう。とくに、時間に関する宗一郎の考え方の原点は、この父の言葉にある。宗一郎はのちにホンダを創業して間もなく社内報で、「時間を酷使すること」、「すべてにスピードアップをすること」を大切なこととして説くことになるが、それは人間に平等に与えられている時間というものを有効活用するために、それを酷使するように仕事のスピードを上げ、短時間で大量で良質な仕事をすることの大切さを説いたものである。

こうした父の教えを胸に、一九二二年四月、十五歳の宗一郎は東京へ旅立った。律義に雇い主にご挨拶をするという儀平に連れられて、本郷・湯島のアート商会へと向かったのである。

もう一人の一郎

人間は自分の生まれる土地を選ぶことはできない。しかし、生まれた土地からさまざまな影響を受ける。たとえば、同じ土地に生まれた偉人やその家族のありようを見て、人は発奮したり、対抗心を感じたりする。そして、そうした感情はしばしば心中に深く秘められて他人に見えることはないが、しかしその人の重要な決断のどこかに影を落とすことがある。

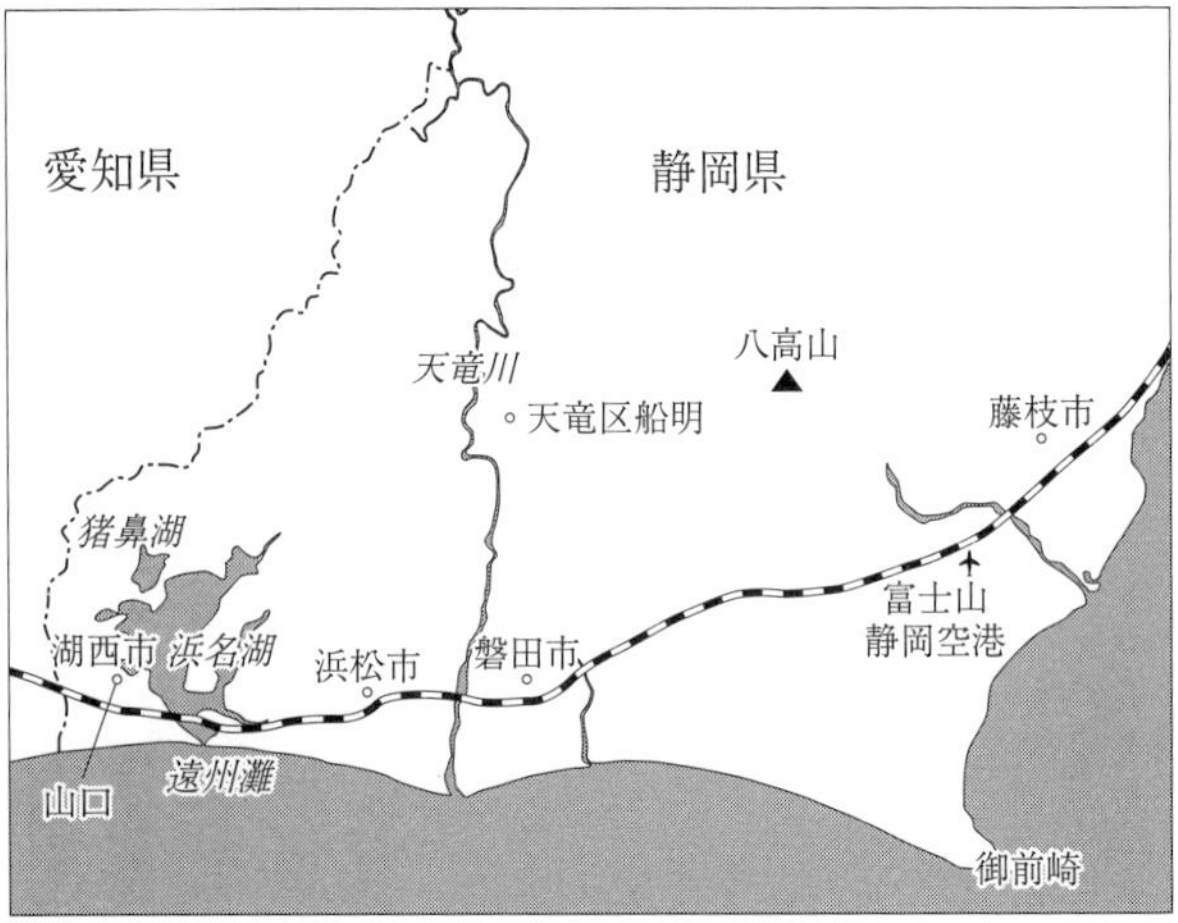

遠州の地図

宗一郎が十五歳で光明村から東京へ旅立った年の前年（一九二二年）、二十七歳で日本からアメリカへと旅立ったもう一人の一郎がいた。のちにトヨタ自動車工業の創業者となる豊《とよ》田《だ》喜《き》一郎《いちろう》である。旅の目的は妹夫婦との半年にわたる欧米産業視察であった。宗一郎よりも一回り年上の彼は、一八九四年にやはり遠州で生まれた。宗一郎が生まれた光明村からは浜名湖の反対側になる、静岡県敷《ふ》知《ち》郡吉《き》津《づ》村字山口（現在の湖西市山口）である。直線距離で三十キロ強しか離れていない。

　喜一郎の父親は、自動織機の発明で世界的に名高い豊《とよ》田《だ》佐《さ》吉《きち》である。佐吉は山口の村の貧しい大工の息子として生まれ、幾多の辛酸を嘗めたのち、自動織機の発明で世界的に有名になり、さらに自動織機の生産や紡織事業への進出で経済的にも大成功する。ただし喜一郎は、まだ佐吉が貧しくて山口に住んでいた頃生まれた。

豊田佐吉は同じ遠州が生んだ世界の発明王として、宗一郎の少年時代にはすでに有名で、当然に宗一郎は知っていたであろう。まぎれもない郷土の偉人である。しかし佐吉の長男喜一郎のことを宗一郎がいつ知ったか、分からない。だが、のちに宗一郎が創業する東海精機重工業に戦時中トヨタの資本が入ったときは、すでに喜一郎はそのトヨタ自動車工業の社長であった。その頃には当然知っていたはずである。

二人の一郎は、さまざまな意味で対照的な人生を歩む。宗一郎は、遠州の在の貧しい鍛冶屋の倅に生まれ、高等小学校を卒業しただけで東京の自動車修理屋に丁稚奉公に出る。そこから、いわば徒手空拳でのちに本田技研工業を創業し、世界のホンダを育てるのである。

喜一郎は、生まれた頃は貧しかったもののすぐに父佐吉が大成功し、それ以降は豊かな生活を送る。旧制二高を出た後、東京帝国大学工学部機械工学科を卒業し、父の会社である豊田紡織に入社。喜一郎はすぐれた技術者で、自身も自動織機G型の開発などを成功させたのち、自動織機で築いた資本と技術を使って豊田自動織機製作所に自動車部を設立する。この自動車部が母体となったトヨタ自動車工業の社長に、喜一郎は一九四一年に就任することになるのである。そしてここで、二人の一郎の人生は公式に交差し始める。

しかし、宗一郎が世界のホンダを育てたようには、喜一郎は世界のトヨタを育てられなかった。志半ばにして、一九五二年に五十七歳で急死してしまうからである。だから喜一郎は、現在のわれわれが知っている世界のトヨタを、まったく知らない。一方、宗一郎は六十六歳までホンダの社長を務め、退任後は彼が育てたホンダが世界のホンダになるのを見届けた上で、一九九一年に八十四歳で安らかな大往生を迎える。

貧しい中から志を遂げた宗一郎と恵まれたスタートを切りながら志半ばで倒れた喜一郎。ちがいは大きいがしかし、二人の一郎の自動車産業への興味あるいは関与が始まるのは同じような時期で、先に紹介した二人の旅立ちの直後だと思われる。

宗一郎は自動車修理業への丁稚奉公を通して自動車産業に従事し始める。喜一郎は欧米産業視察の際にアメリカで自動車による移動をたびたびしているし、自動車の多さも見た。そして、喜一郎が旅立ちの前年に書いた東京帝国大学の卒業論文は、紡績工場の原動機（エンジン）の研究であった。喜一郎はアメリカで日本の自動車産業の将来を考えたことであろう。ただし、喜一郎が自動車への参入を真剣に考えるのは、八年後の二度目の欧米視察のときだという。

二人の一郎が同じ遠州で生まれたのは、偶然である。二人の一郎が同じ時期に自動車産業と関わり合いを持ち始めるのも、偶然である。しかし、二つの偶然が重なり、しかも喜一郎の父が郷里の偉人で、その上に二人の一郎の人生も現実に交差し始めるとなると、喜一郎の側はともかく、当時は仰ぎ見る立場にあった宗一郎の方がなんらかの意識をしたと考えても、不自然ではない。

宗一郎自身はほとんど何も語っていないが、宗一郎にとっては豊田家の親子は二重に意識せざるを得ない対象だったのではないか。親の佐吉に対しては、同じように貧しい村の大工や鍛冶屋の倅に生まれながら、技術の腕一本で世界的な成功をした郷土の偉人として。息子の喜一郎に対しては、帝大卒の恵まれた技術者で、しかも自分にとっては見果てぬ夢かも知れない自動車メーカーを親の資産で創業できた男として。

二人の一郎という視点を宗一郎の人生を見る一つのスパイスにすると、何か見えてくるものがありそうだ。このの ちじつに長い間、宗一郎とトヨタは何かと交差していくのである。

レースへの血の騒ぎと心の修理業

宗一郎の丁稚奉公はつらい子守りで始まった。

アート商会では、修理の勉強をさせてくれるのでもなく、来る日も来る日もご主人の榊原郁三《さかきばらいくぞう》の赤ちゃんを背中におぶっての子守りであった。宗一郎は逃げ出そうかとも思ったが、父や母の顔を思い出して思いとどまった。そして前向きに考えようと、背中に子をおぶりながら、ご主人の自動車関係の雑誌や蔵書を片っ端から読み始めた。その中には、おそらく、欧米の自動車レースの記事や本もあっただろう。また宗一郎は、子守りをしながら兄弟子たちの作業をよく観察した。読書も観察も、じつはいい基礎勉強になったのである。

宗一郎が最初に修理作業をやらせてもらえたのは大雪の日で、自動車の下についた雪のせいでワイヤが切れたアンダーカバーの修理だった。忙し過ぎて手が足らなかったから宗一郎にも仕事が回ってきたのだが、宗一郎はそのときの感激を一生忘れなかった。たまりにたまった願望が実現できた感激であろう。仕事の手際はよかった。それが認められて修理作業の時間が多くなっていった。そして、鍛冶屋の手伝いで金属加工作業に慣れている宗一郎は、たちまち自動車の修理技術を身に付けていった。

一九二三年九月、宗一郎が丁稚奉公を始めた翌年、関東大震災が発生する。それは、被害に遭った人々には大きな災難だったが、宗一郎には技術修得のいい機会となった。榊原が震災で焼け出された工場にあった大量の自動車の修理を引き受けたからである。しかも震災で弟子のほとんどは郷里へ帰り、宗一郎以外に残ったのは一人しかいなかった。宗一郎は大忙しで、さまざまな作業を自分でやらなければならなかった。部品もない中での修理であった。中でも大変だったのは、木製のスポークを作ることだった。当時の車輪のスポークは木製で、震災後の火災で焼けてしまっていたのである。

その後も多種多様の自動車が持ち込まれるアート商会での修理作業は、宗一郎にとって絶好の実地教育の場でもあった。そこで鍛えられて修理の腕が上がるにつれて、出張修理も一人で行かせてもらえるようになった。

盛岡での消防自動車の修理に、十八歳の若さで一人で行ったこともある。若すぎる宗一郎に最初は消防署の人たちは不安満面であったが、三日間の修理で見事に消防自動車のエンジンがかかったときから、ごろりと態度が変わり、尊敬と感謝である。そして、待遇も変わって、夜の食事は床の間付きの部屋でお酒付きだった。のちに宗一郎はさんざんに芸者遊びをするが、このとき生まれて初めて女性にお酌をしてもらい、手が震えたという。宗一郎が、技術のありがたさ、貴重さをしみじみと感じた瞬間でもあった。

アート商会の榊原は、モーターレースを自分でやる人だった。その縁で、宗一郎もモーターレースの世界に足を踏み入れることになる。榊原に誘われ、レーシングカーづくりの手伝いを始めるのである。宗一郎の最初のクルマ作りである。

宗一郎が作った最初のレーサーがレースに出たのは一九二四年四月。ホンダの長いモーターレースの歴史の記念日とすべきかも知れない。そのレースには勝てなかったが、次のレーサーのために津田沼の飛行学校まで行って、飛行機用のエンジン（カーチス製）を払い下げてもらって、自分たちでレース用自動車をほとんど手作りで作った。それが、現在も栃木県茂木のホンダコレクションホールに実際に動く状態で保存されている、アート・カーチス号である。

カーチス号で優勝

そのクルマに乗って、その年の十一月のレースで榊原と宗一郎のチームは優勝する。宗一郎は助手として実際に乗車した。レーシングカーのエンジンの爆音は、人の血を騒がせるような巨大な轟音である。アート・カーチス号の八二〇〇ccエンジンの爆音は、宗一郎の血をもちろん騒がせたであろう。宗一郎はまだ十八歳であった。しかし、最初に作った車がレーシングカーで、そのエンジンの爆音とともにレースでの優勝を経験したのである。宗一郎がレースの魅力に取りつかれていく、その原点である。

アート商会の丁稚奉公で宗一郎が得たものは、たしかに自動車技術であったし、レースへの血の騒ぎであったろうが、「お客様の安心こそ鍵」という商売の心得を学んだのも、宗一郎のその後の人生にとっては大きな意味を持ったと思われる。自動車修理は「心の修理業」、という考えである。

宗一郎は一九八二年に『私の手が語る』という本を書くが、その本に「心の修理業」というタイトルの節がある。そこで宗一郎は修理工場での経験についてこういっている。

「車をこわしたお客さんは、修理工場へ来たり、電話で連絡するまでに、さんざん苦労し、憤慨し、動揺しているのがふつうである。機械もこわれているが、お客の心もこわれている」

（本田宗一郎『私の手が語る』講談社、一九八二年、一〇四頁、以下『私の手』と記す）

その上、宗一郎は若造である。当時は高価だった自動車をこんな若造に任せられるか、と誰でも不安になる。だから、相手の不安をやわらげるような努力が必要になる。たとえば、泥の付いた靴で修理の終わった車に乗ろうとするお客さんに、「汚れますよ」とさりげなく注意する。こうして車を大切にする男の修理なら大丈夫だろう、と信頼につながるのである。宗一郎はこう続ける。

「さらに、私は、たとえお客本人が理解できなくても、故障や不具合の原因と、私のとった処置をよく説明したものだ。……お客さんはわからなくても『ああそうか』ということになる。なおりました、だけでは車はなおってもお客の心まではなおせない。いかに相手に納得してもらい、安心してもらうかが問題である」
（『私の手』一〇五頁）

お客様の安心や満足こそが大切、というのは修理業だけにいえることではない。しかし、心がすでにこわれているお客を相手にする修理業だからこそ、その大切さを強く感じたのであろう。

その後の宗一郎の商売の心得の原点が、ここにある。

こうしてさまざまなものを得て、宗一郎の丁稚奉公は終わるときが来た。五年の年季奉公に一年のお礼奉公、計六年間の東京での奉公を終えて、宗一郎は浜松へ帰ることになる。アート商会ののれん分けを許され、アート商会浜松支店を創業するのである。ときに宗一郎は二十一歳、一九二八年四月のことであった。

その翌年の一九二九年、三十三歳の豊田喜一郎は二度目の欧米視察に出発している。この旅行中に、当時まだ豊田自動織機製作所の製造及び研究担当役員をしていた喜一郎が、自動車への参入を本格的に決意したといわれている。

第一の創業と彷徨の季節

宗一郎は一生のうちに、三回の創業をしている。

第一の創業が、この項で扱う一九二八年のアート商会浜松支店の開業である。支店とはいっているが、それはアート商会というのれんを分けてもらったという意味で、実態は宗一郎個人の創業である。第二の創業が、次項で述べる一九三七年の東海精機重工業の設立。そして第三の創業が、終戦後の一九四六年の本田技術研究所の個人商店としての創業である。それが二年後に法人化

アート商会浜松支店と社員たち

されて、現在の本田技研工業株式会社が生まれる。

三つの創業はいずれも自動車関係ではあるが、第一が自動車修理、第二がピストンリング製造、第三がオートバイ及びそのエンジン製造、と実際の事業内容はそれぞれに異なっている。ただし方向性はあり、第一から第三まで次第により本格的な製造業へと移行している。そして第三の創業の事業内容が拡大発展して、最後には四輪乗用車製造という機械産業の中でももっとも複雑といわれる事業に宗一郎は到達したのである。

その宗一郎の事業史の出発点が、浜松市元浜町に開業したアート商会浜松支店である。従業員一人の小さな修理工場だった。父儀平は喜んで、家屋敷と米一俵を宗一郎に贈った。年季明けののれん分けという、ごく自然な創業だった。自動車修理をするのが、当然だったし、その分野での宗一郎の実力はきわめて高かった。次第に客が増え、浜松でも繁盛する修理工場になっていく。

よそでは修理できないものを修理できると評判を呼ぶようになり、また修理時間が短いのもお客に気に入られた。当時、自動車はきわめて高価で、故障して使えないことは客にとって大きな損失だったのである。宗一郎の修理時間が短いことの大きな理由は、仕事の手際がいいことももちろんあったが、さまざまな必要部品をなんとかして作ってしまう能力が高かったからであろう。むかしから機械いじりが好きだった宗一郎は、なんとか工夫をしてさまざまな部品を自分で作れたのである。父儀平譲りの能力といってもいい。

たとえば、当時の国民的人気歌手だった藤山一郎が東海道をフランス車のルノーで浜松近辺に来たとき故障して動けなくなった。どこの修理屋に連絡しても直せなくて、宗一郎のところに話がきた。宗一郎が見てみると、マグネトーという磁石式点火装置のカーボンブラシの芯が磨耗してしまっていた。宗一郎はエンピツの芯を何本か削りだしてそれをバーナーで焼いて溶かして、芯の代用品をその場で作ってしまった。藤山はすっかり宗一郎に感心し、それ以来の長い付き合いとなる。四十年ほどのちに宗一郎の西落合の自宅での鮎パーティの常連にもなるほどの、付き合いの長さであった。

そうした機転の知恵と手の器用さ、そして東京での修業時代に培った自動車についての多様な技術の蓄積は、宗一郎の事業範囲をたんなる修理業から自動車改造業へと発展させていく。バスやトラックを改造してスペースを広くしたり、トラックからダンプカーを作ってみたり、あるいは消防自動車や霊柩車を作ったりもした。まるで儀平の自転車改造業の自動車版である。

さらには部品の製造・改修も手がけている。ダイナモを巻き替える技術は一級品だったし、フェンダーを鉄板から板金と溶接で作ったりもした。スポークを鋳鉄で作ることにも成功し、この鉄製スポークは特許も取りインドなどにも輸出されて大いに儲けた。関東大震災のあとに木製スポークの再生で困った経験が活きたのである。

宗一郎は一生のうちに一〇〇〇円を蓄えることを目標にアート商会浜松支店を創業したのだが、創業一年目で八十円の金が残り、創業後数年で月一〇〇〇円を儲けるようになっていた。ふつうの修理だけではこれだけは儲からない。部品の製造やスポークの特許などが、儲けの大きな源であった。従業員も数十人を超えるようになった。

当時まだ宗一郎は二十歳台の半ば、若くして独身でしかもそれだけの金が入る。お定まりのコースが待っていた。夜の遊びに金を使いまくり始めるのである。十八歳の時には盛岡で女中さんのお酌で手が震えた宗一郎が、二十五歳では浜松で派手な芸者遊びを毎晩のように繰り返している。この頃の宗一郎のエピソードは、芸者遊び絡みのものが多く残っている。

それだけ花柳界《かりゅうかい》での遊びが激しかったということであるが、一面、それは宗一郎がいわば彷徨《ほうこう》の季節を迎えたことをも物語っているようだ。たんに遊び好きゆえの夜遊びというだけでなく、自分のすべき仕事についての迷いや悩みが背後にあり、さまざまな彷徨をしていたのであろう。自動車修理業だけでいつまでもいいのかという素朴な悩みである。修理業の世界で短期間のうちに成功してしまい、かえって何を目指せばいいのか分からなくなっていたのではないか。

宗一郎のモノづくりの能力が高かっただけに、自然な悩みでもある。モーターボートを作って浜名湖で乗り回していたのもこの頃である。船の改造はお手の物で、六台ほど作っては乗り潰したという。そして乗りに行くときは若い社員を連れ、終われば芸者をあげてどんちゃん騒ぎ、という寸法だった。

しかし、こうした花柳界での遊びは、ムダだったわけではない。人間の素の姿が出てしまう花柳界、そこで鍛えられた芸者さんたちの厳しい目は、宗一郎に人情の機微を教えるいい機会でもあった。だからこそ、宗一郎は技術者としては珍しく、人の気持、それも現場の人たちの微妙な心理を理解することが群を抜いて的確であった。

もちろん、遊びほうけていただけではなく、仕事も人一倍した。宗一郎は、自分の工場に研究室を作り、そこに籠もっては色々なものを作り始める。自動車関連にとどまらず、「紙の洋服」、「ワサビの缶詰め」などを作ったという話が残っている。まさに、彷徨である。つまり、モノづくりへの願望が芽生え、何をすべきかの模索が始まった、という時期だったのである。

さち夫人

宗一郎が修理業を続けることに疑問を持った最大の理由は、この仕事では地域や自分の仕事の意義が限定されるということだった。修理の仕事が東京や大阪から大量に来ることは、ない。宗一郎はもっと大きな天地での活躍をしたくなっていたのだろう。そして、自分の手で何かをこしらえ、工夫や考案をして社会に役立ちたい、とも思い始めていた。その上、自分の修理工場で鍛えた弟子が浜松で開業していくから、弟子との商売の取り合いも始まる。それもいやだった。

宗一郎がこんな悩みの渦中に入り始めた頃、一九三五年十一月、宗一郎は磯部さちと結婚する。宗一郎二十九歳、さち二十歳だった。さちは地元の高等女学校を専修科まで卒業した、当時としては学歴の高い女性で才媛だった。生涯のすばらしいパートナーを宗一郎は得たのである。


しかし、仕事の悩みは解決しない。この頃宗一郎は、遠州の名刹《めいさつ》・方広寺（奥山半僧坊ともいう）に籠もって一週間の参禅をした。あまり宗一郎らしくないが、それほどの悩みだったということなのだろう。そのとき、お坊さんから教えられたという言葉が、結局は宗一郎を吹っ切らせることになる。人間本来無一物無尽蔵、という言葉である。どうせ何もない、しかし何もないからこそ無尽蔵にそこから汲み出せる、その空間を埋める余地がある、という意味であろう。

宗一郎自身がこう語っている。


「（半僧坊から）帰ってきて、だんだん悩んでいる。悩んでいれば、余計遊びに行く、と。やっぱり悩んで解決できないものは自暴自棄になりますね。酒もようけ飲むし、毎晩毎晩。もう遊びは行くし。それから、今度は思い切ってやめることだ、と。……今のものにとらわれているからそういうことになるんだから、辞めちゃえという気持ちで、それで、辞めてしまうと、すぐ飯の食い上げになるから、ピストンリングを始めた。転換したのが二十八位だと思ったんだがなあ」

（「ホンダ創業者の声（I）本田宗一郎座談会」一九三七年、ホンダ社内資料）

ただし、この頃の宗一郎は悩んでいただけではない。一九三六年六月には、東京の多摩川で行われた第二回全日本自動車競争選手権に、自分がドライバーとなってレースに参加している。クルマはフォードをベースにして自ら改造したもので、ハママツ号と名付けた。レースへの血は三十歳に近くなってもやはり騒いでいたのである。

このレースで宗一郎は、当時の日本記録となる一二〇キロのスピードを出し、一時はトップを走った。同乗の機関士は弟の弁二郎《べんじろう》であった。しかし、コースに突然出てきた別のクルマをよけ切れず激突し、ハママツ号は宙に飛んだ。二人は救急車で病院に運ばれ、宗一郎は軽傷で済んだが、弁二郎は瀕死の重傷であった。さすがにこれ以降、宗一郎はレースへの自分自身の参加はしなくなった。宗一郎の伝記を書いた中部博は、このときのことをこう書いている。

「気持が前に進みすぎて、マシンがついてこない。レーシングドライバーとして大成するような資質ではないと悟ったのだ。レースは勝たなくてはおもしろくない。負けてもいいようなケンカはしない。レースは大好きだったが、きれいさっぱりとドライバーを引退した」

（中部博『定本　本田宗一郎伝』三樹書房、二〇〇一年、一二〇頁）

第二の創業と学びのとき

そして、宗一郎のモノづくりへの挑戦が始まる。

ピストンリング生産のために宗一郎は東海精機重工業という株式会社を設立して、

自身としての第二の創業をするのである。研究、開発、生産を一貫して自分で行う、という本格的な創業である。ピストンリングとは、エンジンのシリンダーの中で上下するピストンの外周の溝にはめられる円環状の部品である。シリンダーの気密性を保つための、エンジンの最重要部品の一つである。

しかしこの創業は、必ずしも第一の創業のような自然な創業ではなかった。モノづくりへの思いから悩んだ果てにピストンリング生産を選択し、しかもすでに順調に営業していた自動車修理工場（従業員も五十名近かった）をたたむことを前提での創業だったのである。

なぜピストンリングか、について宗一郎はのちに井深にこう語っている。

「そろそろ統制で物資がなくなりかけたときですから、最小のもので最大限に高く売れるものを作ろうという欲の深いことを考えたんです。よく調べてみると、ピストンリングは銀の目方で売れるんですよ」

（『わが友』二二八頁）

それほど高く売れるということは、作るのがそれだけむつかしいということでもある。宗一郎もむつかしいだろうとは思っていたが、実際には彼の想像をはるかに超える困難が待っていた。宗一郎は、この創業後に人生で最大の苦労をすることになる。とにかくまっとうなピストンリングが作れないのである。

創業へのプロセスも、一筋縄ではいかなかった。すでに株式会社となっていたアート商会浜松支店の出資者や役員たちが、ピストンリングへの転進を認めようとしなかったのである。当然でもある。今うまくいっているのに、なぜ危険を冒すか、というのである。しかし、宗一郎はどうしてもやりたい。だからまず、アート商会浜松支店とは別に一九三六年にアートピストンリング研究所を作り、昼は自動車修理工場、夜はピストンリングの開発、という二足のわらじの苦肉の策を思いつく。

ピストンリング初期のアートピストンリング研究所時代には、自分で工場の建物を作り、機械もかなり自作したという。宗一郎ならではである。しかし、ピストンリングの試作・開発は難渋した。毎日工場に寝泊まりするような、脇目もふらない開発の苦労が続いた。人生で一番苦労をした時期だと宗一郎はのちに語っている。

そして、三七年十一月にはじめて、どうにか試作に成功する。自動車修理で儲けた資力も尽き始めていた。しかし、前途はまだ長い。宗一郎自身がこう書いている。

「どうにかなりそうなピストンリングをつくることに成功したのは、忘れもしない昭和十二年十一月二十日であった。ピストンリングを始めてから九ヶ月の月日が流れていた。しかし、それが量産され、商品化されるまでには、まだ苦しい前途が待ちかまえていた」（本田宗一郎『スピードに生きる』実業之日本社、二〇〇六年（一九六四年版の復刻）、四八頁、以下『スピード』と記す）

この一九三七年が宗一郎の第二の創業の年といっていいだろう。東海精機重工業という新しい会社

東海精機時代の宗一郎

を浜松で創業したのである。第二の創業時の宗一郎はまだ三十歳の若さで、ピストンリングの初の試作に成功した十一月二〇日は、三十一歳になってまだ三日目だった。

そして同じ三七年、愛知県ではトヨタ自動車工業が設立されていた。豊田喜一郎は実質的に全権を持ちながら、形は副社長に就任した。二人の一郎は同じ年に、それぞれ自動車製造に関わる企業を創業したのである。ただ、宗一郎はエンジンの一部品の生産だったが、喜一郎は自動車全体の組み立て生産であった。

この頃、宗一郎はあれほど嫌っていた学校へふたたび通い始める。ピストンリングの開発に難渋して地元の浜松高等工業（現在の静岡大学工学部）の先生の知恵を借りたのがきっかけで、自分に学問の基礎がないことが決定的に問題であることを悟ったのである。浜松高工に頼んで機械科の聴講生にしてもらい、夜間のクラスを中心に二年間ほど通った。自分の自家用車で通い、ときには先生を芸者遊びにさそう、型破りの聴講生だった。この浜松高工で非常勤講師をしていたのが、のちに宗一郎と藤澤武夫の出会いの場を作る、竹島浩《たけしまひろし》であった。

ピストンリングの開発と量産に苦労したこの時期は、宗一郎にとって学びのときであった。浜松高工で学んだばかりでなく、金属学のメッカであった東北大学をこの頃訪ねている。二週間ほど仙台に滞在するのである。そこで日本製鋼所の室蘭製鋼所が砲身《ほうしん》製造技術にすぐれていると聞かされると、その足で室蘭に向かう。そこで約二週間、さらに札幌へ行って北海道大学で四日間。その帰りに岩手で鉄瓶づくりの名工のもとに「手伝わせてくれ」と十日ほど滞在。一度家に帰ってから、五右衛門風呂づくりの名人を訪ねたという。最後は、九州大学に二週間。

この話を作家の城山三郎《しろやまさぶろう》にした際、宗一郎はこういっている。

「ぼくはもぐりこむことの名人で。……一種の武者修行かな。でも、つらくなんかなくて、おもしろいものですよ」（城山三郎『本田宗一郎との一〇〇時間』城山三郎伝記文学選第六巻、岩波書店、一九九八年、五五頁、以下『一〇〇時間』と記す）

もぐりこむ際に、瞬間的に人と溶け込み、人を魅了できる宗一郎の人柄と特技が存分に活きたであろう。それは、生来の人柄に花柳界での遊びで培った人情の機微の深い理解が磨きをかけたものだった。

トヨタの「下請け」に、そして終戦

学びは、大学からばかりではなかった。トヨタからも鍛えられた。

当時、エンジンといえば、飛行機と自動車（トラック）だった。トヨタは日本一の自動車メーカーなのである。そのトヨタに納入できるようになったのである。いわば、トヨタの下請けになったのである。しかし最初は納品検査の合格率が、「五十本検査して三本合格」という惨憺たるあり様だった。製造技術に問題があったのである。やがて、宗一郎の努力の甲斐があって、トヨタにも、軍用機を生産していた中島飛行機にも、ピストンリングを納入できるようになっていった。

一九四一年十二月八日、日本は太平洋戦争に突入した。同じ年の一月、喜一郎がトヨタ自動車工業の社長に就任していた。

翌四二年、ピストンリングという重要軍事物資を生産していた東海精機重工業は軍需省の管轄下に置かれ、その斡旋でトヨタが四〇％の資本参加をすることになった。トヨタの下請けどころか、喜一郎社長のもとのトヨタのいわば子会社に宗一郎の会社はなったのである。宗一郎は、専務に降格となった。

このときトヨタから東海精機重工業の取締役として派遣されてきたのが、当時は豊田自動織機の社長だった石田《いしだ》退三《たいぞう》だった。一緒に働き始めると、石田は宗一郎に強い印象を持った。石田が個人的によく知っていた豊田佐吉と宗一郎がよく似ているというのである。石田はのちにトヨタの会長にまでなるが、宗一郎のことをこう語っている。

「わしはこの年までに〝恐ろしい〟男を二人見た。無茶苦茶といおうか、われわれ凡人の頭では測りようのない発明研究家だで、技術を知らんわしにとっては、よけいに忘れ難いのだわ。……あのセンセイ（宗一郎のこと、伊丹注）には泣かされたよ。商売の後先も考えず、次から次へと新しいことをやりたがる。ここはちょっと抑えては、と言うても、〝わかった、わかった〟は口先だけ、その日のうちにまた新しいことを始めるんだわ。そんなところは佐吉翁とそっくりだった」

（池田政次郎稿「若き成功者の得意絶頂」城山ほか『本田宗一郎――その「人の心を買う術」』第十章、プレジデント社、二〇〇七年、二四五頁、以下『人の心』と記す）

宗一郎もまた、石田から多くのことを学んだようである。

「石田さんには本当に多くのことを教えてもらった。……ほんと、あの人は鋭かった。どこからあんな知恵が湧くのか驚かされたことも一度や二度ではない」

（『人の心』二五二頁）

大学から学び、トヨタから学び、そして石田から学んだその上に、宗一郎は大きな生産工場を経営すること自体から生産技術と工場運営のノウハウをもどんどん学んでいった。それまでの宗一郎の経験は、修理工場の運営経験しかなかったのである。

そして、生産技術で自分の新機軸を打ち出すまでになっていた。たとえば、ヤマハの特別顧問となって飛行機のプロペラの自動切削機を考案している。あるいは、戦時体制の下でピストンリング工場に不慣れな女子挺身隊《ていしんたい》が自分の工場に来る（その一部に宗一郎のなじみの芸者たちがいたというのも、ご愛嬌である）。そうした慣れない女性でもピストンリングの生産ができるようにと、宗一郎は自動化機械の考案をするようになる。この経験が、戦後になってオートバイを量産するときに非常に役に立った。

東海精機重工業のピストンリングの品質は、トップメーカーを追い抜くほどにまで向上していた。宗一郎の学びの成果であろう。そのおかげで受注はどんどん増え、一九四五年には従業員規模が二〇〇〇名程度にまで大きくなっていた。ピストンリング以外にもいくつかの軍需品生産をし、東海地区では立派な軍需工場になっていた。

宗一郎の第二の創業は、トヨタの下請けでかつ軍需工場ではあるものの、かなりの成功をしていたのである。

しかし、一九四五年八月十五日、日本はポツダム宣言を受諾し、敗戦。

マッカーサー率いる連合国駐留軍が日本に進駐し、日本社会のすべてを変え始める。

東海精機重工業の浜松工場はすでに空襲で焼け落ちていた。磐田工場も四五年一月の南海大地震で倒壊していた。三七年の第二の創業以来積み上げてきたすべての生産設備を失ったところから、宗一郎の戦後が始まったのである。

人間休業宣言

敗戦の虚脱感は大きかった。そして、時代の価値観が根底から変わった。鬼畜米英だった戦前から、一夜にして民主主義万歳でアメリカを仰ぎ見る世の中に変わってしまったのである。その上、空襲の焼け野原が目の前に広がっていた。浜松は陸軍航空隊があったこともあって、とくにひどく空襲を受けた都市の一つだった。

その頃のことを宗一郎は、こう語る。

「戦争をやった以上は、オレは負けずぎらいだから、ただひたすら勝つためにやった。軍需生産の下請けだってムキになってやったよ。……その結果、日本が負けて、マッカーサーが来ちゃった。……それはもう、茫然自失さ。思いはひとつ。これからオレは生きていかれるかな、ということ。こりゃものすごく不安だったたな」

（本田宗一郎・藤原弘達対談「無為徒食の一年間こそ我が原点」『人の心』第七章、一七四頁）

しかし、不安でいっぱいにしては、宗一郎は思い切った行動に出た。トヨタから下請けを続けないかといってきたのを断って、東海精機重工業の株式をすべてトヨタに売ったのである。敗戦後すぐの、四五年九月のことである。四十五万円という当時としては巨額のお金が入ったが（現在の価値で二億円弱か）、これで当面の仕事はなくなってしまった。

トヨタとの関係を断ち切った理由について、トヨタから来ていた役員が技術軽視で意見が合わなかったから、と一応はいっていたが、宗一郎はこうも書いている。

「もうトヨタの指令を受けるのはいやだし、私は生ける屍になりたくない。また格子なき牢獄に入るのもいやだから、俺は俺の個性で仕事をするんだという考えになっていた」

（『スピード』五八頁）

激しい言葉遣いである。感情的とすらいえる。他の本でも、これほどではないが類似の言葉でトヨタとの関係断絶を語っている。宗一郎は、トヨタのくびきではなく、喜一郎のくびきから逃れたかったのではなかったか。このときのトヨタの社長は喜一郎で、彼は日本の自動車業界のリーダー格にもなっていた。一方、自分は浜松の下請けか。

ピストンリングへの未練も、あまりなかったのだろう。元々、どうしても作りたいと思って生産を始めたものではなさそうだ。それにピストンリングでは、作ってもそれを喜ぶ人の顔を見られない。下請け生産なのである。自動車修理業にはまだ、車が直って喜ぶお客の顔があった。宗一郎は、人を喜ばせるのが好きな人だった。

では、会社を手放してどうするのか。ここでも、宗一郎は驚くべき行動にでる。一年間の「人間休業」を宣言するのである。さち夫人がこういう。

「東海精機の株を、トヨタさんに全部お譲りして、無職になってしまったの。軍がいばりくさる時代が終わってよかったなぁ。これからしばらくは何もしないよ。お母さん、当分養っとくれって、本当にまるで働かない。食糧難の最中でしょう、お父さんのほかに育ち盛りの子供三人、庭を耕して野菜つくったり、私の実家は農家ですからお米を分けてもらいに行ったり。あの人は庭に出ても草一本むしらない。ひがな一日、庭石に腰掛けてるだけ。ご近所で評判の何にも仙人でしたよ」

（『語り継ぎたいこと——チャレンジの50年』本田技研工業、一九九九年、八頁、以下『50年史』と記す）

宗一郎の言い分は、以下のようなものである。

「こんなときに商売をやれば、ろくなことはない。それに第一、何をつくるにも材料がない。『民主主義』なんてのもわからない。だから新しい世の中が自分で少しは見えるようになるまでは、一年くらいかかるんじゃないかと思って、『一年遊ぶ』と宣言したわけで、それから一年間はまったく何もしなかった」

（本田宗一郎・藤原弘達対談「無為徒食の一年間こそ我が原点」『人の心』第七章、一七四頁）

何もしなかったわけではなく、尺八を吹いていた。また、医療用アルコールをドラム缶一本買ってきて、それで合成酒を自分で作って友人たちと飲んでいた。しかし、とにかく、仕事らしいことはしなかった。弟の弁二郎（アート商会で同じように丁稚奉公をし、浜松でも宗一郎と仕事を一緒にやっていた）は兄の次の言葉をよく覚えているという。

「俺は世間バカだから、新しい民主主義というのがわからない。世の中の動きが見えるまで、しばらくは尺八でも吹いていようや」（池田政次郎稿「若き成功者の得意絶頂」『人の心』第十章、二六五頁）

つねに動いていないと気が済まない宗一郎にしては、一年間の人間休業宣言とはまったく意表をつく行動である。そして、民主主義が何か分からない、としきりに気にしている。何かに深く悩んでいたのであろう。ただ、しばらくすると、戦前の社会秩序が崩壊した日本で何ができそうか、宗一郎なりの感覚を持ち始める。同じように終戦体験を持っている井深との対談で、宗一郎はこんなことをいっている。

「それまで華族とか色々な階級があったわけだ。それからまた、産業界にも、自然のうちにランクができていたんでしょう。そしてかなり年輩の人が全部を牛耳っていたわけです。それをマッカーサーが来てパージ（追放）しちゃったわけ。……自分の思うことが今までは自由にできなかったものが、今度は、自由に、色々なものが選択できるということね。それを一番強く感じたね。……とにかく分からん時、霧が一ぱいの時には、動いちゃいかんね。じっとしていれば、いつか晴れてきて進む方向ができてくる」

（『わが友』二二四頁）

民主主義とは何かにこだわる宗一郎は、思想の人だった。世の中の原理を自分で納得したいのである。修理業で悩んで奥山半僧坊に一週間籠もった宗一郎もまた、ある意味で思想の人だった。しかし今度は、神にも等しい天皇とその国を守るために戦ったはずなのに、天皇が人間宣言をして世の中が民主主義になってしまったのである。国民が中心ということはどういうことか。それを考えるには、宗一郎にとって一年の時間が必要だったのだろう。

宗一郎が到達した結論が何かは、どこにも書いてない。しかし、その後の言動から察すると、宗一郎は民主主義とは、「自分がものを決める自由があること、人に命令されないこと」、「みんなが、庶民が、主人公」と考えたようだ。だから戦後の創業を、自動車産業の中でももっとも庶民に近いところから始めるのであろう。

宗一郎は、民主主義についてだけでなく、人々が何を求めているのか、自分は次に何をやろうか何ができるか、についても絶えず心秘かに考えていた。アメリカの爆撃機のエンジンをばらしたのを見たり戦車を見たりして、最初は驚いたが次第に「これならオレでもできるわい」とも感じるようになっていった。

人間休業の終わりが近づいていた。「何もしない」一年は、戦後の宗一郎のすさまじい事業人生の、準備の一年だった。人は大きなジャンプをする前に、かがみこむ。タメを作ってから、大きく動く。

その「タメ」の一年だったようだ。

宗一郎の人生の前半が終わり、後半戦がいよいよ始まる。十五歳の丁稚奉公から三十八歳でピストンリング事業を売り渡すまでの二十三年間は、いわば宗一郎の仕事人生の前半戦である。それは、戦後の驚異的な後半戦の勝利のための、長い準備期間だったようだ。後半戦も前半戦と同じような長さで、ホンダの創業（厳密には、個人商店開業）から社長退任まで、二十七年間である。

戦前の宗一郎は、自動車修理業で自動車と商売を学んだ。ピストンリング事業では、エンジンについて学び、工場運営と生産技術を学んだ。そうした戦前の蓄積が、戦後の宗一郎の事業の中で一気に開花していくのである。

それは、戦前の蓄積が戦後の自由な社会で活用されて可能になった、日本全体の戦後の高度成長の姿の象徴のようでもある。

大きなジャンプの前の静かなタメの一年が、終わりを告げようとしていた。

第三章　第三の創業・出会い・急成長——一九四六年から一九五三年

三十九歳で第三の創業

それは、偶然から始まった。

宗一郎が偶然に見た一つの小さなエンジンが、第三の創業のきっかけとなり、その後の宗一郎の人生を変えた。

一九四六年九月、さち夫人との約束通り一年間で人間休業をやめて、宗一郎は事業へと動き出した。本田技術研究所という個人商店を創業したのである。浜松市山下町の東海精機重工業浜松工場の焼け跡にバラックを建て、弟の弁二郎や東海精機時代の仲間を集めてきた。総勢、十二、三人だったという。

技術研究所という命名に、宗一郎の気持が込められているのであろう。技術を究めることを第一の目的としたいのである。そして、技術を通して日本という国に対して大きな貢献をすることが、宗一郎の視野に入っていることが、その後の彼の行動から明らかとなる。がしかし、目の前の現実はバラック工場に過ぎない。何かを作らなければならない。

戦前の経験からすれば、機械関係のモノづくりを目指すのが自然である。しかも浜松は織物産地だった。だから織機の生産なども考えた。そのときに、自動織機で世界的発明王になった豊田佐吉のことが宗一郎の頭の中のどこかにあったのかも知れない。

しかし、織機の開発・生産には資金が大量にいるようで、諦めた。何を作るか模索が続いている頃、宗一郎は旧知の友人で尺八仲間の自宅を訪れた。そこで偶然、旧陸軍の六号無線通信機のための発電用エンジンを宗一郎は見た。その友人の友人がなんとか利用できないかと、名古屋から送ってきたものだった。

創業時の本田技術研究所

宗一郎は、すぐにそれが仕事の種になると思った。エンジンを改造して自転車に付ければ補助動力を持った便利な自転車になる、と閃くまで大した時間はかからなかった。もっとも、その閃きのきっかけは、それができれば自分が遊びに行くときに使えると宗一郎が思ったことらしい。いかにも遊び好きの宗一郎にはありそうなことである。さらにそれは、子供の頃に父儀平が中古自転車を改造して売っていたのと、同じアイデアでもある。要は、「エンジンを付ける」という自転車の改造なのである。

きっかけこそ偶然だったかも知れないが、その後は宗一郎にとっては必然だったのかも知れない。戦前から自動車への夢を持っていたからこそ、そのエンジンに興味を持ち、また一年間の人間休業でたっぷりと民主主義とは何かを考えた後だったからこそ、ふつうの人々の生活に役立つものへと目が向いたのだろう。もしそうした補助エンジンを一般庶民が安く手に入れられるのなら、戦後の交通機関の混乱の中で、多くの人が喜ぶのもまたすぐ分かる道理であった。

つまり、自転車用補助エンジンを買って喜ぶのは、民主主義の世の中になって国の中心になったはずの、一般庶民である。ピストンリングのように軍需でもなく、織機のように企業からの需要でもなく、直接に消費者つまり国民からの需要なのである。

しかし、発電用エンジンを自転車用補助エンジンにして自転車に取り付けるのには、エンジン自体に多少の改造がいるし、エンジンから車輪への動力伝達装置やガソリンタンクを作る必要もある。それが、本田技術研究所の最初の仕事になった。宗一郎にとって、アート商会浜松支店、東海精機重工業に次ぐ、第三の創業であった。

ただ、それは遅すぎる創業ともいえる。創業二カ月後の四六年十一月には、宗一郎はもう四十歳になる。当時の常識的な活躍限度年齢であろう六十歳までを数えれば、二十年の時間しか残されていない。しかも、バラック工場の創業である。アート商会浜松支店をベースとした東海精機重工業でも、創業後八年もかかってやっと従業員二〇〇〇人の規模になっただけである。遅すぎる創業という感覚がおそらく、のちのち宗一郎が口を酸っぱくして「時間の尊重」、「スピードアップ」といい続ける、一つの伏線なのであろう。
将来への時間は大量には残されていなかったが、宗一郎は過去からの技術蓄積や事業経験は大量に持っていた。東京のアート商会で丁稚として働き始めてから、二十四年の経験があったのである。それが、補助エンジン事業にフルに活かされることになる。
エンジンについてはアート商会時代に修理を大量にこなしているし、東海精機重工業のピストンリングはエンジンの重要部品であった。さまざまな機械加工作業の経験も深い。宗一郎はいわばエンジンと再会したのであった。宗一郎は熱中した。
本田技術研究所の創業当時からのメンバーである磯部氏はこう語っている。

「このエンジンに出逢うまで、いろんなことにトライしてたわけですが、どれもいま一おやじさん（宗一郎のこと）はノッていなかった。でも、この時は今までとまるっきり目の色が変わっていました。ゴムローラー方式が駄目だったから、エンジンを置く位置を真ん中にしようか、後ろに付けようか、ベルト駆動にするか、チェーンにするかなどなど。三日か四日、昼夜ぶっ通しで、やっていましたよ」

（『50年史』九頁）

同じような自転車用補助エンジンのアイデアは、全国あちこちで当時出たらしい。しかし、腕に覚えのある宗一郎は、四六年十一月に早くも補助エンジン改造に成功して発売を開始。すぐに注文が殺到した。宗一郎は発電用エンジンを作っていた三国商工の蒲田の倉庫へ直接出向き、五〇〇基ほどを押さえた。

しかし、いくら注文があっても、改造のもととなる旧陸軍用エンジンは終戦後もう生産されていない。押さえた在庫をすべて改造してしまえば、改造事業はそれで終わりである。次に取るべき手段は、エンジンの自社開発・生産であった。

宗一郎にそのための技術蓄積はあった。しかし、エンジンの設計図が描ける技師も必要であった。その話を聞きつけた浜松のある病院の事務長が、自分の息子を雇ってくれ、と宗一郎に頼んできた。自宅が近所だったのである。その息子は浜松高等工業を卒業しようとしているが、終戦後の混乱期でまだ就職先が決まっていなかった。

宗一郎は「学卒さんの給料は払えないから」と渋ったらしいが、それでも息子は入りたいという。宗一郎はすでに戦前からの実績もあり浜松の機械工業界では有名だったし、何より就職先がどこにもなかった。父親と息子は宗一郎の自宅のこたつに入りながら、就職面接を受けたという。そして、宗一郎が、「明日から来い」といった。

そうして入社したのが、後に宗一郎の後継として本田技研工業の二代目社長となる、河島喜好であった。時に一九四七年三月、河島はまだ卒業もしていなかったし、本田技術研究所が生まれてまだ半年であった。河島は、自宅から本田技術研究所に通うことになる。そして当初は、宗一郎の心配通り、給料遅配なども多かったという。

宗一郎はのちのち天才的な開発エンジニアである実績を数多く世に示していくが、人マネが嫌いで、独創にことさらにこだわった。「何がよその会社と違うんだ」と聞くのが常だった。その特徴は、改造エンジンに代わる本田技術研究所としての最初のエンジン開発にすでに出ていた。

いきなり、独創へのこだわり

宗一郎が最初に試作したのは、エントツエンジンと呼ばれる、エンジンとしては奇妙なエントツ形をした、きわめてユニークなアイデアのエンジンであった。この形にすれば、燃料の節減とパワーアップになるというのである。すでに欧米にはそのアイデアがあったようだが、宗一郎としては自分で考えついたのであろう。これが本田技術研究所の最初の特許となった。

宗一郎はそのエンジンのアイデアを河島に工場の床に描いて見せた。工場の床にスケッチを描いて若い人と議論をするのは、終生変わらぬ宗一郎のスタイルであった。そのスケッチを設計図に起こすのが河島の仕事だった。一九四七年七月のことである。河島はこう語る。

「商売だけ考えれば、六号無線機のエンジンをそっくりコピーすれば問題はないんです。一応は、性能が出てるんだから。ところが、もうその時から、おやじさんそのものなんだな。そのままなんてのをつくるのが、絶対に我慢できない。マネするのが嫌なわけですよ」（『50年史』一一頁）

しかし残念ながら、エントツエンジンは失敗作だった。当時の工作機械や材料では必要な精度が出せず、トラブル続出だったのである。したがって、生産には移されていない。だが、半世紀後にホンダの技術者がこのエンジンを現代の技術で再現したときには、想定された性能がきちんと出たという。理論的には正しかったが、当時の技術水準からは跳び過ぎていたのである。独創へのこだわりからときにジャンプし過ぎて失敗作を生み出す、というのはその後も繰り返される宗一郎とホンダのクセの一つなのであろう。

人マネをしないというのは、宗一郎にとって企業の体質にも関わる重要な哲学になっていくが、その原点はすでにこの時期にあったのである。のちにオートレースに出るようになった五〇年代半ばのことを、宗一郎自身が社長引退後にこう書いている。最初は他社に負けていたのである。

「私は真似がいやだから、うちはうちの作り方でやろうということで苦労したわけである。しかし、かれら（外国のエンジンを真似した国内メーカー、伊丹注）に追いつくまでに時間をかけて努力したことが、追いついてからのちの技術差になった。われわれは最初から苦しむ方向をとったから、あとは楽になった。真似をして楽をしたものはその後に苦しむことになる。研究者として大事なところはそこだろうと、私はいまでも考えている。一度、真似をすると、永久に真似をしていくのである。

これは、企業の体質にとってたいへんな問題である。日先の成績にこだわり、独自の哲学にもとづく創意をすこしでも放棄するような考え方が生まれたとき、企業は転落と崩壊の道をたどりはじめるだろう」

（『私の手』二九頁）

エントツエンジンは失敗したが、すぐに別な二サイクル五〇ccのエンジンが開発され、生産に移された。四七年の十一月だった。このエンジンもキャブレータなどに独創のアイデアが込められた画期的なエンジンで、A型エンジンと呼ばれた。このわずか一馬力のエンジンがその後F1のホンダとして八〇年代に世界に名を馳せるホンダの、小さな出発点だった。

宗一郎のA型エンジンの特徴は、その機構のユニークさだけではなく、顧客のことを考えた親切設計にもあった。先述のエントツエンジンの再生を担当したホンダの恩田隆雅は、A型エンジンも分解してみて、その設計に感動したという。

「このエンジン、ナット外しても、どこからも部品が落っこちないぞ、おかしなぁ？って。……ネジが完全に脱落しないか、脱落してもすぐには壊れないような工夫がしてある。具合がおかしいぞ、と気が付く間ぐらいは保つようになってるんです。安全性への気づかいですね。あのころはネジの精度が低い時代で、ナットなんかいくら締めたって緩むものと決まってた。だから、こんな工夫をしたんでしょうね」

（『50年史』一四頁）

宗一郎は日頃から、「お客さんに迷惑をかけるようなものをつくるな」とつねにいっていた。「モノをつくるときには、それと一番長いこと付き合わなきゃならない人のことを考えろ。一番長いのは、お客さんだろ。その次は売った店の修理工だろ。その次が、ウチの工場の人間だ。つくった本人のくせに、一番短いのは設計者だ。ずっと使う人の身になって考えたら、不親切なモノなぞ設計できねえはずだ」というのである。

恩田が分解したA型エンジンは、まさに親切な設計がされていた。このわずか一馬力の小さな出発点がホンダの最初のヒット商品となり、当時としては大きな売上（六カ月で一四三〇万円）を本田技術研究所にもたらした。バイクエンジンの国内販売シェアは六十六％にもなったのである。

この小さな成功の事業基盤の上に、一九四八年九月二十四日、本田技術研究所は本田技研工業株式会社として法人化された。この日が今日のホンダの会社創立記念日である。資本金一〇〇万円、従業員数三十四名であった。

同じ頃、豊田喜一郎のトヨタ自動車工業は従業員数七〇〇〇名を超える、日本の自動車産業のリーダー企業であった。そして、四八年には戦後初の日本の乗用車として小型乗用車SA型（トヨペット）が、浜松から八〇キロほど離れた愛知県挙母《ころも》の工場で生産され始めていた。ちなみに、豊田喜一郎も一九三四年に自身として最初のエンジンの開発に成功し、それをA型と名付けている。ただしそれは、三三八九ｃｃ六十五馬力の大型エンジンで、シボレーなどの部品を使い外国のエンジンを真似て作ったものであった。

町工場で大量生産方式?

宗一郎は天才的な開発エンジニアだったが、同時にきわめてすぐれた生産エンジニアでもあった。A型エンジンの生産方式もまた、先進的かつ大胆であった。

エンジン部品の鋳造にはダイキャスト方式を、エンジンの組立にはベルトコンベアー方式を採用しようとしたのである。いずれも、ふつうなら大量生産を前提とした大工場だけが採用する方式である。それを、バラックづくりといってもいい小さな町工場が、しかも自社製品第一号機の生産に採用しようとしたのである。

部品を少量鋳造するには、ふつうは砂型を作ってそこに鋳込《いこ》む。しかしそれでは、細部まではきれいにはできないので、鋳込み後に削り作業が加わり、それで削り屑もでる。一方、金型(つまりダイ)を作って圧力をかけて鋳込む方式がダイキャストである。精度が高くきれいに仕上がって、削り屑もほとんどなく大量に均質な生産ができる。しかし金型を作るのにはカネがかかるから、ふつうに考えれば、その頃のA型エンジンの生産量ではとても採算がとれない。それでも、ダイキャストでやると宗一郎はいうのである。

「資源のない国の人間が削り屑を出すような仕事をするな。苦労は前工程でやれ。後工程の加工が要らなけりゃ、資源の無駄がなくなる。ここで精度が出せれば、そのための時間も人手も機械も要らないじゃないか」

(『50年史』一三頁)

しかし、必要な金型をどうするか。金型メーカーに頼めば、大きな出費となる。仕方なしに、弁二郎をはじめとする腕のいい職人が、なんとか自分たちで金型を作った。戦前からの蓄積でそれだけの腕はあったのである。

それでも、採算にはのりにくい。そこで、通産省に補助金四十万円を申請することになった。のちに鈴鹿製作所建設プロジェクトの責任者になり、さらに専務にもなる白井孝夫《しらいたかお》は、入社間もない五〇年の夏にダイキャストの優れた点についての通産省向けレポートを書かされた。しかし、ホンダの生産量ではどう計算しても砂型有利の結論しか出ない。それを宗一郎に正直に告げると、気に入らなければ部下を怒鳴ることも多い宗一郎が、諄々《じゅんじゅん》と彼に説いたという。

「現実は、そうだよ。職人が一個ずつ砂型でつくった方が今んところ手っとり早いし、安い。けどなぁ、日本の将来は工業立国しか手がないんだ。世界を相手の商売となったら、一番大事なのは量産性のあること、部品が均質であることだ。だからウチはつらいのを承知で、最初っからダイキャストでやってる。そこに力点を置いて書け」

（『50年史』二八頁）

これには、白井がびっくりした。創業後まだ四年足らずなのに、すでに世界が視野に入っているのである。

「正直言って、吹けば飛ぶような町工場の社長です。当時大企業の社長でも口にしない『世界を相手に』なんてことを、本気で言ってるんです。びっくりしながらも、この人はただの職人あがりの技術者じゃないと思った。スケールが違うぞ、と」（同上）

その補助金交付は無事認可された。その金額四十万円は、すでに法人化されていたホンダの資本金の四割に相当した。

一九四八年二月に新しくエンジン組立工場が新設されたとき、ホンダ初のコンベヤーラインが登場した。もちろん、宗一郎の発案である。しかも、作業する姿勢が楽で、部品の移動距離が短く、スペースが少なくて済む人力移動式の組立ラインという、それまでにない概念で考えられていた。

だが、コンベヤーラインも最初はスムーズには流れなかった。ノー加工が目標のダイキャスト部品がぴったり組み合わず、やはり工程で手加工せざるを得ず、そこでラインが動かなくなるからである。それでも、ダイキャスト部品の精度が上がり、流れ作業が円滑に進み始めると、大量生産が可能になっていった。

ダイキャストもコンベアーも、最初は無理を承知の導入である。しかし、日本という国を考え、そして世界を視野に入れれば、そうした生産技術をまず現場に入れる必要がある。そして、現場でこそ技術は鍛えられる。宗一郎はそう考えたのである。それは、「わが社は世界的視野にたち」と始まる社是（一九五六年制定、次章で紹介する）の考え方の先駆であり、またのちにホンダの三現主義と呼ばれるようになる、現場・現物・現実を重視してすべてものを考えるという発想の発露ともいえるだろう。

前項で述べた独創へのこだわりとともに、創業まもない法人化前後の揺籃《ようらんき》期ですでに、のちのホンダDNAの原型が見られるのである。

古橋広之進の世界新記録

A型エンジンの成功はホンダの法人化の基盤となっただけでなく、さまざまな波及効果をもたらした。その一つが、浜松でバイクエンジンのメーカーが次々と生まれたことである。大小とり混ぜて、四十余りのメーカーが出現したという。

浜松という土地はもともと繊維機械の産業集積のあった土地である。したがって、機械工作の技術集積があったところへ、ホンダの成功が引き金となって、多くの人がエンジン事業に乗り出してきたのである。じつは、そもそもホンダ自身もまた浜松の産業集積があればこそ生まれてきた企業であった。

その集積内の競争の中で、宗一郎の新規エンジン開発に拍車がかかっていく。浜松の産業集積はホンダを生み、そして競争相手を作り出し、それによってさらにホンダを強くしていった。宗一郎もホンダも、浜松の産物なのである。

宗一郎はA型に続いて、九〇ccのB型エンジンを開発する。よりエンジン能力の大きなものを欲しいという顧客の要望に応えてのものだった。しかし、それほど売れず、初期段階で中止する。

その失敗の上に、ホンダC型を開発した。C型は、A型の一馬力から、三馬力にパワーアップしたエンジンで、エンジン一式で販売するだけでなく、ペダル付きながら、モーターサイクルらしい特製のフレームを作り、組み付けて売った。頑丈な自転車付きで売らなければ、ふつうの自転車には搭載できないほどエンジンが大きくなっていたのである。しかし、社内には車体の製作設備がなく、外注だった。C型は日米対抗オートレース大会に出て優勝したりはしたが、商業的には成功しなかった。

つまり、ホンダはいまやエンジンメーカーだけではダメで、車体も含めた一体生産を行うオートバイメーカーへと脱皮する必要が出ていたのである。

その夢を叶えたのが、D型ドリーム号の開発である。一九四九年八月発売のD型は、二サイクル九八ccのエンジンを積み、車体と一体のオートバイ第一号機である。デザインにも宗一郎は気を配り、しゃれた車体のデザインに塗装は宗一郎の好みで美しいマルーンカラーに塗られた。二輪車は黒い塗装と相場が決まっていたのが、この時代である。宗一郎は、開発エンジニアでありかつ生産エンジニアだったが、デザイナーでもあったのである。

ドリームという命名には諸説あるようだが、当時のホンダの人々の夢が実現したという意味ではあろう。しかしそれ以上に、のちのホンダを象徴するかのような名前でもある。

D型の生産が始まった四九年八月には、日本中を沸かす、そしてとくに浜松を興奮させた大事件が起きていた。浜松出身の古橋広之進が水泳で世界新記録を出したのである。河島が思い出を語る。

「ちょうど、ドリームD型を発売した年の八月に、古橋広之進選手がアメリカに遠征し、全米水上選手権大会の一五〇〇mでものすごい世界新記録を立てましたね。二位をプール二往復近くぶっちぎって。ラジオは珍しく深夜放送をするわ、紙不足時代なのに新聞は号外を出すわ、日本中が興奮の渦です。特に浜松は、彼の地元ですから大熱狂でしたよ。今思うと、あのあたりからです。『世界一になろう』なんて言葉を、おやじさんが口に出し始めたのは。……

『日本人はアメリカに戦争で負けて、すっかり自信をなくしてる。けど古橋コウノシン（ヒロノシンが正しいのだが、宗一郎はこう言っていた）は裸一貫頑張った。古橋が遠州人なら、おれだって遠州人だ、やらまいか！』と、こうなったわけ。私には『河島、おまえは中学で古橋の一級上だろ、しっかりせい！』と（笑い）」

（『50年史』一七頁）

「やらまいか」とは遠州弁で、「おれだってやってやる」という意味の、挑戦への表現である。宗一郎にとって、この事件は身近から世界一が出現した二つ目の例だったのではないか。

第一の例は、すでに前章でも述べた豊田佐吉の世界一の織機の発明である。二人目の古橋は世界新記録で日本中に夢と期待を与えた。同じ遠州から世界一を実現した男が二人いる。しかも二人目は河島の中学の後輩という身近さだ。世界一が身近に二人もいれば自分も三人目になれるはず、それで日本を元気づけられたらいい、と宗一郎の心に大きな思いが強く芽生えた。そう私には見える。宗一郎の感情量の豊かさからすれば、それが自然ではないかと思えるのである。

後年、世界一のオートバイレースであるマン島TT（ツーリスト・トロフィー）レースに優勝した際に、レースの映画の試写会の挨拶で宗一郎は「なぜ世界一に挑戦したか」について語っている。「レースで技術を鍛える」という日頃の持論に加えてこういった。

「皆さんご承知のように、敗戦当時、我々は虚脱状態になっておりまして、自らの口で、我々は四等国だ、五等国だと、自ら蔑んでおったその最中に、古橋広之進がロスアンジェルスで、水泳で優勝した。この一言だけで我々にどれだけの心の糧を与えたかということを、我々はいつも心に刻んでおるのでございます。……我々は幸いなるかな、技術と頭脳によって商売している。体力でなくて技術と頭脳によって、この勝負ができて優勝したなら、どれだけ日本の若い人たちに夢を与えるか、ということを考えただけでも、私はじっとしておられない衝動にかられたのでございます」

（「世界のランキングを求めて」マン島TTレース試写会会場挨拶、一九六一年、ホンダ社内資料）

宗一郎は、まことに遠州が生んだ「世界をめざす産業人」だったのである。浜松の産業集積がホンダを生み、遠州に生まれた「世界一」の人間たちの身近さが宗一郎に世界一への夢を与えた。遠州という土地に育まれて、あるいは後押しされて、宗一郎の世界一への夢とそのための跳躍が、こうして始動し始めたのである。

D型ドリーム号で真のオートバイメーカーとなり、古橋の世界新記録で宗一郎の心が沸き立っていたその夏に、宗一郎は終生のパートナーとなる藤澤武夫と出会う。ホンダにとって、そして宗一郎にとって、運命の一九四九年八月だった。

藤澤武夫との出会い

その八月の暑い日、宗一郎は藤澤武夫と東京・阿佐ヶ谷のある住宅の一室で向かい合っていた。二人の初めての対面であった。仲立ちをしたのは、当時通産省に勤めていた竹島浩。彼の自宅での出会いであった。旧知の竹島が、営業と資金に強い男として藤澤を宗一郎に推薦し、二人の出会いの場を設けたのである。

それはホンダがD型を発売した直後で、宗一郎は営業と資金を任せられる人を本当に必要としていた。商品がよく売れているときでさえ、本田技術研究所の台所は決して楽ではなかった。売掛金の未収が多かったのである。ましてや、ホンダは四八年に株式会社になっている。社長であるにもかかわらず、宗一郎は金銭勘定が苦手で、ミリやグラムが単位だと数字が頭に入るが円が単位だと入らない、と自分でもいっていた。河島はこう語る。

「そこが不思議なんだなぁ。製品のコストとか、工場の生産効率とか、そういうことは、だれよりも厳しく合理的に考えられる人です。ところが、営業関係でのやりとりは全然駄目でした」

（『50年史』一〇頁）

竹島は、第二章で述べたように、浜松高等工業の非常勤講師をしていたことがある。その上、東海精機重工業のピストンリングの大手納入先であった中島飛行機の課長でもあった。そんな縁で戦前から宗一郎との付き合いがあったのである。（竹島は五八年にホンダに役員として入社することになる）。

藤澤もまた、中島飛行機に切削工具を納入していた関係で竹島を知っていた。そして、竹島から以前より、浜松に本田宗一郎という天才的技術者がいると聞かされていた。

藤澤は東京の出身で、宗一郎より四歳若く、一九一〇年生まれである。東京の鉄材商で営業の仕事をしたのち、切削工具を作る日本機工研究所を三九年に設立し、中島飛行機に納入していたのである。藤澤は終戦直前にこの企業を畳んで福島へ疎開し、製材業を始めていた。そして、四九年の夏のはじめに上京した際、竹島と偶然に再会し、宗一郎が事業のパートナーを探しているという話が出た。藤澤は、以前から話に聞いていた宗一郎との事業に興味を持った。それで竹島が二人を会わせようとしたのである。

二人は会うとすぐにお互いを認め合った。もちろん初対面ではあったが、竹島を通じて戦前からお互いの話を聞いてはいた。しかし、実際に会って話してみて、「この人は面白い、自分にないものを持っている、この人とならやれそうだ」、と互いに感じたのである。二人は事業をともにすることを、その場で決めてしまった。かなり性格のちがう二人だが、決断が早いことと人物鑑識眼がすぐれていることは共通していた。

阿佐ヶ谷での出会いにいたるまでの二人の人生にも、さまざまな共通点がある。

二人とも貧しい家庭の出身で、貧乏の惨めさと悔しさを少年時代に何度も味わっている。藤澤の生家は東京の零細企業で、父親はペンキ職人をしたり、映画館経営をしたり、事業を転々として、頓挫が続いていた。学歴の面でも、高等教育への余裕がある環境ではなかった。宗一郎は小卒、藤澤は中卒で社会へ出ている。藤澤は筆耕屋《ひっこうや》（宛名書き）そして鉄材商の奉公、と下積みの経験をした。

しかし、二人とも事業意欲は旺盛であった。藤澤は、勤め始めた鉄材商「三ツ輪商会」の実質的な経営を早くから任され、その関係で工具類に縁ができて自分で日本機工研究所という切削工具の会社を設立してしまう。二十九歳のときであった。宗一郎がアート商会浜松支店を開業したのが二十二歳のときであるから、二人とも若くして経営者になっている。そして二人ともかなりの成功を収めた。

こうした貧しい出自と早い経営者体験は、二人が「平等」の大切さを経営の根幹に置く経営者になった一つの背景だったろうし、そしてまた二人に人情の機微を教え、二人が天性持っていた直感力、洞察力、人を見る目をさらに磨かせる要因でもあったであろう。二人のかつての部下たちは一様にこういう。

「見せかけのポーズ、虚勢など、この二人の前では全く通用しません。ウソがつけない。性格の違うご両人だけど、眼力のすごさは、そっくりでした」

（『50年史』二一頁）

宗一郎と藤澤は、出会ってからしばらくの間、毎日のように事業の将来について語り合ったという。のちに藤澤の片腕として営業面で活躍し副社長にもなる川島喜八郎《かわしまきはちろう》はこう語る。

「どんなことを話されたのか、二人とも多くを語っておられないので、想像するしかありませんが、よほど心底、通じ合われたんでしょうね。だからこそ、あんなに個性の違うお二人が、今、ホンダ哲学といわれるものの基本のすべてを、あれほど完全に共有できたのだと思う。……本田さんと藤澤さんは、無二のパートナーであると同時に、互いに切磋琢磨し合う、ライバル同士でもあった。『おれの世界は、おれに任せろ』、『どうだ、おれのやった世界を見てくれ』と競い合う、素晴らしい名コンビだったのです」

（『50年史』二七頁）

二人の分担は、技術は宗一郎、営業と管理は藤澤。その後の経緯をみると、二人は見事なほどに分担を守り、互いにいわば不可侵であった。そして二人とも、それぞれの分野で天才的といってもよいほどの切れ味のある仕事をしていく。ホンダは、二人の天才に恵まれたのである。

一九四九年十月、藤澤は常務取締役としてホンダの経営に参加した。翌十一月、ホンダは増資して資本金を二〇〇万円とし、増資分一〇〇万円の四分の一は藤澤が出資した。藤澤は、出資比率一二・五％のいわば共同創業者となったのである。

東京進出とE型ドリーム号の成功

藤澤の参加を得て、ホンダの事業展開は急テンポで進み始める。藤澤が十月から加わった五〇年度のホンダの売上高は四〇〇〇万円程度に過ぎなかったが（四九年九月から五〇年八月までを五〇年度として伊丹が半年決算の数値から合算）、その後は一億八〇〇〇万（五一年）、十四億二〇〇〇万（五二年）、五〇億八〇〇〇万（五三年）、とすさまじい勢いで伸びていくのである。

こうした急成長の具体的原因は、以下でよりくわしく述べるように、製品面ではE型ドリーム号とF型エンジン・カブ号の大成功、組織・営業面では東京進出と自前の流通網の確立、であった。それは、営業・管理面での藤澤の大活躍と、資金調達や営業の苦労から解き放たれた宗一郎の製品開発での獅子奮迅の働き、というクルマの両輪（技術と営業）の超高速回転が可能にした成長であった。

時間軸にそってこの成長をスケッチしてみると、まず一九五〇年は東京進出の年であった。三月に東京営業所開設、九月には北区のミシン工場を買い取って東京工場とした。車体製作と最終組立を行う工場で、浜松でエンジンを作り、東京でD型を組み立てる体制にしたのである。そして十一月には宗一郎自身も東京へ居を移した。本社の東京移転は五二年だが、その前に宗一郎は矢も楯もたまらなくなったのであろう。

こうした東京進出は、浜松のホンダから日本のホンダへと飛躍しようとする第一歩であった。それは、世界を目指すという挑戦心を駆り立てられた四九年の出来事から直ちに踏み出した一歩、といえるかも知れない。

さらに、矢も楯もたまらない宗一郎の心の中で、豊田喜一郎のトヨタ自動車工業社長退任という事実が何かの働きをしていたのかも知れない。トヨタは当時、労働争議の激化で混乱の中にあった。その責任を取る形で、五〇年に創業者社長である喜一郎が退き、石田退三が後任社長になった。東海精機重工業で宗一郎とは縁の深い、あの石田である。

大きな新聞報道になったこのニュースを、宗一郎はどのような気持で読んでいたであろうか。一人の一郎は表舞台から退き、もう一人の一郎は東京という舞台に出ていく。それが交差したのが、一九五〇年であった。

翌五一年はE型ドリーム号の開発成功の年である。

四八年に開発したD型ドリーム号は発売当初は好評だったが、次第に売上が伸び悩むようになった。理由は三つあった。第一に、D型で採用したクラッチ機構があまりに独創的で従来のクラッチに慣れた人たちには使い勝手が悪かった。第二に、車体重量が重すぎた。宗一郎が凝りに凝ったからであった。第三に、オートバイのエンジンが四サイクル時代に入っていたのに、D型のエンジンは二サイクルだったのである。それは人々の嗜好にホンダが乗り遅れつつあったということを意味すると同時に、より運転性能のいい四サイクルでなければならなかったのである。

D型は当時のホンダの主力商品である。それが伸び悩めば、それは経営の危機にもなり得る。しかし、五〇年には朝鮮戦争の勃発で、日本経済全体に特需が生まれていた。もしその特需がなければ、D型の不振はそのままホンダの本格的危機になっていたかも知れない。ホンダには運が残されていたようだ。

だが、さらなる成長のためには新しい製品が必要な状況だった。そのために、当時まだ浜松にいた河島が東京工場に長期出張させられ、宗一郎とともに新製品の開発にかかりきりになる。五一年三月からE型エンジンの設計が始まったのである。四サイクル一四六ccのこのエンジンの最大の革新は、ふつうの四サイクルエンジンがコストや工作の容易さを考えてサイドバルブ方式をとるのに、オーバーヘッドバルブ方式だということだった。

五一年五月、エンジンの図面ができ上がった日に、宗一郎はわざわざ藤澤を東京工場まで連れていって、設計図を見せたという。藤澤にはくわしいことは分からなかっただろうが、宗一郎が非常に興奮していることは分かった。「これなら売れる。これでホンダは伸びるんだ」と宗一郎は息巻いていたという。

E型ドリーム号

七月には車体も含めて試作車が完成し、浜松から箱根までテストドライブを行った。当時、箱根の坂をオーバーヒートせずに登り切れる日本製オートバイはまだなかったのである。乗るのは河島、それを宗一郎と藤澤が米国製乗用車（ビュイック）で後を追う。三人の役者が勢ぞろいしたこのテストは、折りからの台風の中で強行された。試作車は嵐の中をビュイックを振り切って、見事に箱根を登った。

四七年の五〇ccA型エンジン開発からわずか四年しか経っていない。しかし、その四年間に宗一郎の開発努力がさまざまな形で集中的に詰め込まれて、驚くべき速さで本格的オートバイの開発に成功したのである。A型エンジンの写真（口絵）とE型ドリーム号の写真を比べてみれば、その間のジャンプの大きさが分かろうというものである。

三つの喜び

E型ドリーム号は、D型の独創的過ぎるところを反省し、しかしエンジンで他社と大きな差をつけた、という製品だった。五一年十月に発売されるや直ちに人気を呼んだ。そして次々に改良を重ね、三年以上も続くロングセラーの大ヒット商品となっていった。五五年に創立七周年を記念して早くも作られた社史（七年史）が、当時の息づかいを伝えるようにこう書いている。

「（五三年式E型は）日本自動車工業界において始めて年間販売実績三万二千台以上を挙げ斯界をして羨望の眼を見張らせたのである。絶対無故障、堅牢無比、燃料消費の僅少等、愛乗者の喜びは勿論、販売業者も取引後の面倒もなく、お顧客に喜ばれるので、きそって吾が社と販売店契約をする状況であった。

社長の所謂『三点主義』造って喜び、売って喜び、買って喜ぶ、理想通りのものが、この五三式E型ドリーム号であったのである」

（本田技研工業『本田技研工業社史——創立7周年記念特集』、一九五五年、二三頁、以下『七年史』と記す）

この社史の文章にある「三点主義」とは、五一年十二月の月報（社内報のこと）に宗一郎の言葉として掲載されている、「三つの喜び」という考え方のことである。それは、創業後六十年以上が経過した現在にいたるまで、ホンダの基本理念として社内でしばしば言及されている。全文を再録してみよう。

「私は、我が社のモットーとして『三つの喜び』を掲げている。即ち三つの喜びとは造って喜び、売って喜び、買って喜ぶという三つである。

第一の造る喜びとは、技術者にのみ与えられた喜びであって、造物主がその無限に豊富な創作欲によって宇宙自然の万物を造ったように、技術者がその独自のアイデアによって文化社会に貢献する製品をつくりだすことは何ものにも変えがたい喜びである。しかもその製品が優れたもので社会に歓迎されるとき、技術者の喜びは絶対無上である。技術者の一人である私は、そのような製品を作ることを常に念願とし努力している。

第二の喜びは、製品の販売に携わる者の喜びである。我が社はメーカーである。我が社で作った製品は代理店や販売店各位の協力と努力とによって、需要者各位の手に渡るのである。この場合に、その製品の品質、性能が優秀で、価格が低廉である時、販売に努力される方々に喜んでいただける事は言うまでもない。良くて安い品は必ず迎えられる。よく売れるところに利潤もあり、その品を扱う誇りがあり喜びがある。売る人に喜ばれないような製品を作る者は、メーカーとして失格者である。

第三の喜び、即ち買った人の喜びこそ、もっとも公平な製品の価値を決定するものである。製品

ホンダ月報 NO. 4
12月號
昭和26年12月1日

三つの喜び

本田宗一郎

私は、吾が社のモットーとして「三つの喜び」を掲げてゐる。即ち**三つの喜びとは、造つて喜び、賣つて喜び、買つて喜ぶ**といふ三つである。

第一の造る喜びとは、技術者にのみ與へられた喜びであつて、造物主がその無限に豐富な創作欲によつて宇宙自然の万物を作つたやうに、技術者がその独自のアイデアによつて文化社会に貢献する製品を作り出すことは何物にも替へ難い喜びである。然もその製品が優れたもので社会に歓迎される時、技術者の喜びは絶対無上である。技術者の一人である私は、斯様な製品を作ることをつねに念願とし努力してゐる。

第二の喜びは、製品の販賣に當る者の喜びである。 吾が社はメーカーである。吾が社で作つた製品は代理店や販賣店各位の協力と努力とによつて、需用者各位の手に渡るのである。この場合に、その製品の品質、性能が優秀で、価格が低廉である時、販賣に盡力される方々に喜こんで頂けることは言ふまでも無い。良くて安い品は必ず迎へられる。よく賣れるところに利潤もあり、その品を扱ふ誇りがあり喜びがある。賣る人に喜ばれないやうな製品を作る者は、メーカーとして失格者である。

第三の喜び—即ち買つた人の喜びこそ、最も公平な製品の価値を決定するものである。製品の価値を最も良く知り、最後の審判を與へるものはメーカーでもなければデーラーでもない。日常製品を使用する購買者その人である。「あゝこの品を買つてよかつた」といふ喜びこそ、製品の価値の上に置かれた栄冠である。私は、吾が社の製品の価値は、製品そのものが宣伝してくれるとひそかに自負してゐるが、これは買つて下さつた方に喜んで頂けることを信じてゐるからである。

三つの喜びは吾が社のモットーである。 私は全力を傾けてこの実現に努力してゐる。

従業員諸君は、このモットーに背くことの無いやうに努力せられたく、又代理店各位におかれては私のこの念願を理解せられて協力を賜らむことを切にお願ひ申上げる。

「三つの喜び」の社内報記事

の価値を最も良く知り、最後の審判を与えるものはメーカーでもなければデーラーでもない。日常製品を使用する購買者その人である。『ああ、この品を買ってよかった』という喜びこそ、製品の価値の上に置かれた栄冠である。私は我が社の製品の価値は、製品そのものが宣伝してくるとひそかに自負しているが、これは買ってくださった方々に喜んでいただけることを信じているからである。

三つの喜びは我が社のモットーである。私は全力を傾けてこの実現に努力している。従業員諸君は、このモットーに背く事のないように努力せられたく、また代理店各位におかれては私のこの念願を理解せられて協力を賜らんことを切にお願い申上げる」

（『ホンダ月報』四号、一九五一年十二月）

分かりやすく、しかし格調が高く、また多くの人が納得する内容である。また、売って喜びという言葉が入っているように、代理店に向けてもこのメッセージは書かれている。このとき、ホンダは創業後わずか六年である。それだけの早い時期に、東京へ進出したとはいえまだ町工場の時代に、こうした基本理念をきちんと表現する経営者は、稀であろう。

F型カブのヒットと自前流通網の整備

四七年のA型エンジンはホンダの第一のヒットであった。それが、企業の基盤を作った。五一年のE型ドリーム号はホンダにとっての第二のヒットで、宗一郎が息巻いていた通り、ホンダは大きく伸びた。企業の大きな飛躍のきっかけとなったのである。大きな製品開発のヒットが企業をそれまでとはちがう次元の成長段階へと導く、というパターンはこれ以降も繰り返されるホンダと宗一郎の成長パターンであった。

そして、E型ドリーム号に続いて、五二年にも第三のヒットが生まれる。輸出をもにらんで開発された、ホンダとしては最後の自転車用補助エンジンとなるF型カブである。二年続きの大ヒット連発とは、東京進出の勢いのなせるわざだったのだろうか。

このエンジンは自転車の後輪に付けるように設計された五〇ｃｃの軽量エンジンで、できるところはすべてダイキャスト化されていて、C型とちがいふつうの自転車にも取り付けられるものであった。宗一郎は、タンクとエンジンカバーのデザインにも心を配った。試作は五一年暮れから始まり、五二年三月には完成した。その結果の大成功を、『七年史』からふたたび引用しよう。

「これがカブ号と名付けられて発表されるや業界の驚異の的となり、日本における始めての形式の作品であり、その独自の創案、白色のタンクと赤く塗装された小エンジンは澎湃たる賛辞に埋れるばかりであった。浜松工場で五月から生産に入り、六月には一五〇〇台を九月には五〇〇〇台を製作し翌十月は六五〇〇台に及び、遂に業界生産量の七〇%を越えるに至った」（『七年史』二八頁）

文章の調子からも当時の興奮が伝わってくるようである。こうしたいくつもの開発・発明の業績が認められて、宗一郎は五二年四月に藍綬褒章を受章するのである。

F型カブ

「白いタンクに赤エンジン」というのが、F型カブの代名詞だった。そのフレッシュなデザインは、デザイナーとしての宗一郎の最初の大きな成功例であろう。赤は宗一郎の好きな色でもあったし、宗一郎は製品の美的価値というものをこの頃からすでに強調する経営者・技術者だった。当時のホンダ月報に宗一郎はこう書いている。

「実用価値を具備することは、商品学入門第一課に過ぎない。実用価値の上に、芸術的価値を併せ具えた時、はじめて完全な商品となるのである。現代の卓越した技術者は、優れた技術者であると同時に秀でた芸術家でなければならない。科学者の智慧と芸術家の感覚を併せ持たなければならない」

（『ホンダ月報』五号、一九五二年一月）

しかし、いかに「完全な商品」を開発できたとしても、それを売るための流通網が整備されなければ、企業としての売上成長には実際に寄与しない。また、商品を生産する工場が整備されなければ、そもそも供給ができない。いずれの整備にも、資金がいる。

F型カブは、ホンダの自前の流通網の整備と資金調達の両方に大いに貢献した。藤澤はユニークな発想とすご腕で、この新製品を存分に利用したのである。

藤澤が目を付けたのは、全国に五万店以上すでに存在する自転車小売店だった。それを、F型エンジンをさばくホンダ独自の流通網にしようというのだ。しかも、彼らから前金でエンジン代金を払い込ませ、資金調達にも役立てようと考えた。その勧誘の手段は、いまでいうダイレクトメール（DM）であった。宛名書きがすべて手書きの時代に、こんなことを大規模に考えた人はいなかった。この前代未聞の作戦は、五二年六月に実行された。川島喜八郎が『50年史』でこう語っている。

「あのDMの文章は、藤澤さんが書かれたんですが、名文でしたね。しかも非常に用意周到。第一弾、第二弾と、受け取る相手の心理を読み切った、巧みなDMでした。

『あなた方のご先祖は、日露戦争の後、勇気をもって輸入自転車を売る決心をされた。それが今日のあなたのご商売です。ところが今、お客さまはエンジンの付いたものを求めている。そのエンジンをホンダがつくりました。興味がおありなら、ご返事ください』と、第一弾目がこんな内容です。すると三万軒以上から『関心あり！』の返事が来たのです。（それへの返信として）『ご興味があって大変うれしい。ついては一軒一台ずつ申し込み順にお送りします。小売価格は二万五千円ですが、卸価格を一万九千円にします。代金は郵便為替でも、三菱銀行京橋支店へ振り込んでいただいても結構です』と書かれていた。

さらにそれと別に、銀行からも支店長名の手紙がいきました。『当行の取引先・ホンダへのご送金は三菱銀行京橋支店にお振り込みください』という。藤澤さんが、三菱銀行京橋支店に協力をお願いして、この最後の決め手を打った。さあどうなるか、期待と不安いっぱいでした」

（『50年史』二五頁）

藤澤の賭けは成功した。最初の入金がじつに五〇〇〇軒からあった。さらに数は増えて、最終的には一万三〇〇〇軒の取扱店が新規にできた。あっという間に自前の流通網ができたのである。

現場の心が分かる経営者

工場設備の整備は宗一郎の仕事だった。もっとも、そのための資金調達は藤澤の担当だが。

生産の拡大とともに、五二年三月には埼玉県大和町《やまとちょう》白子《しらこ》に中古工場を買収した。補修が必要な古い建物で、中にあった機械も多くは使い物にならなかったが、しかし東京工場から近くて月賦での購入代金支払いが魅力だった。

建物はボロでも、経営者としての宗一郎の意気は軒昂《けんこう》だった。この頃すでに、世界一になるんだ、と朝礼でミカン箱に乗って従業員たちに演説していた。世界一でなければ日本一ではない、という妙な論理が出てきたのもこの少し前である。その心は、輸入を規制しての日本一になっても、世界一の外国メーカーが日本に来ればたちまち日本一でなくなる、というのである。

従業員たちの多くは、世界一を目指すといわれても「何をこの町工場のオヤジが」と信じがたい思いだっただろう。しかし、宗一郎の情熱は伝わったと思われる。白子工場に浜松から応援に行っていた塩崎定夫はこう語っている。

「おやじさんは座談はうまいし、年とってからは講演もすごく上手だったんですが、あのころの演説は、気持ちが先へ行っちゃって、言葉がツッツッツッとジャンプして、何言っててんだか分からない（笑い）。顔は真っ赤になって、眼はギラギラして、ツバが飛んできて、大迫力だけどね。自分でも、これでは話が十分伝わらないと思ったのか、おやじさんは当時、出始めたばかりのテープレコーダーに自宅で訓話を録音し、朝礼の時、録音機にしゃべらせて、本人は無言で横に立っていると言う珍風景もあった」

（『50年史』二九頁）

宗一郎は、ふつうの社長と違って、社長室にいるような人ではなかった。つねに、現場に出たがった。そして人一倍、現場の作業条件に気を配る経営者であった。終生、人間平等、人間尊重を唱えた宗一郎らしい。白子工場を買った際にも、水洗便所をまっさきに作るといって藤澤を困らせた。藤澤自身がこう書いている。

「工場を補修するのに、一番初めに水洗便所を作ると社長がいい出したが、僅かな限られた金しか無かったから別の方に使いたいと思い、少し渋ったけれども、社長に押し切られた。『人間は入れる所と出す所をきれいにしないで、どうして美しい製品が生まれるか』これがその時の社長の意見だった」

（『ホンダ社報』一号、一九五三年六月）

宗一郎の気持は、工場の現場の人々に伝わっている。白子工場稼働直後の五二年五月に白の作業衣が会社から全員に貸与されたのだが、そのときのことを磯部がこう語っている。

「作業衣を白にする。これは社長の発案です。環境がよくなけりゃ、働く意欲も落ちる。汚い工場からいい製品は生まれない。だから、作業衣は白がいいんだ。白は汚れが目立つ。それができるだけ汚れないように、きれいな工場にしなきゃいけないんだとおっしゃって、工場の内部も工作機械も、グリーンのツートーンに塗り替えてしまった。トイレも水洗で白のタイル張り。雰囲気が変わると、われわれの気分も変わります。機械の手入れを自然とやるようになった。油汚れなんかが気になるようになった。当時はどこの工場でも作業衣は私服です。そんなころ作業衣を貸与した。しかも社長も従業員も同じものを着る。環境整備も作業衣も、現場で働いてる人の気持ちでものを考えられる人の発想です。まだまだハードな仕事をする部門も、たくさんありました。でも、そのつらさを分かってくれる人がトップにいるというのは、心強いものですよ」（『50年史』三二頁）

これが終戦後わずか七年目の日本の、まだ従業員数五〇〇人にも満たない中小企業の工場なのである。

巨額投資の決断の背後に

しかし、作業環境だけではなく、工場の設備、とくに工作機械についても、宗一郎はとてつもない野望を描き、それを実行する決断を下した。世界一になるために、世界の一流の工作機械を大量に輸入しようというのである。

しかもその総金額たるや、いまから考えても中小企業としては想像を絶する大きさで、四億五〇〇〇万円なのである。決断を下したのは五二年十月。一カ月後にホンダは増資をして資本金一五〇〇万となるが、それと比べても三十倍である。業界筋がこの機械輸入を無謀と決めつけたのも無理はない。

ただし、F型カブが絶好調に売れ始めた頃である。五三年八月で終わる年度の売上が五〇億円強だから、売上の一割と言えば極端ではない。しかし、決断のとき（五二年十月）に実績として宗一郎と藤澤に見えていた売上は五二年八月に終わった五二年度のもので、十四億円強に過ぎなかったのである。

急成長の過程での社運を賭しての大設備投資、といえるだろう。資金調達の主な源泉は、藤澤が前金払い込みで得たカブの売上先払い金などの企業間信用であった。急成長の企業がときに取る資金戦略で、うまく売上が伸びているうちはいいが、いったん売上が停滞するとすぐに資金不足になる戦略である。事実、翌五四年にその経営危機が現実のものとなる。

その資金危機の予感はないままに、宗一郎の技術者としての論理は、一応の筋が通っていた。精度の高い製品は、精度の高い工作機械からしか作れない、というのである。そして、売れてはいるものの、E型にもF型にも、宗一郎は不満だった。

それは、この決断と同時に宗一郎が『ホンダ月報』に発表した、「世界的視野に立って」と題する彼の文章に明瞭に出ている。

「本年の年頭の辞にも申し上げましたように、私の願っておりますのは製品を世界的水準以上にまで高めることであります。私は、日本の水準と英米等先進国の水準との開きの、あまりにも甚だしいことをよく知っております。

ところが今回愈々私の念願であった世界的技術の水準において、世界市場で世界第一流のメーカーとの競争を実行に移すことになりました。

この根本要素は申すまでも無く製品そのもののアイデアと共に、精度と生産能率であります。……われわれの創意工夫を生かし実現するには、優秀な機械でなくてはなりません。『弘法は筆を選ばず』と言ったのは、昔の譬えです。そこで私は、一大決心をもって、世界第一流の工作機械を購入することにしました。既に注文したもの、目下輸入許可の手続き中のものなどを併せますと、三億円に上ります。……

優秀な外国製の機械を購入しても、私は国内同業者各位の販路を奪い尽くそうというような小さな考えは毛頭持ちません。私の会社で機械を買うドルは国のドルであります。国のドルを用いて買った機械で逆にドルを稼ごうというのが私の願いであります」(『ホンダ月報』十四号、一九五二年十月)

当時のホンダは、オートバイ部品の供給の多くを外部の協力メーカーに頼っていた。ホンダの実態は組立工場だったのである。それを、高精度部品の内製のできる真の生産工場にしたい。だから精度の高い工作機械が大量に必要だ。宗一郎の思いはそれだった。

五二年十一月、宗一郎はアメリカへ工作機械の買い付けに出かけた。そしてほどなく、まだ二十代だった河島もヨーロッパへ工作機械の買い付けに派遣された。敗戦国からの若い技術者がたった一人で来て巨額の買い物をするので、むこうで驚かれたという。河島はいう。

「僕ら設計屋は、いい工作機械を見るとうれしくなります。設計のしがいがありますもの。おやじさんも興奮したでしょうね。……それで、思いきり買いまくった(笑い)。……大自動車メーカーさんも羨望の機械。それを使って、ちっぽけなオートバイつくってる(笑い)。けれどこの時の分不相応の大決断のおかげで、いいものができるようになって、やがて自動車づくりにも移れるようになるんです」

（『50年史』三〇頁）

うれしく買いまくったせいか、実際の輸入金額は宗一郎が月報で書いた三億円を五割も上回って、四億五〇〇〇万にまでふくらんだのである。しかも、そのとき買った機械の中には、オートバイには必要ないが四輪車生産には必要なものがあったという。来るべき四輪車生産もまた視野のどこかにあったのであろう。

しかし、この巨額な投資は無謀と紙一重である。だが、宗一郎には一種の割り切りがあった。のちに日本経済新聞の「私の履歴書」で、この決断について宗一郎はこう書いている。

「私はこの際生産機械を輸入すれば、たとい会社がつぶれても機械そのものは日本に残って働くだろう。それなら、どっちにころんでも国民の外貨は決してムダにはなるまいという多少感傷めいた気持ちもあった。

いずれにせよ、このままでは世界の自由化の波にのまれてしまうことは必至である。世界の進歩から取り残されて自滅するか、危険をおかして新鋭機械を輸入して勝負するか、私は後者を選んだ。ともに危険である以上は、少しでも前進の可能性のある方を選ぶのが経営者として当然の責務であると判断したからである」

（『履歴書』八〇頁）

国民の外貨と日本の産業全体のことを考える視野、そしてつねに前進のエネルギー。いずれも、宗一郎らしい述懐である。

こうして宗一郎とホンダが成長の次の舞台へと全速力で走っていた五二年、豊田喜一郎がこの世という舞台から去っていった。当時、朝鮮特需で息を吹き返したトヨタは、五二年二月に喜一郎の社長復帰を決めていた。その直後の三月、喜一郎は脳出血で急死した。喜一郎は無念であったろう。享年、五十七歳。そのとき、宗一郎は四十五歳。

五二年の宗一郎の大ジャンプ（工作機械大量輸入）の決断は、十月に行われている。その決断の背後で、同年三月の喜一郎の死の影が宗一郎の心をよぎったかどうか、誰にも分からない。しかし、喜一郎の死でこれからは「二人の一郎の競争」はもはやあり得ないことになった。トヨタの社長は結局、石田が六一年まで続け、トヨタ中興の祖と呼ばれるようになる。ただし、こののちも長く、トヨタの影は宗一郎の人生の要所要所に姿を見せていく。

忍び寄る危機

工作機械を大量に買えば、それを設置する工場が必要である。

一九五三年一月、埼玉県大和町に新しい土地を三万坪購入して大和工場の新設が決まる。広大な土地で、藤澤に連れられて土地を見に行った宗一郎が「これだけ広ければオートバイがいくらでも作れるぞ」といったという。白子工場の近くである。

そして四月には白子工場が完全にでき上がってフル稼働に入り、五月には大和工場の第一期工事が完成する。そして七月には浜松に二万坪の土地を買い、葵工場の建設に入った。灰神楽のたつような騒ぎ、という表現があるが、この頃のホンダはまさにそれである。

五三年五月には輸入機械の一部が到着し始めて、浜松、白子、大和と三工場に据え付けられ始めた。据え付けたその日から試運転でなく本格運転ができるようにと、徹底的に準備するよう宗一郎は指示した。時間の節約のためである。

その上、輸入機械も説明書の性能以上のものを出せと宗一郎は要求した。生産エンジニアとして限界を試したいし、必要なら自分たちで改造してでも性能を上げたいのである。たとえば、回転数をもっと上げろと宗一郎がいう。担当者が「これが上限と説明書に書いてあります。これ以上上げると、機械が壊れる可能性があります」と答えると、宗一郎は「おまえ、やったことがあるのか。すぐ、やってみろ」とくる。この本の副題にした「やってみもせんで、何がわかる」を地で行く場面が工場のあちこちで見られた。

のちに（社長退任後）宗一郎は、こうした機械の使い方を「洪水」と表現して、城山三郎にこう語っている。


「機械ひとつを動かすにしても、カタログどおりにやっていたのでは、（後発のホンダは）置いて行かれるだけだった。うちはカタログにない無茶な使い方をした。その洪水のおかげで、今日があるんですよ」

（『一〇〇時間』七六頁）

天竜川の洪水は、宗一郎の子供の頃、川底の岩を大きく動かし、川底の汚れをきれいにしてくれた。それになぞらえて、宗一郎は人間にも会社にも、成長のためにはときどき洪水が必要だといっているのである。

五三年はE型ドリーム（一四九ccのドリーム三E）もF型カブも売れ続け、さらに五月には原動機付き自転車であるベンリイJ型（四サイクル八九cc）も発売され、人気は当初は上々だった。そして、E型ドリーム号のエンジンを大きくした二二〇ccバージョン（ドリーム四E）も売り出された。ホンダは快進撃を続けていた。

三つの新工場を稼働させるためには、さらに新製品があるといい。宗一郎はさらなる製品開発に取り組んでいた。スクーターのジュノオ号である。車体にポリエステル樹脂を用いた、凝ったデザインの意欲作であった。世界ではじめてポリエステル樹脂を車体に使うということで、開発の苦労は大変だった。五三年十一月に発表し、五四年一月に量産に入った。

こうして五三年はきわめて順調に推移したかに見えた。たしかに、売上や利益では絶好調の急拡大で、まさに順調過ぎるほど順調な成長だった。五四年一月には東京証券取引所でホンダの株式の店頭売買が開始されることになっていた。しかし、その成長のための設備投資は、輸入機械の購入代金も含んで十五億円に膨れ上がった。資本金を五三年末には六〇〇〇万に増資したのだが、それでも同時期のトヨタや日産の設備投資が年間五億円前後だったことと比べて、あまりにも巨額の投資だった。

その上、時代の流れは暗転しようとしていた。五三年八月に朝鮮動乱が終結し、朝鮮特需をきっかけとした好景気に暗雲が垂れ込み始めたのである。それが、F型カブの販売実績に影を落とし始めていた。五四年一月に量産開始したジュノオも製品トラブルが多く、売れ行きもはかばかしくなかった。

五三年の絶好調の中で、宗一郎自身にも秘かな心の変調があったのかも知れない。この評伝を書くにあたって資料を調べているうちに、五三年に関して奇妙なことが気になった。社内報での宗一郎の発言量が前後の数年間の中で五三年だけかなり突出して多く、しかも内容のトーンが前後の年とちがうのである。

五三年の社内報に宗一郎が書いた記事のタイトルを並べてみると、「百二十パーセントの良品」、「工場経営断想」、「働く者の徳義心」、「我が国オートバイの将来」、「贅沢品」。その多くは、宗一郎のユニークな発想を語っていて、興味深いものである。「工場経営断想」など、傑作である。理論の尊重、時間の尊重、能率の尊重という三節からなり、第一節の出だしはのっけから、「私の会社では工場経営の根本を理論の尊重におく」と始まる。ふつうの町工場のオヤジの言葉ではない。そして能率の尊重の節の出だしは、「能率とはプライベートの生活をエンジョイするために時間を酷使することである」という宗一郎らしい定義で始まっている。

しかし、その前年までの社内報での宗一郎発言が将来へ向かっての自らの思いの宣言や、この本ですでに紹介した「三つの喜び」のように、自分の経営の基本スタンスについて語るものばかりであるのに対して、五三年のそれは社会評論的な講釈やお説教めいている部分が多くなっている。どこか「上から目線」の匂いが出ている。

五〇年代に入ってからのホンダの発展は、たしかに世間の注目を集めるほど目覚ましいものだった。宗一郎も「アプレ経営者」として名を知られつつあった。伝統を顧みず、前衛的で常識外れのことをするアプレゲール世代（戦後世代）の経営者、という意味である。しかも、五三年はとくに業績が絶好調で将来への投資も果敢に行った年である。宗一郎の心に、精神の高揚とともにほんの少しのおごりが芽生えていたとしても、人間らしく自然なのかも知れない。

四六年の個人商店創業から七年、そして四八年の本田技研工業株式会社設立からわずか五年。宗一郎とホンダは、藤澤の参加を得て急成長をしたのである。そして、世界を視野に入れた、大きな展望を持つようにもなっていた。戦後の復興期のドサクサの中とはいえ、まことにドラマティックな成長ぶりであった。

しかし、月は満ちれば欠ける。ホンダの成長にも、宗一郎の成長にも、踊り場が来たようであった。五四年は一転して、ホンダの今日にいたるまでの歴史の中で最大の経営危機の年となっていく。

第四章　ホンダDNAの誕生——一九五四年から一九五九年

大事故が起きるとき、その原因はいくつもの故障あるいはミスがあり得ないほどに重なっていることが多い。それが一種の連鎖反応を起こして、まさかという事故が起きる。

総崩れ

一九五四年にホンダを襲った経営危機も、そうであった。五三年に華々しくデビューした製品を含めて、主力の四製品（カブ、ドリーム、ベンリイ、ジュノオ）が年明けから総崩れになっていったのである。それが、売上成長の継続に依存する企業間信用中心の資金調達戦略をとっているさ中に起こってしまった。

まず、ジュノオが市場で不評だった。重過ぎるし、ポリエステル樹脂でエンジンなどをカバーしたものだから、エンジンのオーバーヒートが頻発した。ベンリイも、エンジンの異音と不調で人気が落ちた。E型ドリームも、五三年暮れに二二〇ccへとエンジンを大きくしたドリーム四Eがエンストを起こす故障が多く、売れなくなっていく。F型カブも、エンジンのパワーアップを五三年にしたのが裏目に出て、自転車の車体がもたないものが出てきた。その上、補助エンジンの競争相手が類似製品を出してきた。

信じがたいほどの総崩れである。それも、一気に同じタイミングで、急に来た。五三年のいけいけドンドンの設備投資の雰囲気の中で、新製品開発にゆるみがあったのであろうか。その上、経済全体としても朝鮮特需景気の終焉で不景気に突入していた。

こうして主力製品すべての売上が総崩れになると、売上が伸びることを前提に計画していた投資資金の手形決済の資金が、売上入金という形で入らなくなる。ホンダは倒産の危機を迎えたのである。五四年の三月にはその状況が明らかになってきた。とにかく資金流出を抑える一方で資金手当てをなんとかすること、崩れていく売上をなんとしてでも建て直して入金増加をはかること、その二つが経営の急務となっていた。

三月から五月にかけて、資金繰りの苦労で藤澤は脂汗をかく眠れぬ夜を過ごした。三菱銀行にも支援を依頼した。五月に入って、部品メーカーに仕入れは三〇％を現金で支払って、残りは資金に余裕ができたときに支払うという、いわば「ある時払いの催促なし」を頼み込んだ。これで資金流出が少なくなる。ホンダの将来を買ってか、離れていく部品メーカーはわずかだったという。

そして、売上をなんとかして増やして資金流入を大きくするために、売れる商品の増産をしなければならない。それに役に立つ機種は、人気のあったドリーム三Ｅ（二四九ｃｃ）の後継として開発されていたドリーム六Ｅ（一八九ｃｃ）だけだった。それを緊急増産して、すぐに代金を回収するのである。それと平行して、宗一郎は最大の主力商品であるドリーム四E（二二〇ｃｃ）のエンジントラブルの解決をしなければならない。その返品在庫が山のように工場にあった。

宗一郎は、四月になって四Eのエンジントラブルの原因がキャブレーターにあることを突き止めた。前の年に二二〇ｃｃに大型化したエンジンが、車体のフレームに接触しそうなほどの大きさで、そのためにキャブレーターを斜めに付けてフレームに触らないようにした。しかし斜めにしたことによって燃料の供給がスムースにいかずにエンストを起こすようになったのである。製品改良と同時にエンジンの実験をきちんとやっていれば、起きない不良であった。しかし当時のホンダは、まだそうした実験の余裕もなく、それでいて宗一郎が製品開発を急がせてしまったのであろう。

宗一郎は早速解決策を持ってキャブレーターメーカーへ走ったが、しかし、他方で資金を得るために六Eの緊急増産をして売上を確保しなければならない。そのためには、ゴールデンウィークの連休をつぶしての生産が必要だった。当時すでに従業員数は二五〇〇人規模になっていた。彼らの協力を得なければならない。

宗一郎と藤澤はそろって埼玉製作所で従業員たちに直接訴えた。労働組合はその訴えを受け入れた。そのときの様子を当時、埼玉製作所で車体組立をやっていた新入社員・堀越昇《ほりこしのぼる》は、こう語る。

「そのころ、製作所の製品出荷場にはドリーム四Eがズラーッと並んでいました。出荷を止めた在庫車と、全国から返品されてきたのとがね。ある日、全員集まってくれと声がかかった。そしたら、本田さんと藤澤さんが二人並んでた。おやじさんの白いユニフォームは薄汚れていて、クチャクチャのシワだらけ。目は真っ赤に充血していた。それで、藤澤さんの緊急事態の説明の後、おやじさんがしゃべったんです。いつものような冗談も出ないし、世界を目指すも出ない。四Eのどこがどう悪かったのか、説明してくれた。……でも、やっと解決のめどがついたと。おやじさんが、『すまなんだなぁ。迷惑かけたなぁ』って、われわれに謝ったんです。その時は、何だかジーンときちゃいましたね」

（『50年史』三八頁）

「マン島レース出場宣言」と「わが社存立の目的」

経営危機の際の対策には、外への対策と内への対策がある。外への対策とは、企業の外の金融機関やお客様への対策で、たとえば資金繰りや故障対策、あるいは生産計画の見直しである。キャブレーター対策、増産計画、銀行への融資要請、などがそれである。

「内への」とは、従業員の協力を求める対策や、従業員の心がバラバラにならないよう求心力と元気を与えるような対策である。外への対策ばかりでなく、内への対策をも宗一郎と藤澤は的確にとっていた。

埼玉製作所での訴えが協力を求めるための内への対策の一つだった。そして、宗一郎と藤澤は組織としての求心力を高めるための内への対策を、五四年三月にも取っていた。従業員に対する二つのアピールが同じ三月二〇日に出されているのである。その頃すでに経営不安がささやかれて、従業員たちもそれを知っていた。従業員たちの志気を高めるためのアピール作戦が必要だった。
第一のアピールは、世界一のオートバイレースとして有名なマン島TTレースに翌年出場する、という宣言である。ビラにして、全従業員に配られた。もう一つのアピールは、「わが社存立の目的と運営の基本方針」という文書である。「更めて全従業員諸君に訴う」という見出しで三月二〇日付の社内報に発表された。二つのアピールはともに、宗一郎の名前で出された文書である。
マン島出場宣言は、「宣言」とだけ題された、まるで檄文である。長文である。その年の一月のサンパウロの国際レースにはじめて出場したことから説き起こし、マン島でも「私年来の着想をもってすれば必ず勝てるという自信が昂然と湧き起こり」と続いて、「絶対の自信を持てる生産態勢を完備した今、まさに好機到る！明年こそはT・Tレースに出場せんとの決意をここに固めたのである」
何をかいわんや、その生産投資のおかげで経営危機のまっ只中なのである。にもかかわらず宣言はさらに続く。「全従業員諸君！本田技研の全力を結集して栄冠を勝ちとろう」と呼びかけた後にもいくつもの煽り立てる文章が続いた後で、「諸君と共に誓う」と締める直前にこうまでいう。

「日本の機械工業の真価を問い、此れを全世界に誇示するまでにしなければならない。吾が本田技研工業の使命は日本産業の啓蒙にある」

（『50年史』三六頁）

経営危機の真っ只中での檄文としては、すさまじい。城山三郎の評価がじつに適切である。

「目を世界に向け、志を高く持つ――それも本田の思想であろう。その意気たるや壮。それにしても、『日本産業の啓蒙』のためだとか、『日本人の心に希望の灯を』を与えるとか、よくいえたものである」

（『一〇〇時間』一〇三頁）

しかし、危機の中にも先の夢を見ようとする前進のエネルギー。それが宗一郎の魅力の一つだったのであろう。だが、従業員の中にはこの宣言で元気が出た人もいたが、信じなかった人も多かったらしい。無理もない。目の前に倒産の危機があるのである。それでビラの多くは捨てられ、社内報に載せるために資料として残そうとしたら簡単には見つからなかった、という話が残っている。

この危機のさ中の五四年四月に入社した新入社員六十名ほどの中に、のちにホンダの三代目社長になる久米是志《くめただし》がいた。入社式で宗一郎はまことに意気軒昂で、危機の影など見せなかった。しかし、当時の久米には、マン島レース優勝などまったく信じられなかったという。静岡大学卒業前から浜松にあったオートバイメーカーのエンジンの設計図書きをアルバイトでやっていた久米からすれば、当時の日本のオートバイの技術で世界に太刀打ちできるとは、到底思えなかったのである。しかし、宗一郎は本気で夢を語り、そして五年後の五九年には実際に参戦してしまうのである。

レース出場宣言が将来の夢を語る文書アピールだとすれば、「わが社存立の目的と運営の基本方針」という文書は足元で自分たちがこれまでやってきたことの意義を再確認するためのものであろう。

この文書は、すでに前章で紹介した「三つの喜び」をホンダの存立目的とすると述べた後、運営の基本方針として「人間完成の場たらしめること」から始まり、「理論尊重の上に立つこと」や「常に正義を味方とすること」という六つの方針が格調高く書かれている。この文書が、のちに五六年に制定される社是・運営方針の骨格となっている。

二つのアピール文書は社長の宗一郎名で出されているが、両方とも発案と執筆は当時すでに専務になっていた藤澤である可能性が高い。しかし、宗一郎ももちろん主体的に深く関与していただろう。こうした将来と足元の二つをにらんだアピールを経営危機のさ中に同時に行うというのは、迷いがちな従業員たちの求心力を高めるための方策として、経営者としてすぐれたセンスといえる。

ただし、いくら経営者の側がアピールをしても、それを働く人たちが信じなければ、意味がない。それを部分的にでも信じさせるだけの「背中」が、宗一郎にはあったと思われる。二つの文書でいっていることは、ともに宗一郎が日頃いっていたことだったからである。マン島レースについても、その視察に出かける計画をすでに社内報の新年の挨拶の中でも触れていた。まだ経営危機表面化の前である。「三つの喜び」なども、五一年からいい続けてきたことである。

五四年六月になると、緊急増産の訴えやキャブレター対策もすべてうまく行き、資金繰りのハードルもなんとかクリアし、当面の危機は乗り越えた。しかし、まだ五四年七月一〇日の手形の決済が残っていた。それを前に、藤澤は宗一郎を六月に欧州へ送り出す。マン島などへの視察に行ってきたら、というのである。マン島のレースは六月半ばだった。このチャンスを逃せば、来年まで一年延ばしになる。

しかしまだ、経営危機の一つの山は越えたものの、危機が去ったわけではなかった。そんな状況で社長を欧州へ出してしまう専務も専務なら、行ってしまう社長も社長である。だが、多くの従業員が夢に向かって前進しようとする宗一郎の背中を本当に信じたのは、五四年六月九日に宗一郎が欧州へ、マン島へと視察旅行に実際に旅立ったときではなかったか。あの破天荒な宣言は本気だ、とはじめて思えたのではないか。

おれ、こんなもの拾ってきた

しかし宗一郎はマン島で、レースを見て度肝を抜かれた。あんな宣言を出すんじゃなかったと後悔もした。自分の想像をはるかに越えて、世界のレベルは高かったのである。ホンダのエンジンと同じ排気量で、二倍、三倍の馬力を出している。さらに、プラグもチェーンもリムもタイヤも、水準がちがいすぎた。

それでも結局はへこたれないのが、宗一郎らしい。宗一郎が藤澤に出した短い手紙が残っている。

「六月十四日、初めてレースを見たが、すごいものだ。いろいろと大いに勉強したが、また、自信もついてうれしく思う。会社のほうは苦労が多いと思うが、頑張ってください」

（『50年史』四〇頁）

とにかく度肝を抜かれながらも、いつもの負けん気を取り戻して、イギリス、ドイツ、イタリアと、モーターサイクルメーカー、自動車メーカー、部品メーカー、工作機械メーカーなどを精力的に見学して廻った。日本で手に入らないレース用部品も買い集めた。

帰国したのは、七月一〇日の手形の決済期限の直後だった。羽田に出迎えた藤澤の笑顔を見た途端に、宗一郎は資金繰りはなんとかなったことが分かった。経営危機は、どうやら回避できたのである。宗一郎の目に涙がこぼれたという。

宗一郎は空港で藤澤に、欧州の工場の床で拾ってきたクロス・ネジ（プラスのネジ）を、「おれ、こんなものを拾ってきたよ」、と見せた。このネジなら、自動的に圧搾空気を使って締めつけられる。ふつうのマイナスネジより、工場の生産性の向上にははるかに便利なのである。このネジについて藤澤自身がこう語っている。

「このクロス・ネジの採用が日本の工業全般の発展にどれだけ貢献したかは、はかりしれません。……工場の床に落ちていた一本のネジに目をとめた本田の炯眼は、まさに神技といっていいと思います」（藤沢武夫『経営に終わりはない』文春文庫、一九九八年、四八頁、以下『終わりはない』と記す）

宗一郎は根っからの生産エンジニアなのである。そして、じつに細かなところにまで目が行き届く。それは、生涯の特徴であった。エンジンの異常なども、ちょっとしたエンジン音のちがいを耳で聞き分け、異常な箇所を正確に指摘できたという。

生産エンジニアとしての宗一郎は、生産性向上の意識が強いばかりでなく、交通手段という人の命を預かる製品を作っているからと、安全性とその品質保証にもことさらに厳しかった。そして、一二〇%の良品を作る意識が必要といっていた。一〇〇%の良品ではまだダメで、一二〇%の良品を作ろうとする意識を持ってはじめてきちんとした製品を顧客にお渡しすることができる、というのである。のちに会長になる杉浦英男《すぎうらひでお》は、生産現場の品質管理のあり方について、きわめて印象的な経験をしている。

五四年頃、杉浦は抜き取り検査方式について宗一郎に説明する機会があった。そして、抜き取り検査ですから千に一つの目こぼしがあるのはこれは仕方がありません、といった途端に、宗一郎が「そんな品質管理はすぐやめろ」と激怒した。そのとき、窓の外をたまたま若者がドリーム号に乗って通り過ぎていた。宗一郎は杉浦にそれを見るようにいって、こう続けた。

「あの連中はな、おれたちより実入りは少ないけど、乏しい中から月賦でドリームを買ってくれているんだ。おれたちは、ああいう若者たちからもらうお金を積み重ねて、工場を経営したり部品を買ったりしてるんだ。おまえは千台に一台ならいいと言うけど、あの若者にとっちゃ一台の中の一台よ。一〇〇%の不良品よ。いいと思うか。……だからおれは一二〇%の良品と言うんだ。お客さんの一つずつの満足を積み重ねなけりゃ、ホンダなんてやっていけないんだ」(『50年史』一五八頁)

もちろん宗一郎は、生産エンジニアであるだけでなく、まず第一に開発エンジニアだった。宗一郎は欧州から帰るとすぐに、ＴＴレース推進本部を作った。こちらは開発エンジニアとしての宗一郎の面目躍如たるものがある。本当にマン島レースに出るのかと聞く河島に、宗一郎はこういった。

「何が何でも出る。もたもたしてると、どんどん置いていかれる。それにな、今みんなが苦労してる時だろ。こんな時こそ夢が欲しいじゃないか。明日咲かせる花は、今、種を蒔いておかなきゃいけないんだ」

（『50年史』四一頁）

宗一郎は、人の心の分かる経営者でもあったのである。

このＴＴレース推進本部には、のちにホンダの社長になる二人の人材が配置されることになる。河島がマン島プロジェクトの現場責任者としてそのために作られた課の課長となり、その課にレースエンジン担当の設計者として新入社員の久米是志（のちに三代目社長）が配属されるのである。もちろん、マン島プロジェクト全体のリーダーは宗一郎自身であった。

宗一郎は、エンジンの回転数を上げることが鍵だと考えた。それも、常識をはるかに越えて、それまでの回転数の二倍、三倍にするのである。そのためには、燃焼を徹底的に研究する必要があった。完全燃焼に近づかなければ、回転は上がらない。また、吸排気の仕組みを徹底的に工夫しなければ、やはり回転は上げられない。世界で誰もやっていないような研究が必要だった。

こうして、ホンダのモーターレースへの挑戦の第一幕が始まった。のちに四輪のＦ１グランプリで名を馳せるホンダのDNAが、生まれたのである。しかし、ホンダが実際にマン島レースに参加できるのは、「宣言」で高らかに明言した翌五五年ではなく、五年後の一九五九年のことだった。

経営危機が生んだホンダDNA

五四年の経営危機は、ホンダにとって強烈な体験だった。倒産寸前までいったのである。そして、そのときの宗一郎や藤澤の対応の基本的行動パターン、さらには二度と危機を起こさないようにする努力、その二つからホンダDNAとしてその後長く引き継がれていくものの多くが生まれたと思われる。前項の最後に触れたレースのDNA（危機の中にもつねに先の夢を見ようとするDNA）はその一つに過ぎない。

時間を大切にする、という考え方も経営危機が生んだホンダDNAの一つである。宗一郎自身がこういっている。

「全社一丸となってこの不況を乗り切ろうと努力したが、その努力が理論的にもっと資金を早く回転する方法とか、時間を大事にするくせとなって現れた。本田技研の基礎はこのときに固まったといってさしつかえない」（『履歴書』八二頁）

さらに宗一郎が大切にしたのは、平等である。前章でも金で人を差別しない考え方を紹介したが、宗一郎はつね日頃、「社長は役割に過ぎない。みんな一人の人間としては平等だ。だから、工員と職員の区別もしない」といっていた。事実、社長室もないし、役員車もない。宗一郎は自分で自分のクルマを運転していた。

平等について、いかにも宗一郎らしい表現がある。一九七七年のある対談での言葉だが、昔からいっていたにちがいない。

「課長、部長、社長も、包丁、盲腸、脱腸も同じだ。要するに符丁なんだ。命令系統をハッキリさせるために符丁があるんで、人間の価値とはまったく関係ない。人の偉さというのは、いかに世の中に奉仕したかということだ」（本田宗一郎『本田宗一郎は語る——不常識を非真面目にやれ』講談社、一九八五年、一一四頁、以下『不常識』と記す）

五三年の頃、ジュノオの開発・改良で苦しんでいたときのことである。開発チームの面々は、宗一郎も一緒になって毎日夜遅くまで働いていた。さち夫人が深夜になるとうどんを作ってくれる。腹の減った若い人たちが殺到する。その列の最後尾に、宗一郎が並ぶ。このチームにいた砂岡は、それを見て感激したと城山三郎に話している。

「『社長、前へどうぞ』といっても、本田はかぶりを振るばかり。砂岡はその姿を見て、『こういう人の下で、生涯働きたい』と、心に決めたという」（『一〇〇時間』五二頁）

平等尊重なのは、生活の態度だけではない。仕事の際の議論の仕方にも表れている。たとえば、工場の床にスケッチを描き、自分も床に車座になって若い人と議論するのが、河島を相手にエントツエンジンのスケッチを床に書いて以来、終生変わらぬ宗一郎のスタイルだった。のちに四代目社長となる川本信彦《かわもとのぶひこ》は宗一郎没後、彼を偲ぶ文章で次のようにいっている。

「解決すべき問題を見つけた時は、社長である身を忘れて、直接床に座りこんで担当者と車座になって解決策を模索する——それは、最高顧問（宗一郎のこと、伊丹注）が技術あるいは真実の前に上下の隔てはないということを身をもって示してくれたのだときがつくにはしばらく時間がかかった」（本田技研工業『Mr. HONDA FOREVER』一九九一年、一頁、以下『ミスターホンダ』と記す）

ただし、一九六三年入社の川本は経営危機のこの頃にはまだ入社していない。危機のその年に入社してしまったのが、三代目社長になる久米である。そして、その久米と同世代の若い人たちのグループで宗一郎の書いたものや日頃の言動を中心にまとめあげたのが、一九五六年一月の社報に掲載された、「社是」と「わが社の運営方針」である。それは、ホンダＤＮＡの一つの集大成が言語化されたものであった。

その原型は、五四年三月二〇日の「わが社存立の目的」という文書である。したがって、社是もまた、経営危機が生んだものなのである。社是の全文と運営方針の柱（詳しい説明部分は省く）を引用しておこう。

社是

わが社は世界的視野に立ち、顧客の要請に応えて、性能の優れた、廉価な製品を生産する。

わが社の発展を期することは、ひとり従業員と株主の幸福に寄与するに止まらない。

良い商品を供給することによって顧客に喜ばれ、関係会社の興隆に資し、さらに日本工業の技術水準を高め、もって社会に貢献することこそ、わが社存立の目的である。

わが社の運営方針

一、常に夢と若さを保つこと

二、理論とアイデアと時間を尊重すること

三、仕事を愛し職場を明るくすること

四、調和のとれた仕事の流れを作り上げること

五、不断の研究と努力を忘れないこと

この社是と運営方針は、ほとんどそのまま現在のホンダの公式のホンダフィロソフィーの中心部分となっている。若干の修文が行われているだけである。これらに、「三つの喜び」などの基本理念を

第6号　ホンダ社報　昭和29年3月20日

本田技研社内報

更めて全従業員諸君に訴う

―わが社存立の目的と運営の基本方針―

社長　本田宗一郎

「わが社存立の目的」の社内報

加えて、社是・基本理念・運営方針の三つで現在のホンダフィロソフィーは構成されている。

このホンダフィロソフィーは、宗一郎没後、一九九二年に第四代目社長の川本によって正式に制定されたものである。そこでは、社是の第二文と第三文が削除されているが、その理由は「グローバルな株式会社としてはいかがか」という配慮であろう。第二文は従業員が株主の前に来てしまっているし、第三文は日本への貢献だけがうたわれている。しかしそれが、当時の宗一郎の考え方だったのだろう。

こうした社是や基本理念は、作られるだけですぐに組織としてのDNAになるわけではない。それに組織の人々が共感し、自分のものとする気にならなければならない。そしてそれを次世代に語り継ごうと思わなければならない。

宗一郎の日頃の言動と背中が、それをさせていたようだ。当時の幹部たちが、口々にこの社是はオヤジそのものだ、宗一郎の日常が姿を変えただけだ、といっているのである。『50年史』から引用してみよう。

「『これは、おやじさんそのものの社是。運営方針も同じですよ。ただ、お客さんのために明日の商品をつくればいいが、あさっての商品をつくっちゃうところが、ちょっと社是の通りじゃなかった。その後の（株）本田技術研究所時代も含めて、おやじさん二十五年の打率は低かった。ホームランか三振か（笑い）。……でも、あの果敢な失敗を経験してなかったら、そして今日の商品だけつくっていたら、ちっぽけなホンダは消えていただろうと思う』と、河島喜好。

『世界的視野のくだりは、当時のホンダのポジショニングにしてみれば、まさに、よく言うよ！と言われるレベルだったと思うけど、トップの人たちが本気でそう思い、実現しようと本気で行動してる。そういうのを見たり、聞いたりすると、僕らのような若い連中は、ついしびれて、ついて行ってしまうんだ。おやじさんは、自分の想いを、腹の底から一生懸命言う。そうされるとこっちはガキだから、わりとすんなり共鳴しちゃった。……（そうして）ホンダの根っこができたんだ。カルチャーの根っこがね』と、杉浦英男」

（『50年史』四三頁）

カルチャーの根っこ。社是と運営方針はホンダDNAになっていたのである。そして、ホームランか三振かもまた、ホンダのDNAなのかもしれない。こののちも、多くのホームランとともに、多くの三振もホンダは生み出していく。

ここは車を作る会社だ

もちろん、組織の中にはさまざまな人がいるから、宗一郎の思想に乗れない人たちもいただろう。その上に、宗一郎に意味もなく殴られたと思った大卒の若者もいた。彼が中心人物の一人になって労働組合が結成されたのは、一九五三年六月のことだった。ついつい手が出てしまうのは、アート商会浜松支店以来の宗一郎のクセのようなものだった。

当時、日本のあちこちの企業で、労使紛争が起きていた。自動車業界では、トヨタの労使紛争で五〇年に喜一郎が社長退陣を余儀なくされたことはすでに触れたし、日産でも五三年に百日争議といわれた大ストライキが起きていた。政治色の強い人たちが労働組合の指導者になる例も多かった。

だから、宗一郎も当然に心配した。ましてや、自分の暴力への反感が労働組合結成の一つの理由だというのである。五四年の経営危機といい、五三年の組合結成といい、中小企業が成長過程で通らざるを得ない関門が、この頃一気にホンダと宗一郎にのしかかってきたのである。

労使関係は藤澤の担当ということになった。藤澤は五三年六月の労働組合の結成式に招待され、外部の干渉のない健全な組合であることを確認してきた。それを宗一郎に報告したとき、宗一郎は涙を流して喜んだという。

組合の方も、宗一郎を団体交渉に引っ張り出しはしなかった。五四年十二月、危機回避のためのゴールデンウィークの緊急増産に組合が協力した年の暮れ、越年手当て交渉の際のことである。まだ危機からの回復途上であった会社側は、組合の要求に対してわずか五〇〇〇円という小額の回答しかしなかった。当時、埼玉労組の書記長だった森井和吾はこう思い出を語る。

「僕らは、経営のトップが説明をすべきだと、藤澤さんとの直接交渉を要求しました。本田さんは、工場や研究所を〝オランち〟と言ってたくらいで、とんでもなく新しいところと、親方的意識とがごっちゃに存在する人です。それが分かっているから、われわれも本田さんに出てくれと言わなかった。あの天真爛漫、私心のないおやじを傷つけたくないと、みんなが思っていた」

（『50年史』三九頁）

団体交渉の会場に呼ばれた藤澤は、正直に実態を話し、「たしかに、問題にならないほど低い金額だ。しかしここで金をもう少し出しても、会社がダメになったらかえって無責任。三月になってクルマが売れるようになったら、また団体交渉をしたい」と宣言した。この会場に入社間もない一社員としていた久米は、その後に起きた感動的光景をよく覚えている。

藤澤が大音声で「こらえてくれ」というと、満場が静まり返り、やがて小さな拍手がぱらぱらと始まった。拍手の輪はだんだんと大きくなって、ついには会場全体を包む万雷の拍手となった。その中を、藤澤は涙とともに、そして従業員たちの激励の声を背に、会場を去ったという。

これがホンダの労使関係の原点だったのである。社長を傷つけたくないと団体交渉にわざわざ呼ばない労働組合は少ないだろう。そうした労使の関係の背後には、経営側の従業員たちへの思いやりもあった。ホンダは五三年に早くも、永年保障制度を作っている。病気になった従業員に長い療養生活の間も全額賃金を保障するというきわめて先進的な制度だった。また、五四年一月には従業員持ち株制度を設け、宗一郎と藤澤は自分たちの持ち株を額面で従業員に譲渡していた。同じ月、ホンダは店頭上場したが、上場価格は額面を大きく上回ることが予想されていた。しかし、宗一郎と藤澤は従業員持ち株に売買制限などを一切つけなかった。

しかしその後、労働組合が活動家に主導権を握られていったのか、五五年の夏季手当交渉の頃から組合の要求は激しくなり、ストライキも行われた。五四年の経営危機を乗り切ったばかりの宗一郎にとっては、精神的負担であったろう。五七年にはさらに組合の要求は過激になり、ハンガーストライキすら行われた。会社側は労組委員長ら四人を解雇するという処分に出た。

それに対して組合は、地方労働委員会への調停請求や東京地裁への提訴という対抗手段をとった。結果は、地労委は組合の申し立てを棄却、しかし地裁は和解処分、と異なる判断が出た。当時の労務担当だった岡村一は、こう語る。

「調停や裁判で勝った負けたと騒いでいたら、最後はオヤジに激怒された。『ここは車を作る会社だ。裁判で勝ち負けを争うために働いているんじゃない』」

（日経ベンチャー編『本田宗一郎と松下幸之助』日経BP社、二〇〇八年、二四一頁）

宗一郎は地裁の和解処分を受け入れて、組合側に謝るよう指示した。宗一郎にとって、労使関係は人間の信頼関係だった。利害対立の場ではない。そして、その信頼の上に、同志として車を作りたいのである。これもまた、ホンダのDNAの一つなのであろう。のちに、組合側の当事者としていったんは解雇処分を受けた四人のうち二人が、常務になっている。

労働争議に揺れた一九五七年だったが、「車を作る会社」としてホンダは争議だけに明け暮れていたのではない。画期的なオートバイも開発していた。ドリームC70である。

ホンダ初の二気筒四サイクル二五〇ccOHCエンジンを積み、デザインも神社仏閣デザインと呼ばれた独特の雰囲気を持つ、宗一郎自慢のものだった。きわめて独創的なオートバイで、二輪先進国のオートバイと十分に太刀打ちできる日本ではじめての国際クラスの商品だった。

ドリームC70と宗一郎

宗一郎は、この製品のデザインのために京都へ十日間の旅行をして仏像などを見て歩き、たとえばタンク側面のエッジは仏像の眉から鼻にかけての線をイメージしたという。デザイナーとしての宗一郎がこの頃から前面に出てくるのである。のちに技術研究所の造形室のスタッフに「造形係長」というあだ名を付けられるほど、宗一郎はデザイン好きであった。

エンジンの外観まで統一されたC70の角型デザインは、多くのコピー車が生まれるほど、市場で人気を集めた。エンジンの形状にまでデザインの眼は向けられ、本来は丸形でも構わないエンジンがフィンも含めてわざわざ角型にデザインされ、クルマ全体としての統一感を出している。このエンジンデザインは、後年、あるイタリア車にまでコピーされているという。

そして、精度の高い加工技術がそうしたデザインを可能にしていた。四億五〇〇〇万の工作機械輸入の成果をはじめて存分に出した商品だった。この五七年に開発されたC70を四七年に開発されたA型エンジンと比べてみると（ともに写真が口絵にある）、たったの十年間の間にいかにホンダの技術が進歩したか、よく分かる。十年前は小さな五〇ccのエンジンしか作れなかった会社が、欧米を凌駕するようなオートバイを開発できるまでになったのである。すさまじい成長スピードである。メリメリと音を立てて身体が成長する、という表現を若者の成長に使うことがあるが、まさにこのときのホンダもそうだった。

「ドリームC七〇以後、ホンダは、だれかにまねをされることはあっても、だれのまねもしない、独自・独創の時代に入った」と『50年史』は誇らしげに書いている。労働争議のかたわらで、世界的に見ても独創的な商品を開発するというもう一つのホンダDNAが誕生していた。

スーパーカブ誕生

たった一つの製品が、一つの大きな企業のイメージの基礎と長い間なり続けるという製品がときどきある。自動車産業では、フォードのT型フォード、フォルクスワーゲンのビートル、がその例であろうか。ともに、驚くほど多く、驚くほど長く売れ続け、またデザインなどもユニークだった。

ホンダの場合、それは一九五八年七月に発売されたスーパーカブというモペット（小型オートバイ）であろう。発売を開始した年だけでも九万台売れたという大ヒット商品で、二〇〇八年四月までの五十年間ほとんど大きなモデルチェンジをせずに、スーパーカブシリーズとしての累計生産台数は六〇〇〇万台に達したという。単純計算をすれば、毎年一二〇万台のペースで五十年間売れ続けたことになる。自動車産業の一シリーズとしては、歴史上世界最大のヒット商品である。

世界的に見ても独創的な商品を開発するというホンダＤＮＡが、見事に大輪の花を咲かせたのである。

それは、一九五六年の欧州旅行から始まった。宗一郎が珍しく藤澤と一緒に欧州へ出かけたのである。視察の目的は色々あったが、主なる目的は市場の底辺部分の需要を開拓できるモペットの新製品開発のために、そのイメージを二人で現地であれこれと類似の現物商品を見ながら考えることだったと思われる。

帰国するとすぐに、役員会で二人揃ってモペットの開発を指示した。藤澤は最初から価格は五万五〇〇〇円あたりと決めていたようである。五七年発売のドリームC70は十六万九〇〇〇円だったから、三分の一である。宗一郎の方は、四サイクル五〇ｃｃエンジンのポリエチレン樹脂をふんだんに使った軽量モペット、と構想はある程度固まっていたようである。当時、四サイクルのこれほど小さなエンジンは世界で誰も量産していなかった。

ホンダとしては異例に長い一年八カ月の開発期間をかけたこのクルマは、宗一郎が一〇〇％お客さまの立場になり切って作ったオートバイだといわれた。エンジンから、デザインから、乗りやすさ、使いやすさ、耐久性、経済性、すべてが、「お客さまの満足第一」だった。宗一郎はテスト走行のとき、自らぬかるんだ道路を走って、泥はねのかかり具合までチェックした。顧客のためになると思えば、当時生産してなかった十七インチタイヤをタイヤメーカーに新しく作らせ、採用したほどである。

宗一郎は開発にのめり込んでいた。その頃のことを、宗一郎の下でプロジェクトリーダー格だった原田義郎はこう語る。

「設計室に朝一番で現れて、『おい、昨日の晩、こういうふうに考えたんだ』と、大きな声でしゃべり出す。何事が起きたかと設計室の連中が集まって来る。人が寄って来ると、本人も興奮してきて、口から泡を飛ばして説明する。そのうち、じれったくなって、床に座り込んでチョークで構想を描く。描いてるうちに、考えが先に進んで、描いたのを手で消して、また描く。見物人はますます増えてくる。輪の中のおやじさんは、まるで大道芸人ってとこだったなぁ（笑い）。でも、周りを取り囲んだ従業員たちは、みんなピリピリと緊張して、おやじさんの言葉を聞いていました」

（『50年史』四七頁）

スーパーカブの担当デザイナーには、まったくの新人の木村譲三郎が抜擢された。こうした若い人に任せるのも、運営方針にある「夢と若さを保つこと」を地で行っている。木村はこういう。

「だって、まるでビーカーの中でイオン反応してるみたいに、みんなカッカカッカして働いてる。こんな中に、おれも飛び込みたい、と。それで試験受けて、受かったから、もう大学は休んで、一九五六年の十一月からホンダ勤め。（そうしたら翌年四月に）会社が全力で開発してるクルマを、出来立てホヤホヤのデザイナーにやらせるんだから、全く常識外れの会社ですよね。あの時、おやじさんが言ってた印象的な口癖が、『手のうちに入るものにしろ！』なんです。どういう意味か最初は分からなかった。そのうち、オートバイをもっと身近にあって、だれもが気軽に使えるものにしたいんだということだな、と分かってきた」

（『50年史』四九頁）

「これはオートバイでもない。スクーターでもない」と宗一郎が表現したスーパーカブのモックアップ（実物模型）ができたのが五七年十二月。すぐに宗一郎は藤澤を呼んだ。宗一郎はおよそ十五分ほど、藤澤にこのクルマの今までにない特長を、まくし立てるように語ったという。そこに同席していた若いデザイナーの森泰助はこういう。

「おやじさんが『どうだい、専務。これなら、どれくらい売れる？』と言われた。そしたら、藤澤さんが『まあ、三万台だな』と答えられた。私が思わず、口をはさんじゃったんです。年間三万台ですか？って。そしたら、『バカ言え。月に三万台だよ！』。さしものおやじさんが、一瞬、目をむいたのをよく覚えています」

（『50年史』五〇頁）

当時の日本中のオートバイメーカーの合計販売台数が、月に四万台程度のときだった。だから、宗一郎が目をむくのも無理はない。

こうしていかにもホンダらしい、ホンダDNAがそのままクルマになったようなスーパーカブC100が、一九五八年七月に発表された。そして、歴史となった。

月間生産台数はほぼ直線的に毎月増えていって、一九六〇年に鈴鹿製作所にスーパーカブの生産が移管されたときには月間二万七〇〇〇台に達していた。藤澤の予言通りに、二年足らずでなったのである。

一九六〇年から始まったスーパーカブの大々的な広告宣伝を藤澤の依頼を受けて担当したのは、当時まだ二十歳台後半だった尾形次雄《おがたつぎお》（当時高島屋、現東京グラフィックデザイナーズ）だった。ここでもホンダは若い力を使っている。尾形は当時、高島屋宣伝部に勤めていたのだが、藤澤と付き合いが始まり、ホンダの仕事を手伝うことになったのである。尾形のアイデアで、そば屋の出前がスーパーカブに乗ろうとしている写真に「ソバも元気だ、おっかさん」というキャプションをつけるなど、ユニークなキャンペーンが始まった。宗一郎自身も、「手のうちに入るもの」の一つのイメージとして、「そば屋の出前だ」といっていた。自動遠心クラッチで片手で運転できるスーパーカブだったからである。

このキャンペーンでは、日本ではじめて一般の週刊誌にシリーズとしてオートバイの広告をうち、「さまざまな生活シーンに使われるスーパーカブ」を次々と見せていった。それが大きな評判を呼んだ。のちにホンダはアメリカで、「ナイセストピープル・オン・ア・ホンダ」というスーパーカブのキャンペーンをライフ誌などのアメリカの有力雑誌で展開して成功するが、その原型がこれである。

一九七〇年代になってホンダは、スーパーカブのフルモデルチェンジをしようとしたことがあった。当時技術研究所の常務になっていた新村公男が一年間をかけて、色々と検討した。しかし、何をどう設計しても、スーパーカブを超えられなかった。新村はこう語る。

「結論は『スーパーカブさん、生意気言ってゴメンナサイ』と最敬礼（笑い）。あれはおやじさん全盛期の、おやじさんの気持ちがこり固まったようなクルマです。モデルチェンジをしようなんて気を起こしたのが間違いだったんだ」

（『50年史』五二頁）

ソバも元気だ，おっかさん

成功は九十九％の失敗に支えられた一％である

たしかにこの頃は宗一郎の全盛期だった。スーパーカブ開発のプロジェクトリーダーはもちろん宗一郎だったが、この開発とほとんど併行してマン島レース用のオートバイの開発プロジェクトも進行中だった。マン島レースにホンダが最初に参戦するのは五九年六月で、それを目指して、エンジン開発や車体開発が行われていたのである。宗一郎は、その後のホンダの命運を左右する二つの大きな開発プロジェクトのリーダーを同時にこなしていた。

マン島レースのためのエンジン開発では、久米がさんざんに多くの試みをさせられ、多くの失敗を重ねていた。その失敗の積み重ねの中から、高回転高出力エンジンの設計ノウハウの蓄積ができてきていた。だからこそ、そのノウハウを活かしてスーパーカブがわずか五〇ccの大きさで四馬力という当時としては驚くべき高出力を出せたのである。同じ五〇ccの大きさのF型カブエンジン（五二年開発）の出力は一馬力であった。じつに四倍の出力アップである。

二つの開発プロジェクトが併行していたことの相乗効果であった。そして、そこまでの高性能を五八年の時点ですでに出せたからこそ、七〇年代になっても「オヤジさんごめんなさい」と若い世代がいわざるを得なかったのである。

エンジンの性能ばかりでなく、スーパーカブは軽量でもあり、ユニークなデザインでも市場に受けた。その軽量化もデザイン性も、ポリエチレン樹脂を使ったからこそ可能になっていた。そこで鍵となったポリエチレン加工技術は、ジュノオでのポリエステル樹脂の失敗にめげずに社内で研究を続けてきたプラスティック技術のたまものであった。そしてスーパーカブそのものについても、当初はクラッチなどの欠陥が見つかり、苦情が多かった。その失敗を改良してから、本格的に売れるようになっていった。

つまり、多くの失敗の上に、スーパーカブの大成功があるのである。ホンダの歴史には、そうした事例が多い。

創業期にも、E型ドリームの成功の前にはD型ドリームの失敗が、F型カブの前にはC型エンジンの失敗があった。経営危機のときに問題を起こしたのも、E型ドリームのパワーアップの際のキャブレーターの不具合で、それを宗一郎が直してから危機が消えていった。ベンリイも、初期のエンジン異音という失敗を乗り越えて、五五年以降次々と成功モデルが出てくるのである。

宗一郎は、「成功は九十九％の失敗に支えられた一％である」とよくいっていた。失敗することは試みるということであり、宗一郎は「試みることの大切さ」を終生強調した技術者であった。宗一郎は一九六〇年に出版した本の中で、次のように語っている。

「人生は見たり、聞いたり、試したりの三つの知恵でまとまっているが、その中でいちばん大切なのは試したりであると僕は思う。ところが、世の中の技術者というもの、見たり、聞いたりが多くて、試したりがほとんどない。僕は見たり聞いたりするが、それ以上に試すことをやっている。その代わり失敗も多い。……みんな失敗を厭うもんだから成功のチャンスも少ない。……その点僕自身が、いくらかよその技術者よりも試しているから意志が強い。……安心してやれる。だから僕は、試すことがいちばん大切だとつくづく思う」

（本田宗一郎『ざっくばらん』自動車ウィークリー社、一九六〇年、PHP研究所より二〇〇八年復刻、一一頁）

しかも、失敗で苦しんでいるときになんとかしようともがいてはじめて、知恵が出る。つまり、「創意工夫は、苦しまぎれの知恵である」というのが、宗一郎の口癖であった。だから、とにかく試してみろ。この本の副題にしたように、「やってみもせんで、何がわかる」ということになる。

しかし、真剣な試みを宗一郎はつねにしているから、他人に頼んだことを失敗されたとき、努力が不十分なとき、つい憎くなる。だから、怒鳴る。手が出る。そんなときの心情を宗一郎は自著『私の手が語る』で、「失敗が憎かった」というタイトルの節でこう書いている。

「時間とのきびしいたたかいで懸命にやっていた頃は、ちょっとした開発段階のミスなどで仕事が頓挫するのは、ほんとうに手痛いことだった。そんなミスをおかした者に対しては、どんないいわけがあろうと猛烈に腹が立った。正直なところ、ミスをした人間が憎いと思ったものである。そんなときは本気で怒鳴りつけるし、口より先に手が出ることさえあった」（『私の手』一七頁）

「ことさえ」ではなく、「しばしば」がおそらく正しい。しかし、宗一郎はすぐに「あそこまでしなくても」と自己嫌悪になる。だが、きまりがわるく、なんとか冗談をかませたりしていた。そして、こう書いている。

「いま考えても、みんなよくついてきてくれたと思う。自分でいやになり、家に帰ってからも反省していた心が通じていたのかもしれない」

（『私の手』一八頁）

スーパーカブの広告宣伝を担当し、その後も藤澤とともにホンダの仕事をさまざまにしていた尾形は、私にこう語った。

「宗一郎の真剣さ、集中度はケタ違いで、それと常人との温度差、エネルギー差にいらだって、つい手が出た、モノが飛んだ。しかし、翌朝、宗一郎はすぐにあやまる。それでみんなほろっときちゃうんですよ」

藤澤に頼まれてホンダの仕事を始めたことが縁となって、その後もホンダ関係の仕事を藤澤や宗一郎らとさまざまな形で一緒にして、尾形は宗一郎と藤澤の両方の人となりを間近に知る立場となっていた。

マン島レース初参戦、初入賞

しばしば本気で怒った宗一郎も、一九五九年にはじめてマン島レースに参戦したときは、さすがに勝たなくても怒らなかった。むしろマン島へと送り出すときから、無事に帰って来てくれ、といっていた。

一九五九年四月、河島喜好を監督とするホンダチームは、はじめてTTレースに参戦するためにマン島に向かった。五四年に「翌年の参戦」を宣言してから、五年が経っていた。それは、技術開発のみならず、ドルの持ち出しからビザ取得まで、数々の障害を乗り越えての初参戦だった。

マン島へ持って行ったエンジンの開発をその数年前から担当していたのは、若い久米是志だった。当時のホンダは経営危機の後で、腕利きのベテラン技術者をレースエンジンの開発に回す余裕などなく、久米にその役割が回ってきたのであろう。当然のごとく、最初はうまくいかない。それで宗一郎が心配になって久米のところにしょっちゅう顔を出すようになった。久米の製図机の前で、二人であだこうだと議論し、宗一郎も夢中になって一緒に考えるのである。久米はその様子をこう書いている。

「そんなときは筆者も社長と新米社員の関係であることをすっかり忘れて、五〇歳に近い男と二〇歳を過ぎたばかりの若者の二人が首っ引きで図面の上で知恵を出し合っていたわけです。そこにあるのは、年齢や地位などを忘れて平等な立場で創出にいそしむ二人の技術者の姿だったような気がします」

（久米是志『「無分別」のすすめ』岩波アクティブ新書、二〇〇二年、二八頁、以下『無分別』と記す）

しかし、知恵を出し合う美しい光景ばかりではなく、よく久米は宗一郎に怒られた。「やってみもせんで、何がわかる」、「おんしゃ（お前という意味の遠州弁、伊丹注）、なぜ気がつかん」、というのが宗一郎の口癖だった。

そして、「思いつきで設計するな。お前の思いつきを試作する人のことを考えろ」と久米はよくいわれたという。そうした設計失敗の後、久米は試作の現場に謝りに行かされた。宗一郎も後ろからついてきて、謝っているところを見ていたこともあった。宗一郎自身もじつは試作の人々に謝っていたのであろう。

マン島への開発を地べたから見る宗一郎

多くの失敗を重ねて開発されたマン島レース用エンジンは、六台目でやっとものになった。それは、多気筒四バルブエンジンというきわめて独創的なエンジンであった。当時の欧州のオートバイは、単気筒かせいぜい二気筒だった。こんな複雑なエンジンは無理だと思われていたのである。

もちろん、エンジンだけでなく、チェーンもブレーキもスパークプラグも、何もかも厳しい開発をしなければならなかった。宗一郎がマン島参戦を宣言してしまったときの日本のオートバイの技術水準はそれほど欧州より低かったのである。それで、宣言から参戦まで五年もの月日が必要だったのである。よく宗一郎はくじけなかったものである。その挑戦魂もまた、ホンダDNAといえるだろう。

その上、当時はほとんど輸出もしていないホンダが、マン島へチームを派遣するためにドルを持ち出したりビザを取得したりすることも大変だった。結局、チームのメンバーは大倉商事の社員に一時的になったことにして、制度的な制約をくぐり抜けての渡英だった。

初参戦したのは一二五ccクラスで、四人のライダー（すべて日本人）がホンダ車に乗って参加した。マン島レースは街中も含めて公道上で行うレースで、舗装道路を走る。しかし、ホンダのライダーたちはそんな道路でのレース経験はなく、あったのは浅間レースでのダートコースの経験だけだった。しかし結果は予想よりもよかった。全員完走して、六位、七位、八位、十位だった。全員完走のおかげで、メーカーチーム賞を獲得した。

つまり、初参加初入賞である。世界のトップを視界に捉え始めたのである。しかも、ホンダの独創が大きな成果を上げてのことである。ホンダの従業員たちの意気は上がっただろう。

しかし、宗一郎がいかにも宗一郎らしいコメントを社報増刊号に出した。それについて、チームのマネジャーだった飯田佳孝はこういう。

「『このような成績を収めることができて、非常にうれしい。監督はじめ選手、整備員もよくやった。このようなクルマをつくった諸君に厚く礼を言いたい。しかし、まだ一番から五番までが残っている』。おやじさんならではの名文句入りで、自分の気持をそのまんま出してるこの言葉、大好きです」

（『50年史』五五頁）

トヨタの隣に行きたかった、しかし鈴鹿へ

一九五九年はいろいろとホンダの若い人たちが外国へ出かけた年だった。河島たちは四月末にマン島へ行ったのだが、白井孝夫はすでに三月に欧州へと旅立っていた。六月には川島喜八郎がアメリカへと飛んで行く。白井は鈴鹿製作所の建設のための視察旅行、川島はアメリカホンダ設立のための赴任である。

五四年の経営危機を乗り越えて、あらためて一斉チャレンジの年が、一九五九年だったようだ。五八年夏に発売されたスーパーカブの成功が、そのチャレンジを可能にしていた。スーパーカブはホンダを世界一のオートバイメーカーにしていくのである。

スーパーカブの売れ行きが好調で、当然にさらに伸びていくであろう国内需要やアメリカホンダのように海外への進出を考えれば、国内外の需要増加に応えるための新工場が必要だった。埼玉製作所も浜松製作所も、大きな増設の余地はないのである。

その立地として結局、三重県鈴鹿市が選ばれ、そこに二十一万坪の土地を求めて理想的な工場を建設することになった。五九年七月のことである。二十一万坪といえば、埼玉製作所の七倍の敷地である。計画されていた工場の建物面積だけでも一万一〇〇〇坪、総建設費四十五億円という大投資であった。五二年十月の四億五〇〇〇万円の工作機械輸入の決断からわずか七年、ふたたび宗一郎は社運をかけた決断をしたのである。

候補地は鈴鹿以外にも愛知県内、群馬県内などにあった。最終的に鈴鹿に決めたのだが、宗一郎は当初強く反対していた。「トヨタの隣に行きたい」といって、愛知県内の新工場にこだわったのであ

る。「トヨタの隣に行きたかった」理由を宗一郎は、社報での藤澤との対談で次のように語っている。

「鈴鹿を決めるのにひどく反対したというのは、本来ならばトヨタの隣に地所があったらそこを買いたかった。人間というものは一つの目標がなければだめだ。そこでその目標をトヨタにおいたのだ。トヨタという、日本での代表企業の隣へ行けば、みな闘志をわかすよ。……俺にしたってそうだ。あれを追い越そう、あれを追い越せば日本一だとね。……オートバイでは世界一だと言うけれど、世界では大して作ってないんだな。それで世界一だと言うのでは俺は困るね。……今後はオートバイだけで世界一だと言ってもみんなが我慢するかな。これではいけない。あくまで世界的なものに持っていかなければいけない。何をやってもいいけれど、トヨタに負けるような工場であっては困る」

（『ホンダ社報』四八号　創立十一周年記念号、一九五九年十月）

宗一郎がトヨタだけを名指しでライバル視するのが表立って語られるのは、珍しい。ふだんは心の底に秘めているトヨタへの（そしておそらく、喜一郎や石田退三への）思いが、こうした社運を賭した決断の際には、表にひょっこり出てきてしまうのであろう。オートバイだけの世界一で我慢できないのは、宗一郎自身ではなかったのか。四輪にもいずれは出て、トヨタに負けないような工場を作りたかったのは、宗一郎自身なのであろう。

愛知県を諦めた後で残された候補地から鈴鹿を選んだ決め手は、市の人々、とくに市長のきちんとした合理的な対応だったという。土地を見に鈴鹿を訪れたとき、市長は渋茶一杯だけの接待で、しかしじつにきちんとした説明をし、土地を手際よく案内してくれた。愛知県の某所に土地視察に行ったときには、土地を見るのもそこそこに料理屋へ案内されて芸者まで出てきた。それとは大違いだった。宗一郎は誠意のある人たちのいる土地を選んだのである。

当時の鈴鹿市長、杉本龍造は五九年七月の暑い日の様子をのちにこう語っている。

「本田さんが工場用地を見にいらっしゃった時のことは今でも鮮明に覚えています。アロハシャツを着た人と、長袖のワイシャツを着た人と二人とも軽装でおみえになったんです。私はてっきりワイシャツを着ている方が社長だと思って先にあいさつしたんです。が、実は専務の藤澤さんだったんですね。……現地を見た帰りの車の中でした。本田さんが藤澤さんに、『おい、ここに決めようか』とおっしゃったんですね。そして私に向かって、『市長さん、ホンダの工場はここに決めますから』……涙が出るほどありがたかったですね」

（『ミスターホンダ』一九頁）

若い力に任せた理想工場

一九五九年七月、立地を鈴鹿に正式に決めた役員会で、建設プロジェクトの責任者として白井孝夫が指名された。当時まだ三十九歳の一課長であった。彼がその年の春に欧州へ派遣されたのは、この責任者指名をにらんでのことだったのである。しかし、彼には何も知らされていなかった。ただ、欧州へ行って工場を見てこい、といわれて旅立ったのである。

その役員会の模様を、白井がこう振り返っている。

「藤澤さんが、こう言い出された。『今度の鈴鹿の世界にもないような新しい工場づくりは、白井君に責任者になってもらう』と。エーッと思いましたよ。会社の命運を左右する大プロジェクトだということとは、よく分かっているんです。ヨーロッパで勉強してきたし、この仕事に参加させられるとは思ってましたけど、まさか責任者だなんて、想像もしていませんから。すると、また続けて、『ついてはこういう大きな仕事なので、こういう人材が欲しい、と白井君が言ったら、各事業所は無条件で応じてくれ』。役員の一人ひとりに、藤沢さんは返事を聞くんですよ。否応なしです。『よし、みんな異議なしだ、安心してやれ』と。

今度は、藤澤さんが、私に向かって大きな声でおっしゃった。『しかし、条件が二つある。一つは、金はいくら使ってもいい。もう一つは、使った金は二年以内に、必ず回収しろ。これ以外には一切条件を付けない。後は好きなようにやれ』。社長は、うなずいて、こっちをジーッと見てるだけでした」

（『50年史』五八頁）

すぐに若いメンバーたちの鈴鹿建設計画室が発足する。建設作業の一部は九月に始まったほどだった。翌六〇年四月開所を予定したので、それでないと間に合わないのである。まことに、「若さを保ち」、「時間を尊重」するホンダのＤＮＡである。

鈴鹿製作所はスーパーカブ月産三万台を当面の目標として計画していたが、しかしいずれは四輪に出る可能性が十分あることは社内でも暗黙の了解で、四輪工場への転換の柔軟性も最初から考えられていた。

工場のレイアウトは、機械設備やラインの配置の仕方から完全無窓の空調設備完備の建物まで、最先端の合理的なものでかつ働く人々の作業条件をよく考えたものであった。当時、工場といえば夏は暑く冬は寒いのが当然で、空調完備の工場などほとんどあり得なかった。白子工場の補修の際に「まず水洗便所」といった宗一郎の思いは、白井たちによって鈴鹿でさらに大きく開花したのである。もちろん、無窓・完全空調は技術的にも合理性が高い。外部からのホコリの問題がなくなるし、温度変化による機械の狂いも少ないのである。

宗一郎は、新しい工場が地域社会の中に溶け込むように作られることにこだわった。それを受けて、社宅、寮は一カ所に集めず分散させること、社内に生協のような店を作らず地域の商店を大切にすること、工場の内と外を隔てる塀を作らず緑の樹木を植えること、などの配慮がされた。

のちに鈴鹿市は、市にとってこの工場の貢献が大きいことに鑑み、市の名称を本田市に変更することを打診してきたという。宗一郎は断った。歴史のある地名を企業の勝手で変えては申し訳ない、というのが理由であったが、愛知県挙母市（トヨタの本社工場の所在地）が一九五九年に豊田市と市名変更していたことが、宗一郎の頭のすみにあったのかも知れない。社名すら、自分の姓を使った「本田技研工業」としたことを後悔していた宗一郎だったのである。

一九六〇年一月、鈴鹿製作所の設計図とレイアウトの詳細が固まり、工事が本格化していった。

こうして、宗一郎とホンダの一九五〇年代が終った。一九五〇年のホンダの売上と従業員数は、四一〇〇万円と八十名。それが五九年には、一九六億円と三〇〇〇名。驚異的な成長を遂げた十年であった。

五八年に、ホンダの製品開発のDNAの象徴のようなスーパーカブの誕生。五九年に、ホンダのもう一つのDNAの象徴のような鈴鹿製作所の建設。そして同じ五九年、さらにもう一つのホンダのDNAを象徴するマン島レースへの参戦。

一九五〇年の東京進出で始まった宗一郎とホンダの五〇年代は、五四年の経営危機という大きな竹の節を中頃に経験したのち、将来のホンダを象徴するような一つの製品と一つの工場そして一つのレースとともに、その幕をおろしたのである。

第五章　夢の実現——一九六〇年から一九六七年

不常識を非真面目にやれ

宗一郎語録の一つに、「不常識を非真面目にやれ」という言葉がある。常識的なことをやっていてはダメだ。しかし非常識で理屈に合わないこともいけない。だから不常識を目指せ、というのである。それで新しい論理を自分で見つけろ、という意味であろうか。そしてその実現の仕方も、真面目にコツコツやるだけでなく、ときには遊び、ときには飛び、自由な発想でやれ、という。もちろん宗一郎は努力の人であったが、その努力を四角四面にだけやるな、ということであろう。

無窓・冷暖房完備の工場で投資金額四十五億円という大建設プロジェクトを、三十九歳のリーダー以下の若手に任せて、しかも立地決定後一年も経たずに操業開始を目論む、などというのは不常識のきわみであった。その上、鈴鹿で工場用地の整備に入った一九五九年九月二十六日、日本の台風観測史上最強といわれる伊勢湾台風が、中部地方を襲った。名古屋から三重にかけての伊勢湾沿岸は、大被害を受けた。鉄道網・道路網がずたずたになったばかりか、水害地の復旧作業を優先するために、鈴鹿製作所の基礎工事に必要な砂利の確保すら非常に困難になった。このままでは、操業開始が遅れる。工事の遅れを取り戻すために、建物の設計図ができていないのに基礎のコンクリートを打ち始める、などの非真面目なやり方があちこちでとられた。

六〇年代のホンダでは、鈴鹿以外でも多くの「不常識」が続々と実行された。それをやってのけるだけのエネルギーが、この企業に満ちていたのだろう。その先頭を、宗一郎が走っていた。もっともこの時期のみならず、不常識を非真面目にやってきたのが彼の人生だった。

鈴鹿製作所全景

不常識の一つは、オートバイ市場が小さかったアメリカを海外進出の最初の拠点として選んで、五九年にアメリカホンダを設立したことである。ほとんど存在しなかったアメリカの小型オートバイ市場を独力で市場創造し始めたのである。しかも、すでにオートバイの顕在市場がかなりの規模で存在した欧州や東南アジアをさておいて、まずアメリカ、と照準を定めた。当時の日本企業の常識は、まず東南アジアから、であった。

スーパーカブというスーパー商品があったからこそできたことだが、当時のアメリカの有名雑誌

『ライフ』にナイセストピープルキャンペーンを張るなど、敗戦後十五年しか経っていない日本の企業としてはまことに不常識な海外進出作戦をとっていた。

また、一九六二年にはベルギーにオートバイの生産工場を作ってしまう。日本の自動車メーカーとして最初の海外生産拠点であった。しかもその開設披露のパーティを、ベルギーの古城を借りて盛大にやりたいと宗一郎は言い出す。それを、当時在ベルギー大使をしていた下田武三に飛び込みのような形で依頼に行ったのである。下田は、とんでもない話だなと思いながらも、宗一郎の人柄に惹かれて、なんとか助けてあげたいと思ったという。結局、古城を借りることに成功した。そのパーティの日のことを、下田はこう書いている。

「当日は、ブラッセル郊外の中世のお城を借り切って、給仕人には中世の衣裳をまとわせ、頭には中世の白い鬘を被らせ、天下の美酒佳肴をサービスさせた。この珍趣向には、さすが社交ずれしたベルギー人士もアッと驚き、ホンダの名は一夜にしてベルギー中に有名となった」

（『ミスターホンダ』四二頁）

下田はこのときのことがきっかけで、のちに宗一郎が社長退任後に本田財団を作ったときに、その理事長を引き受けることになる。宗一郎の不常識がもたらした長いご縁である。

さらに大きな不常識は、日本の自動車メーカーとして最後発での四輪への参入であり、しかもその参入の当初から、世界一の四輪モーターレースであるF1グランプリに参加したことである。四輪車を実際に売り出し始めたそのときに、自動車としては最高の技術を要求されるF1にいきなり飛び込むことを決めてしまうのである。一九六三年のことで、一九六四年一月には公式に宣言してしまう。

その上、日本で最初の本格的モーターレース場としての鈴鹿サーキットをホンダの独力で六二年にはオープンしてしまう。F1にいきなり参加するばかりでなく、それに勝てるような製品開発のテストの場としてのサーキットまで、自分で作ったのである。

そうした市場面、事業面での不常識ばかりでなく、組織の中のマネジメントのあり方でも、不常識な挑戦が一九六〇年七月に始まった。製品開発・技術開発のすべてを担当していた技術研究所を、本田技研工業という法人から切り離して、完全子会社ではあるが別法人の本田技術研究所として独立させたのである。現在にいたるまでも、世界の主な自動車メーカーで開発部門を別法人にして独立性・自律性をわざわざ持たせている企業は一つもない。独立という距離感ゆえに研究開発が市場や生産側の事情から離れ過ぎてしまい、結果として顧客ニーズに合った製品開発ができなくなる危険が大きい、というのが常識である。

その常識は、じつはホンダの社内でも強く持たれていた。それをあえて破り、研究所の独立を主張したのは、営業の総帥である藤澤だった。藤澤もまた、不常識の人であった。アメリカ市場進出も、藤澤の不常識の営業戦略である。

藤澤は、宗一郎が去った後のホンダの長い将来を考えていた。

一人の天才に代わる集団の力を

一九六〇年十一月に、宗一郎は五十四歳になる。当時の一般の定年年齢である五十五歳に、もう後一年なのである。ホンダが宗一郎という天才技術者に依存し続けることができなくなる時期も、それほど先のことではないはずである。

藤澤は、自著でこういっている。

「二九年（一九五四年、伊丹注）の失敗は、本田宗一郎というすぐれた才能にあまりに頼りすぎたということです。その反省の上に立って、私は一人の本田宗一郎をカバーできる組織が必要なのだと考えました。……好きで入ったその道の学校を出た人は、一生その技術で生きてもらいたい。そのために、地位、名声、収入も十分に満足してもらえる仕組みをつくりたい」

（『終わりはない』一二七頁）

藤澤は企業発展の原動力が研究開発にあり、研究所が生み出す製品の原図（設計図）にあると信じていた。そのために、藤澤はすでに五七年に社内に作られていた技術研究所を存分に活躍できるような組織にするべきだと考え、別会社として独立させることを社内で提案した。しかし当初は、宗一郎も研究所の人々も大半が「そこまでしなくても」という常識的反対をした。だが藤澤はここが正念場だと思い、最後にはみんなを納得させた。のちに副社長退任の際に、藤澤はこう語っている。

研究所の発足式典

「私はこの提案が通らない限り、大企業への足掛かりはないと確信していたので、（技術研究所独立が）受け入れられなければ辞任する決意であった。この企業の分岐点がこの時にあったと、今でも思っている」（『50年史』六八頁）

こうしてホンダは、一九六〇年七月に生産・販売部門としての本田技研工業に斬新な製品図面を提供することを任務とした本田技術研究所という一〇〇％子会社を設立した。初代の社長はもちろん、宗一郎である。そして、本田技術研究所の組織と人事は本田技研工業とはまったく別のものとし、本田技研工業は製品図面の買い取り代金として毎年売上高の一定割合を支払うことにした。（現在は五％程度という）その資金の使途は基本的に技術研究所の自由、という独立性を持たせたのである。

研究所独立を社内に知らせるホンダ社報の記事は藤澤の筆によるものと思われるが、そこに研究所という組織のあり方についてこう書かれている。

「天才を見い出すことは至難である。ここで我々平凡人の中から最良のアイデアを生み出さなければならない。そしてその高度の能力をいかにして組み合わせ研究成果として良い原因とするかが研究所の最大の目的でなければならない。

それは組織を超越した最高度の人間能力の発揮の出来る場を造ることが必要とされる。時間や職位や形にとらわれることなく専心自分の探求する最も得意とする課題に研究者が没頭出来る環境を作ることが第一である。……

極言すれば、研究所には研究者の高い誇りと自信だけが存在すればよく、組織も形態も必要とし ない。管理者がこれを商品図面としてまとめさえすれば立派にその機能は生かされることとなるのである」

(『ホンダ社報』臨時号、一九六〇年六月)


ホンダは、私の言葉でいえば「技術が自走できる組織」を作ったのである。技術の自走とは、技術開発のプロセスが技術的探求心を主な駆動力として進んで行く、ということである。もちろん、企業の研究組織である以上、経済成果にどこかでつながって欲しい。しかし、目先の短期の市場ニーズなどにとらわれずに、本当に技術的に深みのある技術開発を狙う、ということである。

そうした技術開発の自走組織を独立させることは、じつはその開発プロセスで多くの失敗をできるということも意味している。生産や販売の現場から切り離しているために、技術開発の実験が失敗しても、大きな事業的なマイナスにならないような「隔離装置」にもなり得るのである。だからこそ、ある程度技術の自走をさせることができる。

ただし、技術の自走は技術の暴走となってしまう危険をつねに持っている。そして技術の暴走が生産や販売の現場を嵐の中に巻き込むこともあり得る。宗一郎という創業者が、自走する技術組織としての技術研究所とホンダという生産販売会社の両方のトップにいたために、六〇年代後半には一時期、宗一郎は暴走し、ホンダも大きな経営危機を迎えるような状態になってしまう。次章で述べる、エンジンの水冷・空冷論争であり、H1300という小型乗用車の失敗である。

そんな事態の危険まで藤澤が読んでいたかどうかは分からない。しかし、そうした暴走の危険はつねにあるものの、本田技術研究所という自走組織がその後のホンダのユニークな技術を生み出し続け、ホンダの成長のドライビングフォースとなったこともまた、間違いないであろう。

そして、本田技術研究所の社長というポジションは、その後特別な意味を持つようになる。ホンダ本社の社長の登竜門という位置付けである。初代の宗一郎はもちろん本社社長を兼務していたし、二代目の研究所社長には七一年に河島喜好がホンダ本社の専務兼任のまま就任し、その後七三年に河島は本社社長になっていく。それ以降も、歴代の本社社長はすべて、久米是志、川本信彦、吉野浩行、福井威夫、伊東孝紳と、研究所社長の経験者である（ただし、研究所社長になっても本社では社長にならない人ももちろんいる）。

ホンダDNAの一つがまた、生まれたのである。

大きな夢を描く能力

技術研究所独立に先立つこと三カ月前、六〇年四月に鈴鹿製作所が完成し、開所式を迎えていた。工場と研究所という宗一郎の本領を発揮できる二つの場で大きなステップアップをして、ホンダの六〇年代はこうして輝かしくスタートしたのである。

　宗一郎は、ますます牽引力を発揮していく。ホンダという企業が大きくなっていくに従って、宗一郎の牽引力もまた大きくなっていくようであった。ホンダの成長とともに宗一郎もまた成長していたのであろう。

　宗一郎の牽引力の一つの源泉は、時代を先がける大きな夢、それもしばしば「不常識」な夢を描く能力であった。そしてもちろん、夢の多くを実現させるのである。だから、宗一郎の描く夢に共感して、多くの人がついていく。

　鈴鹿製作所がまだでき上がっていないのに、早くも同じ鈴鹿に国際規格の自動車レースのサーキットを造ろうといい出したのは、そのいい例である。

　五九年末に宗一郎は、「レースをやるところが欲しい。クルマはレースをしなければよくならない」と鈴鹿製作所の厚生施設の建設提案の会議でいい出した。その言葉を藤澤が引き取り、日本初のヨーロッパ型完全舗装のレーシングコースの建設プロジェクトが動き出した。土地の広さは二十万坪以上、場所は結局鈴鹿ということになり、ホンダ単独のサーキット建設が始まった。日本最初の高速道路である名神高速道路の工事が京都近辺で始まったばかりの頃であった。高速道路関係者が高速用舗装のあり方の見学に来るほどの注目を浴びたという。

　鈴鹿サーキットは一九六二年九月に完成し、日本のモータースポーツのメッカになっていくばかりでなく、翌年に部分開通する名神高速道路整備に伴い要求されていく自動車の高速耐久性の向上に、大きく貢献していくのである。

鈴鹿製作所そのものもまた、大きな夢であった。その規模ばかりでなく、この工場で目指した生産方式はオートバイ生産における世界ではじめての本格的マスプロダクションシステムであった。いわば、オートバイの世界のフォードシステム（フォードが作った大量生産方式）の実現だった。それは、宗一郎の丁稚奉公時代からの夢だったという。

この仕組みがうまくできたため、鈴鹿での生産はきわめて順調に拡大していった。その生産能力の大きさはじつは、生産計画を需要に合わせてきちんと作らないと一気に過剰生産になりかねない、ということを意味していた。おそらくそれが現実のものとなってしまったのが、六一年三月の一週間近い生産停止である。その頃は対米輸出不況の頃でもあり、なんらかの生産調整はあちこちで行われていた。しかし、生産の完全停止を一週間、というのは珍しい。ホンダはもうダメだ、などというデマも流れたという。宗一郎は井深との対談でこういっている。


「昭和三六年は雪が降るし、大変だった。箱根の山は閉鎖されて輸送ができない。ストックは増える、というので一週間休めと命令を出した。しかし外見は休んでいても工場内では全員夜業をやっていたんですよ。今まで量産、量産をやって進め一点張りだった。ここで兵站線を一つも整備していなかった。……そこで総点検です。機械の配置替えとか、部品の不良率のチェックといったことを一週間徹底的にやった。おかげで再開したときは能率倍増で完全に取り戻しましたよ」

（『わが友』一三八頁）

マン島完全優勝から四輪へ

宗一郎が五四年の経営危機のさ中に描いた大きな夢であった「マン島レース制覇」もまた、六一年に実現する。
五九年の初参戦に続いて六〇年にもマン島へホンダチームは行ったが、五九年の初入賞よりは多少いい程度の成績だった。しかし、六一年はまったくちがった。完全優勝したのである。つまり、一二五ccも二五〇ccも、一位から五位までホンダが独占したのである。そしてエンジンの独創性と精巧さに、地元の新聞もびっくりした。
そのエンジンを宗一郎に叩かれ叩かれしながら設計した久米是志は、「ヨーロッパの人々にとって独創的に見えたわれわれのマシンは、その背後に惨めなほどの失敗の傷跡を持った創出の産物でした」といい、さらに完全優勝のニュースがもたらされた朝、みんなが喜んで大騒ぎしている中での宗一郎の様子を次のように書いている。

「浮かれた感じは少しもない真剣な表情で、『おい、久米よ、この喜び、忘れちゃいかんぞ……』、と声をかけてくれました。『はい』と返事しただけでしたが、すっと胸のつかえが下りたような気がしたことを覚えています」

（『無分別』四三頁）

一つの夢が実現し、しかし早くも次の大きな夢を心に描いているからこその、真剣な表情であり、「喜びを忘れるな」ということであろうか。

完全優勝について、この年もマン島の現地でチーム監督を務めた河島は最初からかなりやれる自信があったといい、さらにレースの経験についてこう語る。

「このプロジェクトの体験と、監督の経験で、いろんなものを学びました。判断力、決断力、予測力、人の能力の引き出し方、個性の強い連中のまとめ方、大きな戦略から小さなタクティクス。個人の力なんてたかが知れてる。けれどチームとしての組織で動かすと、大きな力になって、途方もない仕事でも成功させられる。いうならば会社経営に似てるんですよ。ですから、社長になった時、これは役に立ちました」（『50年史』五六頁）

海外進出についても、宗一郎の描く夢は壮大である。まず世界最大のアメリカ市場を攻めようとする。そして、欧州ではかなり生産基地としてむつかしそうなベルギーを最初の海外生産拠点に選ぶ。「むつかしいところをまずやると、それで勉強するから、その後が楽になる」というのである。

アメリカをまず攻めるというのは、藤澤の発案だったと思われるが、宗一郎もすぐに賛成したのだろう。藤澤も宗一郎も一種の理想主義者で、困難に見えてもむつかしいしかしやりがいのある仕事で人が鍛えられることを知っていた。そして、その理想主義は、たんに鍛練のためだけというより、夢を描くロマンを大切にするという考えなのでもあろう。宗一郎は、マン島へはじめて彼を連れて行ってくれた東大の佐貫教授との対談でこう語る。

「(藤澤も) 理想家で。ロマンチックな人だったことがよかった。私は一つの企業をやるのにあまり機械なら機械ばかりにいるということをすすめませんね。やはりそこには人間的なロマンチックなものが必要だなと思います」

(『不常識』一六五頁)

マン島で完全優勝して、オートバイの世界をいわば制覇した後、次に向かう夢は四輪であった。宗一郎の最大の夢が四輪への進出にあることは、ホンダ社内では暗黙の了解であったろう。二輪の次は四輪、と多くの人が思っていた。

だから、五二年に工作機械の大量輸入を決断したときにオートバイには不必要だが四輪生産には必要な機械がかなり含まれていたし、白井孝夫が鈴鹿製作所プロジェクトを任されたときにも四輪生産への展開の柔軟性を持った工場を計画したのである。さらに、宗一郎が五〇年代にたびたび欧州視察に行った際にも、フォルクスワーゲン、ベンツ、ルノーといった欧州の四輪車メーカーの工場を見学している。その印象記が社内報に多く載っているのである。

問題は、四輪への参入のタイミングであった。ホンダはすでに出遅れ状態で、参入しても最後発の企業になることは明らかだった。二輪車メーカーのスズキ(当時は鈴木自動車工業)、三輪車メーカーのマツダ（当時は東洋工業）やダイハツ、旧中島飛行機系の富士重工や戦前の飛行機メーカーの流れを汲む三菱自動車（当時の新三菱重工自動車部門）など、二輪車、三輪車、飛行機、と四輪への参入をしそうな事業経験のあるメーカーはほとんど四輪への参入を六一年までに終えていた。二輪車の雄であるホンダだけが遅れていた、という状況だったのである。

宗一郎は、六〇年頃から販売店向けの挨拶などで、四輪車の研究が進んでいることを発言し始めていた。そして、いずれは進出しますともいっていた。しかし、二輪車でまず世界一になることを優先したのか、進出する以上は目覚ましい参入を準備したかったのか、四輪への進出には慎重だった。宗一郎はたんにホラのような夢を描くだけではなかったのである。

四輪進出への準備として宗一郎は、五八年に白子の技術研究所（当時はまだ本田技研工業の一部門）の中に四輪開発のための第三研究課という小さな組織を発足させていた。スーパーカブの開発とマン島レース用オートバイの開発をする傍らで、きちんと将来のための布石を宗一郎は打っていた。

第三研究課の課長は中村良夫《なかむらよしお》。東京帝国大学工学部航空機科を戦前に卒業し、中島飛行機や陸軍航空技術研究所で飛行機のエンジン設計をしていた男である。戦後はトラックメーカーのくろがねに勤めていたが、会社が倒産してしまい、くろがねのスタッフとともにホンダへ五七年に入社していた。彼のグループが、四輪の試作を始めていたのである。

通産省との大立ち回り

だが、四輪参入をもう待ってはいられないという状況を、通産省が作ってしまった。六一年五月、通産省が自動車行政の基本方針を発表した。輸入自由化に備えて、国内の自動車産業の産業構造を強化しようとする指針である。そこでは、量産車グループ、特殊車両（高級車・スポーツカーなど）グループ、ミニカー（軽自動車）生産グループに分け、六三年に予定されている輸入自由化までに自動車会社の統廃合や新規参入制限が構想されていた。さらに通産省は、自動車だけでなく特殊鋼、石油化学もこうした政策の対象業種として、特定産業振興臨時措置法案（通称・特振法案）という法律を作ることを想定していた。

この法律が通れば、まだ四輪に参入していないホンダは、実質的に参入できなくなる可能性が高い。そこで、手早く参入実績を作る必要が生まれたのである。じつは、六〇年頃から多くの企業が軽四輪に参入していったのは、こうした通産省の方針をにらんでのことだった。

ホンダは急きょ、四輪参入を計画し、実行する必要に迫られた。六二年の新春の記者会見で宗一郎は、参入計画があることを公表し、同時に軽トラックと軽スポーツカーの開発指示を研究三課に出すのである。そして、六三年には小型スポーツカーも含めて、実際に参入する。その間のドタバタの経過を年表風にまとめれば、次のようになる。

六一年五月　通産省が自動車行政の基本方針発表
六二年一月　軽トラックと軽スポーツカーの最初の開発指示
六二年六月　鈴鹿で試作車を公表
六二年十月　全日本自動車ショーに軽トラックT３６０と軽スポーツカーS３６０、小型スポーツ

カーS500を出展
六三年三月　特振法が国会に提出される
六三年八月および十月　T360とS500をそれぞれ発売
六四年一月　特振法、廃案となる

この年表で分かるように、結局、特振法は成立しなかった。しかし、実際にホンダが四輪を発売したのは、まさにこの法案の審議を国会で行っていたさ中なのである。スベリ込みというべきであろう。だから、実際に発売された乗用車タイプともいえるスポーツカーが、軽規格の三六〇ccではなく小型車のS500だったのであろう。ホンダは小型乗用車への参入実績が必要だと判断したものと思われる。

特振法が結局審議未了で廃案になったのは、特振法の理念が計画経済の要素をかなり持つものであったために、通産省内部でも国会でも大もめにもめたからである。特振法の旗振りは、次官の佐橋《さはし》滋《しげる》。大物次官といわれた男である。

その佐橋たちを向こうに回して、宗一郎は特振法反対の立場からの大立ち回りをした。記者会見で絶対反対をいうのみならず、講演でもインタビューでも、「国に守ってもらって国際競争に勝てるか、自由競争こそ必要」と激しい言葉でいい続ける。あげくの果ては、一升瓶を下げて通産省へ直談判と称して乗り込み、「バカヤロー、お前たち官僚が日本を弱くしてしまうんだ」と通産省の廊下で怒鳴ったという逸話まで残っている。さらには、ある人を介して中心人物である佐橋と料亭で食事をした際にも、言葉激しく対立したという。

そうしたホンダの抵抗が特振法廃案の大きな理由ではなかったろう。しかし、大立ち回りを宗一郎が演じたことは確かである。世論を味方に付けようという意図もあったのだろうが、当時の通産省が持っていた権力の大きさからすれば、成長してきたとはいえまだ中規模企業のオートバイメーカーの社長の振るまいとしては、まことに異例であった。何者にも束縛されることを嫌う自由人、そして自分の夢を妨害する権力に立ち向かう野人、宗一郎の面目躍如というところであろうか。

東京モーターショーへ S500スポーツを出展

反対自体は、ホンダを率いる社長として、ホンダを社会に対して代表する立場の人間として当然であるが、それにしても激しい大立ち回りだった。それを見ていたホンダ内部の人間たちは、四輪をどうしても成功させなければと志気が高まり、リーダーとしてオヤジに対する求心力もいっそう強くなったであろう。

四輪開発の責任者になっていた中村良夫は、のちにF1を優勝に導くもののそのあり方や空冷エンジンついて宗一郎と対立し、宗一郎への批判も込めた著書を書くのであるが、その本の中でこのときの宗一郎をこう語っている。

「日本の企業の社長であって、通産省へ乗りこんでいって、こんな芸当ができる人が、かって果たして、いらっしゃっただろうか。……私なんかにできる芸当ではなく、本田宗一郎さんだからこそ、それができたのであり、余人ができる芸当ではない。私は心底、凄い人だなと、思わされていた」（中村良夫『ひとりぼっちの風雲児』山海堂、一九九四年、一〇〇頁、以下『風雲児』と記す）

こうして急いで参入した四輪だが、やはり売れなかった。製品自体はユニークではあったが、しかし故障も多かった。T360という軽トラックは、スポーツカーのエンジンを積んだトラックといわれたほど高性能エンジンを積んでいたが、他方で「ホンダの三漏れ」ともいわれた。エンジンの水漏れとオイル漏れ、そしてボディからは雨漏れがしたのである。その上、流通網やサービス網もまだまったく未整備だった。

四輪でホンダが本格的に地位を築くのは、六六年十月に発表され、六七年三月に発売された画期的な軽乗用車N360の登場を待たなければならなかった。

いきなりF1へ

通産省との大立ち回りをしていた同じ頃、六二年の秋に宗一郎はF1への参戦を事実上、公言してしまう。欧州の自動車雑誌のインタビューで、「一年以内に画期的なエンジンを積んだわれわれのF1マシンをお見せする」といい切ってしまったのである。前年の六一年にマン島レースで完全優勝してから、欧州ではいつホンダがF1参戦するのか、と話題になっていたためにインタビューをされたのである。

F1グランプリは欧州の伝統あるモータースポーツで、四輪車の最高峰の技術を争う場である。日本からはそれまで、誰も参加したことはなかった。そこへの参戦を、まだ自動車ショーに三つの試作品を出展したばかりの段階で、いきなり公言してしまったのである。

いくら「むつかしい所から始めれば、後が楽になる」といっても、度が過ぎると思うのが常識であろう。しかし、これが宗一郎にとっては「不常識」であった。

たしかに、二輪車ではマン島で完全優勝をして誰もが驚く偉業をなしとげた。宗一郎自身が、丁稚奉公の時代からモーターレースへの情熱を持っていた。浜松時代の戦前にもハママツ号を自分で開発・運転して日本自動車競争選手権に参加し、日本記録のスピードを出したこともある。要するに、レースというと宗一郎の血が騒ぐのであろう。

そして、一九五七年に中村良夫を採用した際の面接ですでに、宗一郎は四輪グランプリへの夢を語っている。その際のやりとりを中村はこう書いている。

「すでに社内宣言で告知されているオートバイ・グランプリを勝った後は、四輪F1グランプリも考えていらっしゃるのかどうか、と初対面の失礼をかえりみずに申し上げた。私としては、そのためなら本田技研に入るつもりだったのである。

本田社長のご返事は簡明であって、『できるか、できんか、オレにはわかんねえけど、オレはやりてえよ』ということだった」

（『風雲児』二九頁）


五七年といえば、二輪でマン島レースに実際に参戦をする二年前である。その頃にすでに四輪グランプリへの思いが芽生えていたのである。それは、十八歳のときにアート・カーチス号で優勝して以来の、レーサーの爆音がもたらす血の騒ぎゆえの思いでもあったろう。

その上、六二年秋にF1参戦を公言してしまったときにはすでに、六一年のマン島完全優勝という実績があった。だから、宗一郎のみならず技術研究所の連中もまた、二輪の最高峰で完全優勝したから次は四輪のF1グランプリだな、と議論もせずに当然のことと考える雰囲気だったという。あるいは、久米のように、五四年のマン島レース挑戦宣言がその当時のホンダの技術水準からすればきわめて距離の遠い大きなジャンプだったことを知っている人間にしてみれば、四輪開始直後にF1に参戦するというジャンプはそれほど驚かなかったという。

ただし、ここでも問題はタイミングだった。六二年秋のF1参戦発言はそれでも早すぎたのであろう。その雑誌インタビューの通訳をしていたF1願望の強い中村自身が驚いて、本当にそのまま訳していいかを確認したという。

宗一郎は、レースに勝ちたいという思いだけでF1参戦を決めたのではなかったであろう。四輪への参入に際して、どこかホンダとしてのユニークさが欲しかった。それが高性能エンジンによる差別化だったのであろう。そのためには、技術を磨き、その技術の成果を世に誇ることのできる場が欲しかった。そして、マン島レースの経験からも、最高峰の技術に挑戦するプロセスが人を育て、技術を育てることを知っていた。

それは、たんにF1優勝によってブランドが高まるという宣伝価値に重きを置いた考えではなかった。たしかに宣伝効果もあるだろう。しかし、メーカーにとっての本当の意味は、そこで人が育ち、技術が育ち、それが最終的に市場で売られる製品に反映されていくことだ、と宗一郎は思い、その思いを繰り返しあちこちで語っていた。たとえば、

「マシンを見ていると、いろんなことがわかります。あのカーブを切るには、ああやれば、こうすればと……。そして、次のマシンのことを考える。こう考えてやれば、もっととばしてくれる、などと。次の製作過程へ自然に入っているんです。それが技術屋なんですよ。……レースのおかげで、うちは物凄くいろいろと教わったのです。それも、二年や三年じゃ、効果は上がりません。レースにレースを重ねて、段々と積算されていったのです。その効果が出てきたのは、かなり後になってからのことです」

(『一〇〇時間』四一頁)

教わる、積算効果、と宗一郎は人が育っていくことを、語っている。技術を究めるために、きびし

い環境で人が鍛えられることを狙うのである。その環境がレースであり、F1であった。すでに紹介した河島のマン島レースについての発言は、技術だけの世界ではなくマネジメントの世界の話であるが、しかし本質は同じであろう。

こうしたレースの意義の捉え方は、常識的な考え方とはちがう。だから、ホンダだけがいきなりF1に飛び込み、他の企業はそれを無駄だと思うのである。

日本でこの時期にレース活動を本格的にやろうとしていた企業として、プリンス自動車（のちに日産と合併）があった。プリンス自動車でスカイラインGTの開発とレースのリーダーを長い間務めた伝説の人、桜井真一郎の考え方は、技術をレースから学ぶという点で、宗一郎とは微妙にちがう。彼はホンダF1参戦についてこう語っている。

「このニュースを聞いたとき、『おれはやらないな』と思った。なぜなら市販している四輪の自動車技術とあまりにかけ離れている。お金を捨てるようなものだ。われわれがお客さんに提供するスカイラインに磨きをかける技術は、F1からは拾えない」

（前間孝則『マン・マシンの昭和伝説（下）』講談社文庫、一九九六年、三二二頁）

いまの製品に磨きをかけられる「技術を拾う」ためのレースと、「技術の究極を目指す人を鍛える」ためのレース。桜井の表現は、技術がどこか人間の外にある。しかし人を鍛えれば、技術はその人の内部で生み出すことができる。そのためにどの程度の極限状況を目指すか。そのちがいは、じつは大きい。宗一郎は、極限状況を求めたのである。宗一郎はしばしば「F1は走る実験室だ」といっていた。

レースで育った典型的な人間が、三代目社長になる久米是志であり、四代目社長の川本信彦であろう。久米は、マン島レースのエンジン設計から、F1のエンジン設計、F2（F1の一クラス下のフォーミュラカーレース）のエンジン設計と主なレースエンジンを担当し、その彼がホンダの四輪の大ヒット商品になるN360のエンジン設計を担当するのである。川本は、久米とともにF1、F2のエンジン設計を担当したのち、宗一郎の社長引退後の一九八三年からホンダが再びF1に参戦した際の中心人物となる。川本の下で、ホンダF1チームは八〇年代後半の全盛期を迎えるのである。

しかし、宗一郎がなぜ四輪参入と同時にいきなりF1に飛び込んだかの最大の理由は、やはり彼のレースの血が騒いだから、というべきかも知れない。なにしろ宗一郎は、戦前のアート商会時代から、レースに自分の血が沸き立つ経験をしていた。自分が作った最初の車が、第二章で紹介したように、アート・カーティス号というレーサーだったのである。そして五四年の倒産の崖っぷちであえてマン島に行くと宣言する男なのである。

だからこそ、中村や川本などのレースに血が騒ぐタイプの人がホンダに入りたくなるのであろう。川本は、マン島レース完全優勝のニュース映画を大学時代に見て、トヨタへの入社を紹介してもいいという大学の恩師の言葉を断り、ホンダに入社してきた男である。

そういう人間たちが集まって組織の勢いが出てくるのが、宗一郎流である。それは、藤澤のように背後でじっと経営上のバランスを見守る人がいる限り、成長のダイナミズムを生みやすい経営ではある。

大いに遊び、しかし次への手も

その藤澤も、血が騒ぐイベントが案外と好きな人だったようだ。四輪への参入で大騒ぎになっていた六三年九月、ホンダは会社としての創立十五周年を迎えた。その記念行事として何をするか、藤澤は公募でアイデアを募った。実施予算は制限なし、募集期間はわずか二週間、最優秀グループの賞金五十万円（当時の大卒初任給は二万八〇〇〇円）であった。

藤澤を委員長とする審査委員会が選んだのは、予算総額一億円で京都の夜を一晩、ホンダで貸し切りに近い状態にしようという型破りの提案であった。詳細なプランも付いていた。その概要は、まず初日に八〇〇〇人のホンダ社員が全国から京都へ集まる。ホテルや大型会館などでメイン会場を作り、各会場はすべて食べ放題、飲み放題。会場の間を巡回バスを走らせみんなが自由に行き来できるようにして、各会場では有名な芸能人がそれぞれの芸を披露する。二日目は、京都市体育館に全員が集まり、記念式典。社長として宗一郎からの注文はただ一つ、「決して地域社会に迷惑を掛けるな」。

宗一郎も藤澤も、遊びが嫌いな方ではない。このイベントに大いに喜んだが、それに参加した従業員の感動も大きかった。とんでもないイベントを平気でやってのける会社に働いている、しかもこうした社長や専務の下で、と「大きな感動と興奮で体が震えた」という人も多かったようだ。

もちろん、宗一郎と藤澤は浮かれていたばかりではない。ホンダの長い将来を考えてのさまざまな手が、六三年前後に次々と打たれている。

その一つが、六二年の本田弁二郎常務の退社であろう。宗一郎の弟である弁二郎は、宗一郎の後を追ってアート商会に丁稚奉公に出て、その後はアート商会浜松支店以来、ずっと宗一郎を助け、ともに苦労をしてきた人である。

しかし、宗一郎はホンダを同族会社にしたくなかった。息子をホンダに入れないと藤澤とも約束していた。社名に自分の姓を使ったことすら、大いに後悔していたのである。弁二郎がホンダを去るべきときが来たのである。彼はホンダ退社後、本田鋳造を六三年に設立する。この会社はその後本田金属技術と社名を変え、現在にいたるまでホンダのエンジンの鋳造と精密加工を担当している。弁二郎の退社について、宗一郎は兄らしくこう語っている。

「弟を切ったとき、覚悟してたから大したことない、と口では言いました。しかし、実のところ、覚悟してなかった部分もたくさんあったんですよ。気の毒なことをしたなあと思うし、また一面ではあれでよかったんだ、会社の行く末のためにもなったんだ、とも思う。……肉親の情というけれど、ウチの人間をとくに可愛がる人は、他人に向かってはきついですよ。……人を可愛がる能力なんて（総量が、伊丹注）決まっているんですよ」

（佐瀬稔稿「夢見て、燃えて、グランプリ」『人の心』第五章、一二〇頁）

弁二郎の退任で、ホンダの役員は宗一郎と藤澤以外は若い世代として採用した人たちが中心になった。河島喜好、川島喜八郎、西田通弘《にしだみちひろ》、白井孝夫などである。そして、藤澤の発案で、六四年に役員室制度なるものが始まる。役員は現場に置いていた自分の部屋を離れ、本社の大部屋役員室で集団で執務するような体制にしたのである。いわば集団思考と役員間のコミュニケーションを図るための施策で、宗一郎と藤澤が去った後の集団指導体制への準備に入ったともいえる。宗一郎は五十八歳、藤澤は五十四歳になっていた。

その上、宗一郎も藤澤も日常の経営からは距離を置くようなスタンスをことさらにとり始める。任された若い世代が自分で経営のことを考えるように、という配慮であろう。宗一郎は、そもそもあまり役員会に出ない社長だった。それについて、宗一郎はこういっている。

「ぼくが行きゃぼくの意見にみな沿うからいやなんです。それはワンマンの始まりなんです。ほっときさえすりゃ、やろうども、何とかしなきゃいかんでしょう。ぼくが行きゃあ、ぼくが何か一口言や、それはそのとおり、人間である限りは、そうなります」

（『一〇〇時間』一五〇頁）

こうして経営を次世代に引き継ぐための準備作業は始めたものの、しかし他方では四輪に参入したのである。四輪を成功させるための基礎作業もまた、六四年からフル回転で始まっていく。六四年七月にはサービスファクトリー（ＳＦ）を全国に作り始める。トヨタや日産のようにディーラーに修理やメンテナンスを任せられる状態でないホンダとしては、自社で修理を担当する必要があったのである。

また、六四年十二月には四輪専門の狭山《さやま》工場が新設される。六三年の四輪発売当初は、埼玉製作所、浜松製作所、鈴鹿製作所という二輪専門工場でなんとか分担生産をしていた。しかし、四輪は二輪と比べて部品点数が約十倍と多く、また参入初期なので開発担当の技術研究所とも近い立地が必要だった。そこで、埼玉製作所に近い狭山に六万坪強の土地を手当てして、四輪生産専門工場を作ったのである。

ただし、工場はできても生産が急拡大していったわけではない。スポーツタイプの小型車を中心に、S600、S800とエンジンサイズを大きくした製品を続々と投入はしていくものの、大きなヒット商品は生まれず事業としては赤字のままだった。オートバイの輸出が大きく伸びていったため会社の業容は拡大していたが、四輪事業としては低迷の時期が続いていた。

よちよち歩きから F1初優勝へ

その一方で、同じ四輪でもF1グランプリへのエネルギーは着実に拡大していった。

六二年に宗一郎がF1参戦を公言してしまった後、すぐに六三年から中村良夫は具体的な準備に取りかかった。ホンダはエンジンは得意ではあったが車体の技術はまだなかった。当然である。軽トラックと小型スポーツカーを作り始めたばかりなのである。そこで、エンジンだけを供給しようと車体に強いロータスと組むことにしたが、相手側の事情急変で土壇場でキャンセルの連絡があった。宗一郎は怒って、自分たちだけでやるといい出した。

「われわれには経験がない。しかし、われわれには技術がある。私は金を問題としない。どんなに金がかかってもいいから、世界最高のF1カーをつくろうじゃないか」

（海老沢泰久『F1地上の夢』朝日文芸文庫、一九九三年、六三頁、以下『地上の夢』と記す）

たしかに経験がなかった。なさすぎた。ホンダのF1プロジェクトは、よちよち歩きから出発したといってもいい。

たとえば車体について、日野自動車からF1をやりたくて移ってきた武田秀夫（サスペンション担当）は、研究所のF1の会議で「車体に剛性が必要かどうか」が議論の対象になっているのに、驚いた。必要なのはF1の常識で、それがなければとても高速運転に耐えられない。しかも最初は不必要派が議論に勝って、唖然としたというのである。

そんなところから出発して、彼らはよく一九六五年、参戦二年目のメキシコグランプリでのF1初優勝にたどり着いたものであった。それは、夢とそれに引きずられた幻想から出発しての、壮烈な超高速学習プロセスだった。

F1プロジェクトの現場のチーム監督は中村だったが、全体の総監督は宗一郎で、どんどん口を出した。そして宗一郎の完全主義と中村のレース優先主義が、しばしば衝突した。

いずれはふつうの市販車に使える基礎技術を高めたい宗一郎は、短時間のレースの間だけもつようなエンジンを作らせなかった。完全主義ともいえる設計で、レース中の短時間での整備のためには勝手が悪い、金属のかたまりのような重いエンジンになりがちだった。

宗一郎が作ったエンジンは、簡単にいえばオートバイの小さなエンジンを沢山並べたような十二気筒エンジンだった。マン島で勝利したときと同じ、多気筒の発想である。その独特の排気音は高音でキーンと鳴り響き、ホンダミュージックといわれるようになる。しかも、すさまじい轟音である。近くでその爆音を浴びると、身体が震え、そして血が騒ぐ。ホンダミュージックは宗一郎たちの血の騒ぎをかき立てる音楽だったのかも知れない。

その音の高さは、それだけエンジンの回転が上がっているという証拠でもあった。だから、直線での加速性はすばらしい。しかし、耐久性と過渡特性（コーナーなどの立ち上がりの特性）には問題があった。耐久性については、ホンダの人々はまだＦ１の実戦でエンジンがどの位激しく使われるのか、知らなかった。だから、思いもかけない部品が激しい使われ方で機能不全を起こす。あるいは、高速でコースを走ればさまざまに重力がかかってエンジン内部でオイルが暴れて摩擦が大きくなることを、彼らは知らなかった。だから、耐久性が悪くなるし、カーブを抜けるときの加速でモタモタする。

また、多気筒のエンジンにすると、各シリンダーに正確なタイミングで燃料を供給することが課題となる。そのために燃料噴射装置を使うのだが、高性能のイギリス製噴射装置を宗一郎は使わず、ホンダ製のものにこだわった。それもまた、自社技術の蓄積のためであろう。しかし、中村には理解できなかった。その低品質のホンダ製噴射装置のためにレースの現場で苦労するのは、彼なのである。
六三年に入社した川本信彦は、入社後まもなくF1プロジェクトに加わり、宗一郎と中村の二人をそばでずっと見続けてきた。その川本が、当時のホンダF1の歴史を振り返り、こういっている。

メキシコグランプリ優勝のホンダF1カー

「レーシングカーだけのことを考えたら、あるいは中村さんの主張が正しかったかもしれない。たしかにうちのF1は、いつも重くて整備性が悪かった。整備性がよければ勝っていたというレースはいくらもあります。しかし、中村さんのいうやり方をしていたら、いまのホンダはなかったと思いますね。おやじさんがレースを通してわれわれに完全主義を植えつけたからいまのホンダがあるんで、あそこですぐにごまかしのきくような車ばかりをつくっていたら、まちがいなくこうはなっていなかったと思います」
（『地上の夢』一一五頁）

ホンダは六四年八月に、ドイツグランプリで初実戦にこぎ着けた。しかし、レース途中でリタイアに終わり、苦い出発であった。そして、六四年シーズンは準備不足で三レースしか戦えず、しかもすべてリタイアだった。翌六五年、中村は現地チームの監督をおりていたが、それでもF1に関与を続け、六五年の最後のレース、十月のメキシコグランプリでは現場のチーム監督に復帰していた。このレースでホンダは、スタートからフィニッシュまで一度も首位を譲ることなく優勝した。ホンダのF1初優勝である。

艱難汝を玉とす

F1参戦はホンダに思いがけない贈り物も、もたらした。

六四年秋、有名なF1レーサーであるジャック・ブラバムがF1でのホンダとの関わりを求めて、ホンダの研究所を訪れた。そのとき、ブラバムはS800さらにはS1000とホンダが計画していた市販車用のエンジンの設計構想に興味を持ち、翌六五年からF2の自分のチームでホンダのエンジンを使いたいといい出したのである。中村良夫がブラバムとの間でまとめた話である。久米と川本がそのエンジンの設計を担当することになった。

それはエンジン供給だけだった。だから負担が軽いので、ホンダはF2にも参戦することになったのである。しかも、F2には気筒数の制限が規格としてあり、四気筒エンジンだった。つまり、市販車と同じなのである。したがって、F2での技術蓄積は、十二気筒エンジンを積んだF1よりもより直接に市販車エンジンの開発に活かせる可能性が大きかった。

しかし、六五年からはF1にもF2にも参戦ということになったのだから、研究所の雰囲気がレース一色になっていくのも無理はなかった。本社の藤澤からすれば、四輪に参入して二年、ここで何かヒットを出さねばというときに、親分の宗一郎をはじめ、久米や川本といった研究所の中心になる連中がF1とF2のレースに取られてしまう、という感覚であったろう。

F2参戦一年目の六五年、久米がF2のサーキットの現場に張り付くことになったが、第一戦から現実は厳しかった。エンジンが現場走行では最後までもたないのである。「きみたちは自動車のことを知らなさすぎる」というブラバムの言葉が、久米の耳には痛かった。久米は自信をまったくなくして、一年の大半を悩みの中で過ごした。

ここでも、夢を持つがゆえに自分の能力や知識をかなり超えることに挑戦してしまい、そしてその結果として塗炭の苦しみを経験した男の一人がいた。ホンダの成長は、こうした男達の成長の物語でもある。宗一郎自身のピストンリングの歴史も、まさにそうであったろう。

しかし、彼らはくじけず、懸命の努力をレースの寸秒を争う現場で続け、結局は育っていく。久米と川本はF2用の新しいエンジンを設計して翌六六年のF2レースに臨んだ。その結果は、すばらしかった。最初の現場テストでブラバムが、「去年のエンジンからは想像もできないパーフェクトなエンジン」といったのである。このエンジンでホンダはF2で十一連勝という、前人未到の大記録を打ち立てるのである。

この十一連勝のうちの最初の三連勝の直後の六六年春、欧州にいた久米に帰国命令が来た。当時開発の最終段階であった新しい軽乗用車N360のエンジンの最終設計のために、宗一郎が久米を呼び戻したのである。いまや久米は、宗一郎の信頼のもっとも厚いエンジン設計者であった。F2は川本が一人で担当することになり、その後の八連勝をしていく。このときの川本は、入社四年目であった。その若さでグランプリレースの極限状況を経験させられたのである。

Ｆ２での十一連勝は、久米や川本だけでなくＦ２チームに、そしてホンダの技術陣に多くのものをもたらした。それを川本はこう語る。

「Ｆ２の十一連勝は、あらゆる意味で非常に画期的だった。とくに自動車そのものの本質を知る意味で画期的だった」

（『地上の夢』二〇三頁）

しかし、Ｆ１やＦ２をやることで自動車の本質を学んだということは、じつは自動車というものをよく知らないままにＦ１に飛び込んだ、ということをも意味している。実際、川本はこうもいっているのである。

「だいたい自動車って何だというのがわかっていなかったんです。それでＦ１やってるんですから。要するにいいＦ１はいい自動車なわけです。それがわかっていなかった。（オヤジさんは）お前、バイクのエンジンすごいだろうと。あれに輪っぱを四つつければいいんだろうと。そうすりゃ勝つに決まってる。そういう発想だから、バランスをとろうなんてことよりは、とにかく馬力」

（宮戸公明ほか編『HONDA 50 Years』八重洲出版、一九九八年、二六六頁、以下『50 Years』と記す）

なぜか、宗一郎にはこの種の話が多い。くわしくは分からなくても、いいことにはまず飛び込むのである。まさに、「やってみもせんで、何がわかる」、である。しかし、苦労の挙げ句の果てに最後はなんとか成功する。艱難、汝を玉とす、なのである。それもまた、宗一郎流というべきか。

六六年という年はF2チームには最高の年であったが、F1チームはそれほどは恵まれていなかった。六六年用のF1エンジンの設計を担当したのは、のちに副社長になる入交昭一郎《いりまじりしょういちろう》だった。彼もまたレースの血が騒いでホンダに入社した男の一人だった。その彼は、入社三年目からF1エンジン担当になり、六六年から三リッターに規格が変わったF1エンジンと格闘させられていた。しかし、その彼も六六年のシーズン途中で市販車のエンジン設計に転任を命ぜられていた。レース狂いの研究所では、やはり企業としては困るのである。結局、この年のホンダF1はきわめて平凡な結果で終わらざるを得なかった。

N360という大ヒット、F1再び優勝

一九六六年の正月早々、技術研究所はすでに行われていた軽乗用車研究をN360量産開発プロジェクトとして本格的に組織化した。久米が呼び戻されたのは、このプロジェクトであった。宗一郎がN360の実質的なプロジェクトリーダーであった。

たしかに、自動車市場の機は熟していた。六六年はのちに日本のモータリゼーション元年といわれる年である。日産が六六年四月に小型車サニー一〇〇〇ccを発表する。そしてトヨタはその後世界のベストセラーカーとなる新型小型車カローラ一一〇〇ccを六六年十月に発表するのである。こうした状況の中で、いまだ乗用車らしい乗用車のなかったホンダが軽乗用車の本格開発をしようというのは、いかに親分の宗一郎以下がレースにのめり込んでいたとはいえ、企業としては自然な話だった。

軽規格とは、エンジンは三六〇ccまで、車体の大きさにも上限があるが税制面での特典もあって買いやすい、という日本特有の規格であった。それが自動車産業への参入の入り口の役割を果たし、スズキもマツダも三菱も、この軽自動車から四輪へ参入するのである。ホンダが軽規格を外れたスポーツタイプの五〇〇cc（S500）で四輪乗用車への参入をしたのが、むしろ例外だった。

そのホンダが軽乗用車N360を発表したのは、トヨタによるカローラ発表の翌日、六六年十月二十一日だった。そして、十月二十六日からの東京モーターショーに出展された。ホンダはもちろんこのモーターショーで、F1マシン、F2マシンを華やかに出展している。その横に、ひっそりと小さな白い箱（N360のシンボルカラーは白で、デザインは角形だった）が置かれていた。

その地味なクルマが、会場ではトヨタカローラと人気を二分した。F1のホンダの乗用車であるし、軽とは思えないようなエンジンの高出力とスペースの広さが、人々を驚かせたのである。つまり、スピードが出て、ゆったりの軽、だった。

エンジンの馬力は三十一馬力で最高速度は一一五キロ。カローラの六十馬力にはもちろん及ばないが、当時の軽乗用車の平均的馬力が二十馬力程度だったから、圧倒的に力があった。スペースも、大人四人が比較的ゆったりと乗れる軽乗用車は日本には当時、まだなかった。駆動方式を前輪駆動のFF方式（Front エンジン、Front ドライブ）にしたことのおかげである。普通の乗用車の後輪駆動FR方式（Front エンジン、Rear ドライブ）にすると、後輪にエンジンの動力を伝えるためのプロペラシャフトが客室内のスペースを取ってしまうのである。FFは当時の日本の技術では簡単ではなかったのだが、ホンダの乗用車は以後、すべてFF方式となっていく。

N360はオートバイ技術をふんだんに活かしたものだった。N360のエンジンはオートバイの空冷二気筒エンジンの改良版だったし、トランスミッションにもオートバイのアイデアが満ちていた。とくにエンジンの高出力は、オートバイで培った小型高回転エンジンの技術のおかげである。N360のエンジンの排気量一リッター換算馬力は八十五馬力で、当時の軽エンジンと比べても、カローラのリッター換算馬力五十六馬力弱と比べても、圧倒的な高性能であった。

この馬力の大きさは、宗一郎のエンジンの基本思想を色濃く反映している。宗一郎は、すでに五九年にいずれ四輪車に参入することを想定して、それまでの軽乗用車の馬力が低すぎる、と次のようにいっていた。馬力は感情を支配する、というのである。

「今まで数々造られた軽自動車は決して日本の道路に適していない。その理由は馬力がないからで、馬力は感情を支配するものであり、馬力がないと加速やスピードが出ず、走っていても追越ができないため事故が多い原因になる」

（『ホンダ社報』四一号、一九五九年三月）

しかし、N360プロジェクトの初期段階では、メンバーはエンジン出力を上げるのに苦労していた。そこで宗一郎が久米を欧州から呼び戻したのである。久米のマン島レース以来の、そしてF2レースの経験と技術蓄積が活きたのであろう、N360エンジンの出力はすぐに上がっていった。

N360には、F1やF2というグランプリレースで培った技術蓄積がさまざまに活きていた。宗一郎自身が、F1で学んだことがどう活きているかという質問に、次のように答えている。

「まず高回転エンジンの耐久性、それにこんど採用した常時噛合わせの変速機、それにステアリングもそうだ。これまでF1でどうしたらステアリングをニュートラルに保つかさんざん苦労した。なにしろ二〇〇km以上でコーナーに突っ込むんだから。……N360はこの変化、つまり、ハンドルを切りながらアクセルを踏んでも離しても、（ステアリングの）変化は非常に少なくなっている。これはF1の経験から得た技術です。この問題が解決できなかったら、FFは出さなかったでしょう」（吉田匠ほか『ホンダ360ストーリー』三樹書房、一九九七年、一〇一頁、以下『360ストーリー』と記す）

宗一郎は、N360のエンジンや機構部品の設計ばかりでなく、デザインにもさまざまに口を出した。宗一郎は開発エンジニアであるばかりでなく、デザイナーでもあったのである。久米がそのときの宗一郎についてこういっている。

「当時、設計屋は研究所の一階にいて、造形屋は二階にいて、だいたい設計屋っていうのは、二階の造形屋には行かないんです。行くもんじゃないってことでね。彼（宗一郎）は設計屋の所へ行って、ガリガリ言って、ああやれ、これを試作してみろ、これを直せってね。そうしながらオヤジさん一人で造形屋の所に行ってああでもないこうでもないって……あのかっこうに仕立て上げたんですよ」

（『360ストーリー』一二八頁）

こうして、エンジンにも車体にもデザインにもさまざまな新機軸が詰め込まれたN360はモーターショーで大人気となるばかりでなく、市場でも大人気となった。ホンダがとんでもない低価格をつけたからでもある。当時の競合軽乗用車が三十五万円から三十九万円していたのに対し、三十一万三〇〇〇円だったのである。しかも、フル装備に近い標準装備の価格である。スーパーカブのときを思わせる、藤澤一流の値ごろ感の判断であろう。

低価格、高性能、ゆったりスペースのN360は、六七年三月に発売となるやすぐに、日本の軽乗用車市場の地図を塗り替える大ヒット商品になっていく。競合から需要を奪うのではなく、新しい需要を創造していったのである。月間販売がすぐに二万台を超えた。そして六七年全体でNシリーズ（トラック仕様も発売されていた）はもちろん軽乗用車トップ。その後も欠陥車騒動の起きる一九六九年まで売れ続けて、六九年四月にはNシリーズとして国内販売累計五十万台を記録した。

六四年から始めた四輪の流通網やSFの整備も、六七年にはかなり進んでいた。レースの方もF2

で六六年には前人未到の十一連勝を記録している。そこへ、N360が登場したのである。しかも、六七年九月、F1のイタリアグランプリでホンダは二回目の優勝を飾る。舞台が揃っていた。その上、そこに登場した商品が圧倒的な魅力を備えていた。N360は、オートバイでのスーパーカブの再来になった。

N360の成功は、「大きな製品開発のヒットが企業をそれまでとは違う次元の成長段階へと導く」、というF型カブエンジン以来のホンダと宗一郎の基本パターンが再び繰り返された例になっている。しかも、F1の成果が技術でもブランドでも活きている。いかにも宗一郎らしい成功だった。

しかしN360は、そして六七年という年は、宗一郎にとって人生の分水嶺でもあったようだ。N360は宗一郎の最後の大ヒット商品になり、翌六八年から宗一郎にとって舞台の暗転が始まるのである。

四輪参入成功の夢、F1優勝の夢、その二つの夢を実現したと思ったらすぐに、暗転が忍び寄る。人生は、ときに残酷である。

そして六七年十一月、宗一郎は六十一歳の誕生日を迎えていた。

第六章　晩秋の苦悩——一九六八年から一九七〇年

六七年十一月、六十一歳の誕生日を迎え、宗一郎の人生も晩秋に入ろうとしていた。

二つのF1エンジン

その六七年晩秋十一月、久米是志と川本信彦は神奈川県箱根のホテルにチェックインした。六八年用F1エンジンの設計のためである。ホンダの設計者たちは、重要な仕事の際にはホテルや旅館にかん詰めになる習わしであった。久米の仕事は空冷エンジンの設計、川本は水冷エンジン設計。六八年のホンダのF1は、二つのエンジン、二つのF1カーで戦うことになってしまったのである。

それは、宗一郎とホンダの舞台が暗転し始めていることを象徴するような出来事だった。

六七年までのホンダF1は水冷エンジンのみであった。レースの勝利を目的と考えれば、二つのエンジンで戦うことは明らかに資源とエネルギーの分散になる。二つのエンジンの設計も製作も、ホンダの技術研究所がやらなければならない。その上、水冷エンジン車の車体製作はイギリスで担当することになってはいたが、空冷エンジン車は車体製作も研究所の仕事になったのである。

Ｆ１を空冷でという企画は、一九六七年八月にスタートした。その一カ月前の七月、ホンダにとっては最初の小型乗用車開発の企画もまた、空冷エンジンを前提にスタートしていた。Ｈ１３００プロジェクトである。Ｎ３６０がこの年の五月には発売後わずか三カ月で軽乗用車の月間販売首位のクルマになっていた。大成功の兆しがすでに出ていた。Ｎ３６０が空冷エンジンであることを考えると、空冷で小型車をという戦略も分からないではない。そしてこの小型乗用車プロジェクトへのさまざまな波及効果を考えれば、Ｆ１も空冷エンジンで戦って勝つ、という選択肢も経営としては十分あり得た。

しかし、技術者の立場からは空冷エンジンでＦ１を戦うことには大きな疑問が出ても当然だった。Ｆ１エンジンとしてはポルシェがかなり昔に空冷を試みていたことがあったが、失敗に終わっていた。空冷ではエンジンを冷却し切れないのである。Ｎ３６０のエンジンはたかだか三六〇ｃｃである。しかし、六八年のＦ１エンジンのレギュレーションは三〇〇〇ｃｃである。この十倍近い容量の差は、巨大な熱量のちがいでもあった。この巨大な熱量を空冷で冷やせるとは、理論的に考えにくいのである。

当然、レースの現場を預かる中村良夫も絶対反対だった。中村にしてみれば、無理もない。六七年用水冷エンジンの改良版を作れば、六八年は年間チャンピオンが狙える状況だという判断があったのである。その上、空冷のＦ１エンジンなど理論的にあり得ないという思いもあった。だから、東京での空冷への動きを察知して、久米には新しい水冷エンジンの設計を六七年シーズンの終了後にイギリスにいる間にさせていた。空冷にこだわっている宗一郎がそばにいてはそんな設計はできないと考えたのである。久米は水冷Ｆ１エンジンの設計構想をもって六七年秋に東京に戻ったが、宗一郎はそれを認めず、空冷の新しいＦ１エンジン設計を久米に命じた。

宗一郎は、空冷エンジンでは小型車はおろかＦ１は当然無理、という常識に挑戦しようとしていた。人マネはいやだ。やってみもせんで、何がわかる。成功は九十九％の失敗に支えられた一％である。宗一郎の哲学からすれば、空冷のＦ１は挑戦すべきことになるのかも知れない。

しかし、実際にエンジン設計を担当する人間にとっては、それはまことに無理難題だった。そして、現実的にレースを戦うことを考えれば、Ｆ１の現場にいる中村が絶対空冷はやらないといっている以上、水冷もやらざるを得ない。それで、水冷エンジンの設計を川本が担当することになった。

こうして、二つのエンジンの設計者が同じ箱根のホテルにチェックインすることになったのである。

ルーアンの悲劇

川本の水冷エンジンの設計はスムースにいったが、久米の設計は難航した。それでもなんとか設計を仕上げて、実際にエンジンを製作する段階に入った。宗一郎の指示は当然、空冷優先である。

しかし、いくら試作しても、エンジンの冷却がうまくいかない。久米はさまざまなアイデアを宗一郎に試みさせられたが、どうしてもダメだった。とうとう久米はいやになり、空冷エンジンの将来はないと思うようになっていた。それでも、オヤジである宗一郎がどうしても空冷をやりたいといい続けている。久米は研究所の中に身の置き場がない思いになり、自宅に引き籠もってしまった。それで、空冷F1プロジェクトはストップしてしまったのである。六八年春のことである。

その頃、試作が遅れていた水冷エンジンがなんとかでき上がり、六八年五月のスペイングランプリに間に合った。ホンダの六八年F1レースが始まったのである。それでも、クルマ全体の熟成不足は否めず、レースの成績ははかばかしくなかった。

出社せずという行動に出てしまった久米は、会社を辞めるつもりだった。しかし、研究所長（研究所社長は宗一郎だが、別に所長がいた）の河島喜好にどやしつけられて、しばらくして再び研究所に戻った。宗一郎は何もなかったかのように久米のところに来て、空冷F1をなんとか出せ、といった。久米も、とにかく空冷をレースに出さなければ気が済まないのだろうと腹をくくった。

しかし、やはりF1空冷エンジンは難航した。空気だけではどうしても冷えないのである。せめてオイルを回すことによって冷やそうとして、オイルクーラーを付けたいと宗一郎にいっても、ダメだという。空気だけでエンジンを冷やすことにこだわるのである。

それでも、多くの人々の無理が重なってやっと空冷F1エンジンはなんとか形にはなった。六八年七月にルーアンで行われるフランスグランプリの直前であった。宗一郎はできたてのクルマをフランスグランプリにすぐに投入せよと指示した。すでにレースへの正式エントリー締め切りは終わっていたが、宗一郎からの指示でフランスホンダが無理を通して空冷F1カーの出場を現地ルーアンの事務局に認めさせた。そして、ドライバーはフランス人のジョー・シュレッサー、とやはりフランスホンダが決めた。

Ｆ１の現場を預かる中村良夫は激怒したという。無理もない。自分の預かり知らないところで、勝手にレース参加が決まり、ただでさえ大変なのに水冷と空冷の二つのＦ１カーを現場でマネジしなければならないのである。そして、中村が会ったこともない人物がドライバーに決まっている。しかも、シュレッサーはベテランレースドライバーではあるが、Ｆ１の経験は皆無だった。クルマ自体も、日本から空輸で直前に届いたばかりである。

中村は空冷Ｆ１カーをテスト程度で参加させることを考え、久米に空冷チームの監督を命じた。こうして、十分な現場走行テストが済んでいない空冷Ｆ１カーを、Ｆ１未経験のドライバーが運転するというフランスグランプリが、ルーアンで始まった。一九六八年七月七日のことである。

悲劇は、レース開始後、すぐに起きた。コース三周目、雨に濡れたゆるい下りのカーブでシュレッサーはコントロールを失い、土手に激突した。まだ三周目だからガソリンは満タンに近く、すぐに爆発炎上。シュレッサーはクルマから出ることもできずに、焼死した。空冷エンジンゆえの事故ではなかったと思われるが、しかし未熟成のクルマ、Ｆ１未経験のドライバーでの急ごしらえの出場の上での事故であった。レースは事故後も継続され、ホンダの水冷Ｆ１カーは二位でフィニッシュできたが、誰も喜べない二位だったろう。

久米には大きな衝撃だった。久米はレースの直前にルーアンで空冷Ｆ１カーを試乗したホンダチームのエースドライバーのジョン・サーティースから、肩を抱かれながら「Ｆ１は実験に使うような場じゃない、こんな危険なことをしてはいけない」と諭されていたのである。だからシュレッサーには無理をするなといったのだが、そこに悲劇が起きてしまった。

ホンダに一九六二年に入社し、長く技術研究所の現場でオヤジ宗一郎の下でさまざまなテストや試作を担当してきた山下克吉《やましたかつよし》は、当時の自分の日記をもとにホンダの現場についての本を退社後に書いた。その中でこのルーアンでの事故のニュースが入った日のことを書いている。

「このニュースを聞いた瞬間固まる、あれほど総力を結集して緊急で送り出したレーシングカーである、おやじの強引な出場指示と若きレーサーの死という事実。技術挑戦の中で起きた犠牲者の冥福を祈るのみ」　（山下克吉『ホンダ四輪の挑戦』尚学社、二〇〇五年、一〇八頁、以下『挑戦』と記す）

ルーアンでの現場の処理、警察との対応など、事故処理が久米の仕事になった。とくにシュレッサー未亡人をなぐさめるのは、つらかったであろう。なぐさめる久米に対して未亡人は「F1を走れて主人も本望だったでしょう」と健気にも答えたという。事故処理後すぐに、久米は日本へ帰国する。

主任設計者の深い悩み

彼を待っていたのは、いまだ意気軒昂な宗一郎だった。空冷F1カーを次のレースに投入するといい、久米がまた製作を命じられた。久米はもう空冷はやめましょうといった。研究所全体の雰囲気もそうだった。しかし、宗一郎はどうしても空冷F1を成功させるといい張る。

とうとう二人は喧嘩になり、さすがに久米はいやになって再び出社しなくなってしまった。今度は自宅籠もりではなく、四国の高知へふらっと雲隠れしたのである。雲隠れの前日、川本は久米に「お前やれるよな」と妙な確認をされた。なんのことか川本はよく分からなかったが、翌日から久米が雲隠れしたので、そのことだったたかと後で気が付いたという。久米は自分の悩みを周囲に漏らすことはあまりなかったのである。しかし、研究所の所長には、走り書きの辞表を出していた。行った先が四国だとは、久米からの連絡で分かった。四国だから、それはあたかも久米が事故死を償うお遍路さんに出たかの如くだった。

68年空冷 F1カー（RA302）

一九六八年八月のことだった。

久米は誰が見ても、宗一郎の信頼のもっとも厚いＦ１の主任エンジン設計者である。その彼が、空冷エンジンをめぐって宗一郎に抵抗し、半年の間に二度も出社しなくなるという事態になってしまった。

しかしその間も、Ｆ１レースは続いている。宗一郎の空冷方針は変わらない。誰も、宗一郎をもう止められない。この夏の終戦記念日（八月十五日）に、山下の日記にはこうある。これが現場の率直な感覚であろうと私にも想像できる。

「若きドライバーはサーキットのコーナーに煙と消えて未だ日も浅いのに親父は懲りることもなく次のF-1の開発に陣頭指揮。休出と徹夜続きの戦闘体制の中でRA302（空冷F1カー、伊丹注）を夕刻トラックに積み込み鈴鹿サーキットにテスト走行に出かける。その積み込み前に頭脳の限りをつくしたレーシングマシンの完成を所員に披露。死をも超えて戦う技術の世界に妥協はない」

（『挑戦』一〇八頁）

久米に代わって川本が空冷エンジン製作の担当を命じられていた。水冷エンジン担当のままの兼務である。鈴鹿での空冷エンジンテスト走行には、藤澤が見に来ていたことを川本は覚えている。宗一郎はテストには来なかった。それだけ藤澤が空冷エンジンの成否を心配していたのであろう。

六八年八月下旬、川本は空冷F1二号機とともにイタリアグランプリに向かった。しかし、その二号機は一度もレースを走らなかった。すぐに高温になるために、レース前の試走であまりに遅いタイムしか出せなかった。川本も、本レースで走らせられるとは思っていなかったであろう。

川本が設計した水冷エンジンの方は、その後も何回かのレースを走った。しかし、勝てるポテンシャルを持っていたのに、一度も勝てなかった。フランスグランプリの悲劇と空冷をめぐる不和のせいで、ホンダチームはチームとして機能しなくなっていたのであろう。

六八年シーズンの終了後、中村はF1活動をホンダは「休止」する、とヨーロッパの現地で発表した。それは、中村の判断でもあったが、日本の藤澤や河島などの意見でもあったろう。もうF1を続けるわけにはいかない。宗一郎はまだ空冷でやるといい続けかねないし、それに研究所もレースにうつつを抜かせている状況ではなく、市販車の開発に資源を振り向けなければホンダの四輪事業全体がもたない状況にもなっていた。

一方、久米は本当に四国のお遍路さんの寺にいたのだが、そこでふっきれたと見えて、東京の自宅へは戻った。しかし、今度こそは会社を辞めるつもりでいたら、また河島に呼び出され、叱られた。それで、結局は研究所へまた戻った。そして再び、宗一郎は何事もなかったかのように、頑張ろうやと声を掛けたという。久米は、その頃開発が進行していた小型乗用車H１３００プロジェクトのエンジン担当となった。このクルマもまた、空冷エンジンであった。H１３００開発が外部に公表されたのは、それから間もなく、一九六八年十月のことだった。

半年足らずの間に二度にわたって出社を拒否してカリスマへの抵抗をする久米。そして、二度とも久米の復帰を受け入れ、その上にH１３００の空冷エンジン担当を命ずる宗一郎。それは、空冷への宗一郎のこだわりの大きさと、久米にそれでもともに仕事を続けようという気持にさせる宗一郎の巨大な魅力と、その両方を同時に示していると解釈すべきなのであろう。

独創的すぎたH１３００の企画

一九六八年十月に発表されたH１３００は、画期的なクルマになるはずだった。独創的な空冷エンジンで高出力（一三〇〇ｃｃの排気量ながら一〇〇馬力最高速度一七五キロ）、スポーティなホンダらしい小型乗用車である。トヨタのクルマでいえば、カローラとコロナの中間的なクラスで、しかしそれよりもはるかに走りを狙った宗一郎らしいクルマであった。F

１のホンダのイメージとも合う。Ｎ３６０で軽乗用車の世界で革命を起こした宗一郎が狙った、小型乗用車でのＮ３６０である。

製品の企画が始まったのは、六七年七月。Ｎ３６０の成功で宗一郎が気をよくしているころである。ホンダのクルマ作りは、このＨ１３００まで、宗一郎が作りたいと思ったクルマを研究所全体で作るという体制であった。

しかも、鈴鹿製作所にＨ１３００のためのラインを新設した。それまで軽乗用車しか作ったことのないホンダとしては、どうしても必要な小型乗用車の生産ラインである。ホンダは、一人前の四輪車メーカーになるために、かなりの設備投資もして勝負をかけたのである。

H1300量産１号車ラインオフ式典

しかし十月発表の後、実際の発売は遅れ、一九六九年五月にやっと発売された。それも、四月発売予定と発表しながら、一カ月遅らせたものだった。ホンダの新車は発表と発売の間には時間がかかることがときどきあるが、それにしても長い時間がかかっている。それだけ、量産のための最終の詰めに時間がかかり、設計変更が多かったのである。研究所内でもＨ１３００は「アイデアいっぱい、トラブルもいっぱい」といわれていたクルマであった。

しかし、やっとＨ１３００の量産一号車ラインオフ（生産ラインで完成車となってラインを降りてくること）にこぎ着けたときの宗一郎の高揚感は大きかった。鈴鹿製作所で行われたその記念式典で宗一郎がこう挨拶している。

「皆様、今日は本当におめでたい。……歴史的なこの車ができた、この席で、皆さんに挨拶することができることを、本当に心からうれしく思っております。……

この1300は、世界に絶対に例のないものを我々は作り上げたということなんです。それは何かといえば、これはご承知のように空冷です。空冷のいいところは、オーバーヒートしない。それから、富士山のような高い所へ行っても、気圧の低い所へ行っても、水であるならば八〇℃ないし九〇℃で沸騰するが、空冷であるなら沸騰はしない。だから、どこでも走れる。……

第二次世界大戦のときに、ロンメル将軍がアフリカで非常な勝利を最初緒戦において収めたというのも、空冷と水冷の戦いだといっております。空冷と水冷とはどう違うか。あの砂漠では水がないのです。だから、水が出る所を中心に英国では作戦を練っておる。ところが、ロンメル将軍は、水に関係ないのだから、ガソリンとオイルさえ持っていけばどこでも走れる。神出鬼没なんです。それが勝ったということをいわれております」

（H1300量産一号車ラインオフ式典　本田社長講話、一九六八年、ホンダ社内資料）

ロンメルの話は、宗一郎が空冷のよさを説明するときによく使った事例である。ただし、ロンメルは緒戦こそ勝ったが、のちにアメリカ軍の水冷エンジンの装甲車に敗れたことを宗一郎はいわない。また、ドイツの北アフリカ戦線での戦車のエンジンはじつは水冷だったのではないか、という異論もある。しかし、宗一郎にとってはロンメル＝空冷なのである。そして、こう宗一郎は続ける。

「こんなにすばらしい、いいものでありながら、一つだけ悪いことがある。その悪いことは何かといえば、空冷なるがゆえに音がうるさいということなんです。……だから、我々は、この音を取りさえすれば、それに成功できれば、これは世界的な発明である。何としても我々の手でこの音を取ってしまおうじゃないかということから始めたわけです。……だんだんやりまして、今のDDAC方式というものを発明したわけです。これはもう世界に類のない、我が社のパテントでございます。どこでも真似できません」（同上）

簡単にいえば、DDAC（Duo Dyna Air Control）方式というのは水冷エンジンの水が通ってエンジンを冷している部分に空気を送ってやってエンジンを空気で冷却しようという方式である。冷却空気はファンで送るのだが、密閉した通路を流すので音が静か、というわけである。水冷エンジンも最終的にはラジエーターで水を空気冷却してエンジンを冷やしている。水を介さずにエンジン自体を空気で直接冷却すれば、水がいらないから水回りのトラブルがなくて済む、というのが宗一郎の基本アイデアであった。

H1300の壮大な失敗

たしかに、エンジンとして動くものはできた。そのこと自体が、すでに技術的には驚くべき成果かも知れない。しかし、空冷の問題は音だけではなかった。どうしてもエンジン冷却能力に限界があり、通常運転では高温になり過ぎ、逆に寒いときや低速運転の際には温度が下がり過ぎる。そうした欠点を押さえ込むための工夫を入れ込まなければならず、エンジンも大きく重くなり過ぎて、コストもかさんだ。

たとえば、エンジンにはフィンを沢山つけるので大きくなってしまって、車体のフレーム自体を変えなければボンネット内に収まらなくなる。エンジンが高温になるので、エンジンを支えている部分のゴムも高温に耐えられるようにコスト高の素材を使う必要がある、などなど、高温エンジンゆえの大小さまざまなトラブルも頻発した。また、アルミを多用して軽量化を図ったのだが、それでも重いエンジンになり、前輪のタイヤだけが早く減ってしまうし、曲がりにくくなる。やはり、FF方式でなおかつ空冷エンジンがボンネットに入るというのは、技術的に無理が大きいのである。しかも、アルミ多用でコスト高になってしまった。

量産への移行プロセスでは、「ラインの逆送」という事態すら起きた、と社史にある。生産ラインの上をすでにある程度クルマが進んで組立が進んだ段階で、設計変更の指示が研究所から出る。まだ、十分にテストが終わっていないのに発売計画に間に合わそうと生産指示を出してしまうから、こんなことになる。しかし、ある部品の設計変更の指示が出るとそれをすでに組み付けてしまったクルマはラインを元に戻して分解した上で、設計変更後の部品と交換しなければならない。だから、ラインをクルマが逆送することになる。自動車の量産工場としてはあってはならないことである。『ホンダ50年史』のH１３００の発売を書いている部分の出だしは、生産ラインの大混乱の叙述から始まっている。それ自体が、H１３００のトラブルの多さを象徴している。こうした現場での設計変更対応のために、久米をはじめ、研究所のメンバーの多くが鈴鹿に数カ月単位で駐在せざるを得なかった。異常事態であった。

しかし、そうしてみんなが無理を重ねて生産にこぎ着けたH１３００だったが、やはり市場の支持を得ることができなかった。H１３００の販売台数は、七〇年こそ四万七〇〇〇台であったが、その後は七一年に二万七〇〇〇台、七二年に一万二〇〇〇台と売れ行きが下がり、そこで生産中止となる。日本中がモータリゼーションで湧き上がっているときの、そしてライバル車のはずのトヨタカローラが顧客の支持を受けて快走しているときの、市場のきわめて冷たい反応であった。それは、壮大な失敗だった。会社をつぶしかねない、大失敗だった。

H１３００を一台作ると確実に損が出ると、当時は社内でいわれていた。その損の大きさについては、一台五万円から三十万円まで幅のある記憶が残っているが、かなりの大きさだったようだ。当時CB７５０（ナナハン）という二輪大型車が大ヒットを飛ばしていて、それの利益がH１３００の損失を埋めたといわれている。

たしかに、宗一郎の一号車ラインオフ記念式典での挨拶にあるように、H１３００の技術的独創性は大きい。エンジンの独創性ばかりでなく、一九七〇年二月に発売したH１３００クーペからはボディにもモヒカン構造という独創的なサイドパネル一体成形構造が取り入れられ、デザイン性と生産性の両方が大きく向上していた。

天才的な開発エンジニアであった宗一郎は、同時にデザイナーでもあり、生産エンジニアでもあった。その宗一郎が、サイドパネルを美しく成形しながら生産性も同時に上げようと創案したのが、ボディの「三枚打ち抜き溶接」とでも呼ぶべきモヒカン構造方式である。ボディの天井部分を一枚、サ

H1300クーペ

イドパネル部分を左右で一枚ずつ、それぞれプレスで打ち抜き、その三枚をボディの天井部側面で溶接をする。その溶接部分にはシールをして飾るが、その飾りが人間の頭のモヒカン刈りのように縦長に入るので、モヒカン構造という名前が付いたのである。

サイドパネルのプレス成形で横のラインの美しさを出しやすいし、三枚のプレスと二カ所の溶接で済むため、何枚もの鋼板をつなぎ合わせるよりも生産性はかなり高くなる。現在の世界の乗用車の多くがこの構造になっているという。長いホンダの歴史の中でも、生産エンジニアとしての宗一郎の最大の貢献かも知れない。

しかし空冷エンジンのＦＦ方式の小型乗用車の可能性については、多くの人が疑問を持っていた。そして、でき上がったＨ１３００は、走りは抜群だが、快適性・操縦性・コストなど、全体の

バランスが悪い。その上、発売の頃にはすでに公害対策問題が自動車産業にとって大きな課題となっており、温度変化の激しい空冷エンジンでは公害対策が不可能ではないかと思う技術者も研究所内に多かった。

もちろん、そうした懸念は宗一郎の耳にはさまざまな形で入っていたと思うのが自然であろう。一応は耳には、である。その上で、宗一郎は空冷にこだわり続けた。そしてホンダという組織として結局、疑問の多い空冷小型車の開発、設備投資、そして販売まで、やってしまったのである。

おそらく、N360に次ぐ小型乗用車がどうしても欲しかったという事情はあったのだろう。そこへ、創業者である宗一郎が空冷エンジンを強力に主張した。N360も空冷で、大成功していた。

当時の研究所長だった杉浦英男の次の言葉が、当事者としては正直な感想だろう。

「強力な創業者が居て、しかもその人が技術的にもトップに立っている。加えて、過去にどえらい成功体験を持っている。そういうリーダーがいるということは、行くところまで行ってしまわないと、途中でやめるということは、とてもできない企業体質だった」

（『50年史』九五頁）

ホンダの組織としての完成

しかし、さすがにこの壮大な失敗を受けて、ホンダの組織は黙ってはいなかった。空冷路線から水冷路線へと転換しようと、大きく動き始める。それは、宗一郎の意向に逆らった動きであった。宗一郎は、相変わらず空冷路線一本やりでホンダのエンジン開発を指揮しようとしていた。

口火を切ったのは、やはり藤澤だった。彼の示唆で、早くも六九年七月、軽井沢で研究員集会が開かれた。テーマは、「なぜＨ１３００は失敗したか」。まだ発売後二カ月の時期である。藤澤もそこに行き、研究員たちと夜遅くまで話し合った。

問題の焦点が宗一郎に水冷路線への転換を認めさせることにあることは、研究員たちの議論から明らかだった。藤澤は自分が動くべきときが来たと感じたのであろう。しばらくして、議論をまとめたきちんとした話を聞きたいと、研究所長の杉浦にいってきた。熱海の旅館にいるから技術にくわしい人間と説明に来てくれ、とのことである。六九年八月のことだった。これがホンダの社内でのちまで語り継がれる、熱海会談である。

杉浦は久米を連れて熱海に行くことにした。久米は、すぐに若い連中を集めて、空冷の弱点をなんでもいいから書け、と模造紙何枚にも書かせた。熱海に着くと、藤澤が一人で旅館の一室で待っていて、久米にすぐに説明を促した。久米は覚悟して、「限りなき温度上昇」とタイトルを書いた模造紙をもとに、「空冷エンジンではもうだめだ」とくわしく説明した。久米は何事にも本質をすぐ見抜く藤澤が怖いものだから、模造紙を貼った壁の方ばかりを向いての説明だった。そのときの様子を、久米自身がこう書いている。

「説明をし終わって『さあ、叱られるぞ』と思ってひょいと振り返りますと、一言、『そうですか』とだけ言って黙っておられる。そして、『時に、最近、大気汚染の問題が出ているようだけれども、久米さん、あなたは空冷でできますか』と聞かれました」

（『無分別』六七頁）

久米が空冷では無理だと答えると藤澤はさらに「じゃ、水冷ならできるの?」と聞いてくる。久米は、ここでできないと答えたらすべては終わりだと思い、「できると思います」といってしまった。そうすると藤澤は「よーく分かりました」といい、久米にこういった。

「久米さん、明日帰って、同じことを本田さんに報告してください」

（同上）

杉浦と久米は、驚いた。これまでにも何度も宗一郎には同じことをいってはねつけられていることをまた、いえというのである。しかし藤澤はその夜、宗一郎に電話で話をしたようだった。

その電話のことも知らずに、杉浦と久米はその晩は熱海に泊まり、翌日研究所に戻った。そして前夜の約束通り久米は、「副社長に空冷ではダメだと思うと報告してきました」と研究所社長室で宗一郎に告げた。覚悟の上、いったのである。普段たばこを吸わない宗一郎が、たばこを持っていた。その手を小刻みに震わせながら、ほとんど怒鳴るようにこういった。

「水冷をやっちゃならんと誰がいった」

ホンダが水冷路線に転換を始めた瞬間である。しかし、それはすぐに大転換という指示にはならず、研究所で水冷エンジンの仕事をすることが一応認められ始めた、ということであった。宗一郎は、以下でも述べるように、その後もかなりの期間は空冷にこだわり続けるのである。

藤澤は久米たちの説明を聞いた後で宗一郎に電話した内容について、自著で書いている。水冷をやらしたらという藤澤に対して、宗一郎は「空冷でも同じことだ、あんたにはわからんだろうが」といったという。藤澤はそこでこう問うた。

「あなたは本田技研の社長としての道をとるのか、それとも技術者として本田技研にいるべきだと考えるのか、どちらかを選ぶべきではないでしょうか」　（『終わりはない』二〇六頁）

社長としての道とは、部下たちがこぞってやりたいといっていることをやらせることであろう。技術者として残るといえば、自分の信じる技術の道を進むが社長は辞めるということになる。しばらく宗一郎は黙っていて、そしてこう答えた。

「やはり、おれは社長としているべきだろうね」　（同上）

この瞬間にホンダの組織は完成した、と藤澤はいう。

「水冷対空冷の問題は、本田に社長としての在り方を考えてもらえる、いいきっかけだったんです。ここで本田のすぐれた技術者としてのバトンは研究所にしっかりと渡された。そして、ホンダの未来をつなぐ組織は、ここでようやく完成したのです」

（『終わりはない』二〇七頁）

藤澤が宗一郎という天才に代わる集団の力を、という目的で技術研究所を独立させたのは、六〇年七月だった。それから九年の時間が過ぎていた。たしかに集団の力は蓄積されてきたのだが、その集団の力がきちんと引き出されていなかった。宗一郎がむしろ、集団の力を引き出さない重しになってしまっていた。それが正され、本来の「技術が自走できる組織」になった、つまり組織が完成したのである。

極端ないい方をすれば、それまでの技術研究所は宗一郎だけが自走する組織になってしまっていた。開発するクルマにしても、宗一郎が開発したいと思うクルマを、宗一郎の指示の下にみんなで開発していた、ということだった。しかしこれ以降、久米たちを中心に技術研究所は研究開発のあり方の組織化、仕組みづくりを懸命に考えていく。

そして、その仕組みが久米たちのリーダーシップとうまくかみ合って、後に述べるシビックの開発やCVCCエンジンの開発の成功につながっていく。H１３００の壮大な失敗が生んだ最大の成果は、そうしたホンダの組織としての熟度の向上だったのである。

こうして六九年の夏に空冷問題が一応落着したかと思ったらすぐに、別な危機が宗一郎とホンダを襲った。

N360の欠陥車騒動

六九年六月に勃発して七一年まで影を大きく引きずる、N360の欠陥車騒動である。H1300の失敗で乗用車の売上が停滞している時期に、大成功してきたN360の売上が七〇年から急落するという危機であった。

欠陥車騒動は、六九年六月初めの新聞報道から始まった。朝日新聞が、ニューヨークタイムズの記事を引用して、トヨタと日産がアメリカで欠陥車を公表せずに秘密に回収している、と報じたのである。その後、朝日はこの二社のみならず欠陥車キャンペーンを張り、国会でもこの問題が取り上げられるようになる。

そして六月半ばに、国会でホンダのN360がやり玉に上げられた。ステアリングを中心に設計上のさまざまなミスで故障が続出している、というのである。ホンダは直ちに、ステアリング系統の問題があった、など公表して、すぐに対応すると西田専務が発表する。工場の生産を削減して、その分だけ工場の人員を浮かせ、彼らを全国に派遣して必要な修理を直ちに行ったのである。

六九年のこうした欠陥車騒動は、ホンダばかりでなく、ほとんどすべての自動車メーカーを巻き込むものとなった。その中でもホンダの対応はとくに早く、かえってそれが評価された部分もあったという。

それでいったんは沈静化したと思われていた欠陥車騒動は、七〇年夏に再燃した。七〇年四月に発足した日本自動車ユーザーユニオンの活動が活発化したのである。ユニオンの消費者運動の矛先は、まずトヨタに向かったが、次いでホンダのN360が攻撃された。それも、N360の事故死の背後にステアリングなどの設計ミスの放置があった、というのである。その放置は「未必の故意」にあたるとして、七〇年八月、ホンダ社長である宗一郎をユニオンは東京地検特捜部に殺人罪で告発した。日産でも社長の川又克二が同じように告発された。

偶然だが、七〇年四月にホンダは四人の専務に代表権を持たせ、彼らを中心とする運営体制に切り替えたばかりであった。その矢先の殺人罪告発であった。その対応には宗一郎も藤澤も表面には出ず、四専務、とくに河島喜好と西田通弘を中心に対応した。

N360が欠陥車で安全に問題があるというのは、宗一郎としては受け入れがたい指摘であったろう。N360が宗一郎の心血を注いで生まれたクルマであったばかりでなく、昔から宗一郎は自分たちが人々の安全に関わる仕事をしているという意識が強かったからである。欠陥車騒動が勃発する前の六九年四月、新入社員研修の社長講話で宗一郎は自動車メーカーとしての責任について、こういっている。

「われわれは交通機関を扱っているかぎり、責任というものを絶対にもってもらいたい。責任のもてないような人は、すぐに辞めてもらいたい。……それはなぜかといえば、交通機関というものは、人をあやめるからだ。ものすごい人身事故を起こす、人の命を預かるものだから、それだけに責任をもつことを強く要求する」

（『ホンダ社報』一二五号、一九六九年四月）

その宗一郎が、殺人罪で告発されたのである。西田は七〇年十月に国会喚問に呼ばれ、「設計に問題があるという批判は当たらない。公開テストにも応じる」と強気で断言した。

いくら強気の態度をホンダがとっても、マスコミは欠陥車と報道を続ける。N360の販売台数はどんどん落ちていく。七〇年全体ですでに六九年をかなり下回って十八万台に落ち、七一年には五万七〇〇〇台と急落してしまうのである。

七〇年十二月から東京地検特捜部による実験が数回行われ、その結果の鑑定が七一年六月に出た。その内容は、初期生産のN360は八〇キロを超えると経験不足のドライバーではコントロールできなくなる危険があること、しかしこの特性が事故につながったかどうかは不明、というものであった。完全なシロとはいいがたいが、それを受けて検察は七一年六月に宗一郎の不起訴処分を決定した。

しかしその後この騒動は意外な方向へと発展する。ユーザーユニオンの幹部と弁護士が欠陥車問題への示談金名目でホンダを恐喝していたという疑いで、七一年十一月に東京地検特捜部によって逮捕されたのである。ホンダ側の告発によるものだった。しかもその背後で、ホンダの流通政策に不満を持った元ディーラーがからんで欠陥車騒動が扇動されたことも明らかになった。それまでユーザーユニオンびいきの報道をしていたマスコミの報道も、手のひらを返したように変わったが、しかしN360の売上不振という点からすれば時すでに遅しであった（この訴訟では、被告の有罪が最高裁で一九八七年に確定した)。

結局、N360は七一年限りで生産中止になり、同年六月に発売されたライフ(水冷エンジン三六〇cc)に代替わりすることになった。その意味で、N360は欠陥車騒動の犠牲になったといっていいだろう。

折角花が開きかけたホンダの四輪事業は、こうして誰も予想し得なかった結末を迎えてしまう。ホンダ内部では、ユーザーユニオンの動きが元ホンダディーラーで他社の販売業者に転換させられた人たちに扇動されたものであることはかなり早い段階から摑んでいたと思われる。しかし、どんな背景があるにせよアンチN360のマスコミ報道のインパクトは強烈で、結局、N360は市場から葬られてしまったのであった。

H1300の失敗が七〇年には明らかになった上に、このN360の顚末である。まさに踏んだり蹴ったりである。宗一郎は、無念であったろう。

ライフの開発

しかし、ホンダという組織としては、無念といっているわけにはいかなかった。N360の売上が急落を始めた以上、代替車種としての軽乗用車の開発が必要であった。それが、水冷エンジン搭載のライフの開発であった。

ライフの企画の萌芽は、六八年四月に始まった。まだH1300の結果は出ていないときだったし、N360も大いに売れている時期だった。そして、六八年秋にはF1も中止となり、川本がライフのエンジン設計担当になった。その頃すでに、公害対策を考えれば水冷エンジンでなければダメだというのが、研究所の技術陣の共通理解になっていた。また、六八年七月のフランスグランプリの死亡事故もあり、空冷エンジンはいやだと多くの技術者が思っていた。それでも、宗一郎は六九年春のH1300の発売に向けて、空冷エンジンの方針を変えていない。その中で川本たちはこっそりと水冷エンジンの開発をしていたのである。六九年の熱海会談のまだ前である。宗一郎は黙認していたのであろう。

ライフの水冷エンジン開発がおおっぴらに本格化するのは、六九年十月、熱海会談の後である。ライフの水冷エンジンは、宗一郎が熱海会談の後で「水冷をやっちゃならんと誰がいった」と消極的な方針転換をした後に最初にホンダが開発した水冷エンジンであった。それでもまだ、宗一郎の空冷へのこだわりはなくなっていなかった。

ライフを商品として市場投入するための量産開発が具体化していったのは、七〇年十月以降である。N360の凋落が明らかになってきた頃である。N360への社会の反応は、ホンダのスピード路線への警告とも受け取れる面があり、ライフはその反省を込めて最高速度を一〇〇キロ以下に落とした、「ホンダらしくないクルマ」といわれた。その上、エンジンは水冷である。宗一郎はライフの開発に大きな興味を示さなかったようである。

しかし、開発チームとしては、もし水回りでトラブルが起きるとオヤジに何をいわれるか分からないというので、とくに水回りには細心の注意を払った開発をした、という。たとえば、酷暑の中でも水冷エンジンで十分機能することを証明するための酷暑テストをタイにまで出かけ、八万キロもの走行テストを行った。この徹底テストのデータは、七一年から始まる小型乗用車シビックの開発に活きることになる。

酷暑テストばかりでなく、ライフの開発はのちにホンダの四輪事業の救世主となる小型乗用車シビックの開発のプロトタイプであった。ライフは三六〇cc、シビックは一二〇〇ccとエンジンの大きさはちがったが、車としてのコンセプトにはよく似た点が多かったのである。そして、宗一郎が開発プロセスに口をあまり出さなかったという点でも、ライフはシビック開発の先駆けであった。

ライフは七一年六月に発売された。ライフの完成に、宗一郎はそれほど反応しなかったという。ライフはそこそこ売れたが（七一年に八万台、七二年に十二万台）、N360の売上を完全に代替するわけにはいかなかった。H1300の後遺症も大きく、ホンダの危機は続いていたのである。

なぜ空冷にこれほどこだわるか

しかしそれにしても、なぜ宗一郎は空冷にこれほどこだわるのか。なぜ、「H1300を空冷で開発する」という方針にこだわり続け、会社をつぶしかねないところまで突き進むのか。そればかりか、H1300の失敗の後も、空冷を諦めないでいるのである。

宗一郎の空冷エンジンへのこだわりの大きさは、私がこの評伝を書いている中での最大の疑問であった。久米の二度の出社拒否だけでも、大変な事件である。F1での悲劇の後に方針変更をしようと思えば、できたはずである。それでも、宗一郎は空冷エンジンにこだわり続ける。さらに、H1300が市場で失敗してもなお、まだ空冷エンジン中心の開発方針で宗一郎は現場を指揮しようとする。

若手技術者たちの総意ともいうべき反対論があることを知った上で、まだこだわる。そして、熱海会談の後の藤澤の差し違え覚悟の諫言とも思える言葉で、やっと路線転換を認める。
だが、それもすっきりと基本方針の転換を指示したというようなものではなかった。熱海会談から三カ月後の六九年十一月の山下克吉の日記に、Ｈ１３００とその後の開発について、こうある。

「空冷アルミエンジンで軽量化を図ったはずが複雑な構造で水冷よりも重く高コスト。発売して半年経つも人気ほど売れない特殊な車になってしまった。あれほど苦労したエンジンだけに商業ベースに乗らないことにむなしさを感ず。なおも空冷に固執する親父は次もドライサンプ方式五九九エンジンの開発を指示。このエンジンもコスト増と軽量化対策に苦労することは目に見えているが、誰も親父に逆らう者なし。今は涙を流しながら理不尽なエンジン開発に全力投球するのみ」

（『挑戦』二二二頁）

七〇年夏から始まったライフの開発プロセスでは水冷への転換を許したものの、そのころ同時並行で「空冷はダメだということを証明するためのエンジン開発」と社内でいわれていた開発プロジェクトもあったりした。Ｚ３エンジンの開発である。空冷の終焉を宗一郎に確認させるためのプロジェクトといってもいいかも知れない。こうした異常なほどのこだわりは、理論尊重といい続けてきた宗一郎にはまったく似つかわしくない。

じつは、宗一郎は一貫して空冷エンジンばかりを作ってきたのではない。たしかにオートバイのエンジンは空冷だが、四輪進出の当初のＳ５００やＳ８００というスポーツタイプの小型車では、空冷エンジンを試みるものの うまくいかず、水冷エンジンにしたのである。そして F１やF２でも、六八年のF１空冷エンジンを除けば、すべて水冷エンジンでやってきたのである。とくに、F２での六六年の十一連勝という空前の大記録は、水冷で市販車に近い一〇〇〇ccエンジンで達成された記録である。六七年以降のＨ１３００の開発のときには、水冷エンジンの技術がホンダにはすでにあったのである。

藤澤は、Ｈ１３００の開発時にこのF２で大成功したエンジンをベースに小型車を開発していれば、モータリゼーションの波にホンダも見事に乗ることができて、トヨタに追い付けたかも知れない、とすらいっている。

「量産車種の水冷エンジンで、これだけの実績をあげながら、あたしは完璧な意思決定をしなかったことがくやまれるのである。ホンダ１３００の開発のとき、機種決定にあたって、空冷か水冷かの議論が少しもなされなかった。研究者の間で、水冷を開発したいという声があったのに、あたしはそういう声を吸い上げることをしなかった。そのことが残念なのである。……

そのとき、別の選択をしていれば、完璧に近い意思決定ができていたのではないか。そうすれば、日本の自動車産業が二度とない急角度の発展期に入りつつあったこの時期に、ホンダにはそれ以上の飛躍的な展開があったであろう」

（崎谷哲夫『ホンダ超発想経営』ダイヤモンド社、一九七九年、二〇五頁）

しかし、ホンダの社内に当時、F2のエンジンをベースに小型車をという声はあったにせよ、決して大きくはなかった。久米も川本も、この水冷エンジンをベースに小型乗用車を、とは考えもしなかったという。宗一郎がF1へ、そして空冷へ、と旗を振っていたからであろうか。

たしかに、六七年発売のN360は空冷エンジンで大成功した。たしかに、S800などで水回りのトラブルで悩まされた。たしかに、どうせ水冷も最後は空気で冷却するなら直接空気で冷やせばいい、という原理も説得的ではある。しかし、それだけの理由で宗一郎ともあろう人物が、誰も大きな成功はしていない空冷にここまでこだわるだろうか。F2の水冷エンジンがすでにあるのに、である。

むしろ「誰も成功していない」ということが、宗一郎のこだわりの大きな理由の一つではないか。それは、宗一郎のプライドといってもいいし、巨大な反骨精神といってもいい。これができれば、世界的な偉業である。誰も成功していないというが、「やってみもせんで、何がわかる」といい続けてきた自分なのだから、ぜひとも挑戦したい。

ひょっとすると、F1・F2へのいきなりの参入を成功させ、空冷のN360を大成功させた自分なら、できるかも知れない。そんな技術の過信が生まれていたのかも知れない。その上、すでに六十歳を超えた年齢ゆえの一種の老害もあったのかも知れない。

じつは宗一郎自身が、この時期の老害の表れについて、のちにこう語っている。

「振り返ってみると、私が空冷エンジンにこだわって若い技術者と大論争をしたのも、老害のなせるわざだったのかもしれない。私自身は、技術に関しては上も下もないと信じていたが、私がこだわれば、それが明らかなまちがいとわかっても技術者たちは〝困ったおやじだ〟という優しい心を働かせて、純粋技術論争のごとき体制を整えてくれたのかも知れない。

私はその論争をしているときは、オレには経験があるわい、と胸をはっていたが、経験とは過去ではないか。それに対し、若い技術陣には未来があり、夢がある。私は老害のジジイかもしれないが、この事実に気づいたから、大老害にならず、小老害ですんだと思っている」

（本田宗一郎『やりたいことをやれ』PHP研究所、二〇〇五年、七八頁）

ただし、巨大なプライドあるいはエゴは悪い作用をするだけではないことは指摘しておく必要がある。それがあるからこそ、人並みはずれた前進へのエネルギーが生まれる。逆境にも強くなる。それが、宗一郎の人生ではなかったか。だがときに、そのエゴがこだわりに転化してマイナスのエネルギーになってしまうこともあるのである。

秘かな心のささやき？

しかし、「誰も成功していないことへの挑戦」というやや抽象的なプライドと老害だけでは、これだけのこだわりの説明としてはまだ足りないように思える。そこには、「誰か特定の人物たちに対する、個人的ライバル心、敵愾心」とでもいうべきようなものが、秘かに（おそらく宗一郎にもなかば無意識のまま）宗一郎の心に巣くって、宗一郎を動かしてしまったように思える。誰にもいわない、誰にもいえない、心のささやきのようなものである。地中深いマグマのときどきの噴出、と表現してもいいかもしれない。

二つの特定人物集団が、思い浮かぶ。

一つは、トヨタである。豊田佐吉であり、豊田喜一郎である。佐吉のような世界的偉業を自分もやりたい。喜一郎の作った会社などに負けてたまるか。戦前の東海精機重工業のときにも、あつれきがあった。そして宗一郎がやっとN３６０で軽四輪での最初の成功したとき、喜一郎の作ったトヨタは小型乗用車カローラで大成功していた。カローラを凌駕する小型乗用車を作りたい。それには、たんによりよいクルマであるだけでは不十分で、まったく独創的なクルマでなければならない。それが、誰も成功していない空冷だ。宗一郎は、鈴鹿製作所の立地決定の際にもトヨタにこだわったように、さまざまな状況でトヨタへの対抗意識をのぞかせていた、と多くの関係者がいう。

第二の特定人物集団は、東京帝国大学工学部航空機科卒業で戦前は飛行機を作っていた、飛行機野郎たちである。彼らの多くが、戦後は自動車メーカーの開発の中枢に入った。ホンダには、この本にもたびたび登場して宗一郎と対立する、中村良夫がいた。そして、プリンス自動車には中川良一がいて、スカイラインGTでレースをやっていた。トヨタには長谷川龍三がいた。しかも長谷川は、H１３００のライバルであるカローラの開発の主査として有名な存在だった。そして、豊田喜一郎も東京帝国大学工学部卒である。

彼らは、小学校卒の学歴しかない自分とはちがって恵まれた人生を歩んできた。しかし自分はオートバイという空冷エンジンの世界で裸一貫から身を立てた。しかも、日本の飛行機は大半が空冷エンジンなのに、それを扱ってきた彼らが自動車は水冷エンジンでなければダメだという。それなら、自分は空冷でやり通してみせる。

巨大なプライドと特定の人間集団についての秘かな心のささやき。いずれも宗一郎がそれにとらわれていたという客観的証拠はない。はっきりした証言もない。そして、私はそれだけが宗一郎のこだわりの原因だというつもりもない。おそらく、大事故と同じで、彼のこだわりは多くの要因がからみあった複合事故であろう。

しかし、そうした心のささやきのようなものが背後にときどきあったと考えないと理解できないほどのこだわり、だとも私は思う。平等主義の宗一郎がなぜ若い人たちの意見をこれほど無視するのか。人間尊重のはずの宗一郎が、こんなに部下の苦労を軽視するのはなぜなのか。宗一郎の現場想像力の豊かさからすれば、容易に現場の苦労を理解できたはずである。

そうした心のささやきの積み重なりがあったからこそ、藤澤の「これからは社長として振る舞うべきではないか」という合理的な言葉が心に突き刺さり、そして案外ありがたかったのではないか。そしてまた、こんな苦悩の時期を過ごした後だからこそ、まるで憑き物でも落ちたかのように、この時期のすぐ後の静かな宗一郎と潔い引退の姿につながったのではないか。そしてさらに引退後は、じつに人間的磁力に溢れる宗一郎になっていくのである。

それは、いかにも人間くさい、しかし宗一郎の人間としての大きさを示す人生の展開である。ときに噴出するマグマにも似た心のささやきも大きければ、人間的磁力もまた巨大なのである。

なぜ多くの人がついていったか

しかし、こうした理不尽にも見える空冷へのこだわりをホンダの組織の多くの人々が感じていたにもかかわらず（山下の日記はその一例であろう）、結局は宗一郎に人々はついていった。

空冷での部下との衝突ばかりではない。宗一郎はその人生を通して、部下を怒鳴り、人にしばしば手を出し、ときに理不尽とも思える苛烈な要求を出していた。その宗一郎に、人々はついていった。それも、いやいやではなく、大半は最終的には心酔してついていった。やはり、巨大な人間的磁力にその鍵がありそうだ。

たとえば山下の日記には、親父に対する複雑な感情が、まるで交互に正直に出てくる。

「連日親父の出す改良バラ玉を試作品に組み込むと親父が飛び乗り所内のテストコースを一廻り。計測して判断するのでなくフィーリングで判定しては直ぐに次の改良玉を指示。全て待ったなしで対応しなければならないから、一息する間もなく常に走りまわっている日々。全ておやじの意のままで自分の意思が持てない仕事は精神的にもつらい」

（『挑戦』二九頁）

「親父にあおられ、深夜まで走りまわる、妥協を許さぬ親父から時に逃げ出したいと思う。でも仕事がうまく進んで良い結果が出た時は、肩をたたき友達みたいに接し褒められる。親父の術にはまると乗せられ、またついて行く情けなさ」

（『挑戦』二一三頁）

「土曜半ドンの午後、親父を筆頭にボウリング大会、仕事には厳しい親父も遊ぶ時はいの一番に先頭を切って遊ぶ。皆に親父、おやっさん、お父さんと呼ばれ、従業員や掃除のおじさん、おばさんも一緒になり遊ぶ、だから仕事も遊びも活気づきパワーを発揮する。この上下隔てのない人間性が本田宗一郎そのもの。親父なしのホンダなんて考えられない」

（『挑戦』二五八頁）

山下は現場の人だったが、やがて本社の役員になっていくような人々も、同じように複雑な思いをした上で、しかし親父が好きだった、という人たちが多い。設計担当として何度も宗一郎に叱られた宍戸俊雅もその一人で、宗一郎についてこう語る。

「結局、純粋なんですよ、親父は。人間的に憎めない。それに、やはり原理原則の部分ではいいこと、本当のことをいっていて、感心させられることが多かった」

川本は、Z360というN360の後継機種の開発テストの際の宗一郎の行動が印象に残っているという。荒川の河川敷で真冬にテストをしていたら、宗一郎が自分で乗りに来た。コースに出た宗一郎が、暗い中、時間が経っても帰って来ない。皆で宗一郎を探しに行くと、彼は自分でタイヤを探していた。ミスでタイヤの取り付けが悪く、タイヤが脱輪してしまったのである。一つ間違えば、川の中である。しかも、寒い吹きさらしの河原である。みんな真っ青になった。しかし戻ってきた宗一郎は、気を付けろ、と一言いっただけで帰ったという。ミスが原因だったことは分かっているが、それは責めないのである。怒るときと責めないときの仕分けがあって、それがみんなに分かる。これでまた、みんなが心酔する。

つまり、宗一郎はきわめて要求水準が高く仕事の鬼になる一方で、人間の感情への配慮も深かった。人を平等に扱った。年齢・経験に関係なく、信頼できると思えば、とことん人を信頼もした。尾形次雄は宗一郎のことを、「目配り、気配り、思いやりの人」という。川本流にいえば、「人間尊重の考えが行動と言葉の底に流れている」、そして「苛烈なときもあるが私心がなかった」。川本はこうした宗一郎の人間的本質を、「人間賛歌」という言葉で表現した。私も納得できるし、だからこそこの言葉を第一章で宗一郎の個性を表現する言葉の一つとして使わせもらったのである。

こうして、考え方の純粋さ、私心のなさ、原理原則の正しさ、人の心への深い配慮と信頼、憎めない人柄、他人へ放射する感情量の大きさ、人間臭さ、それらの根底にある人間賛歌、そしてときに苛烈さ、そうしたさまざまな側面の総体が宗一郎だった。だから、理不尽と思えるようなことをときに要求しても、結局、多くの人がついていったのであろう。だから、しかし、離れていった人もいたのである。

七〇年危機という転換点

こうして宗一郎の六〇年代の十年間が終わっていく。先述の山下の日記の最後の引用は、六九年十二月のものである。

六〇年代の十年は、宗一郎にとって中堅企業のオヤジから大企業の経営者へと駆け上がった十年間であった。

一九六〇年のホンダの売上は三五八億円、従業員数は三六〇〇名であった。東証の一部上場企業とはいえ、中堅企業が少し大きくなった程度であった。しかし十年後の一九七〇年には、売上三一三七億円、従業員数一万八二〇〇名の堂々たる大企業になっていた。その前年の一九六九年の売上が二三一八億円だから、N360の成功がいかに急成長をもたらしたか、よく分かる。いくら六〇年代の日本が高度成長期だったとはいえ、ホンダはまことに目覚ましい成長を遂げたのである。

六〇年代の十年間はまた、宗一郎の技術者としての花が一段と大きく開き、しかし最後には限界を迎える十年間でもあった。

六一年にマン島レースで完全優勝し、六四年のF1参戦と六五年のF1初優勝、そして六七年のN360の大成功、と六〇年代半ば過ぎまでは技術者としての宗一郎の絶頂期であった。しかし、翌年から舞台は暗転して、六八年の空冷F1の事故、六九年のH1300の失敗、空冷・水冷論争、N360の欠陥車騒動。それで宗一郎の六〇年代が終わるのである。

言葉には出さなかったかも知れないが、宗一郎は自分の技術の限界を感じていたと思われる。オートバイはまだ自分で理解できた。オートバイに四輪を付けたようなN360では成功した。しかし、N360ではオートバイにはなかったステアリングで問題を指摘された。それが欠陥車騒動の技術的主因だった。さらに、オートバイで培ったと思った空冷エンジンのノウハウも、小型乗用車でもF1でも通用しなかった。

そして一九七〇年、七〇年代に入るとすぐにホンダと宗一郎は大きな経営危機に直面した。N360の売上は七〇年の後半から急落し、H1300は大きな失敗で売上は伸びなかった。二輪車の部門がいまだ健全だからこそ、それでホンダがもっていた。当時は、CB750（通称ナナハン）という大型二輪車が大ヒットをしていたのである。もしナナハンがなければ、ホンダは深刻な倒産の危機すら迎えていたかも知れない。

それは、五四年危機の再来を思わせる。もちろん、五四年当時と違って、ホンダの財務基盤はしっかりしており、資金繰り倒産の危険は七〇年にはほとんどなかった。しかし、主力製品の売り上げの急落という点では同じであり、またこの危機を境に成長が一気に鈍化するという点でも同じである。

ちなみに従業員規模で見ると、成長の鈍化が二つの危機で類似していることがすぐ分かる。一九七〇年から七三年までの三年間、従業員数は一万八二〇〇名から一万九二〇〇名まで、わずか一〇〇〇名、率にして年率一・八％程度しか増えていない。ホンダの長い歴史の中で唯一これと同じような低成長は、五四年からの三年間しかない。五四年危機の後の三年間も、従業員数は二二六五名から二三九六名まで、一三一名しか増えていない。年率にして一・九％増の低さである。

現象面だけでなく、危機の原因という点でも七〇年危機は五四年の経営危機と相似形である。ともに、技術の暴走ともいうべき画期的技術路線を宗一郎は突っ走って、それが失敗する。それを象徴するのが、五四年危機のプラスチックをボディーに使った画期的なスクーター・ジュノオと七〇年危機の空冷小型乗用車・H1300である。両製品とも新技術をふんだんに使って、ホンダとしては新ジャンルに初挑戦した、気負いの入ったクルマであった。しかし、性能のバランスが悪くて市場に受けず、コスト高のクルマでもあった。

そして二つの危機はともに、その直前に絶好調の時期がある。それが驕りにも近いものを生み出したのであろう。五四年危機の場合は五二年からのF型カブの大成功であり、七〇年危機の場合は六七年からのN360の大成功である。

さらに両方の危機はともに、藤澤がその収拾の主役となっている点でも相似形である。五四年危機の場合は資金繰りと組織体制の確立が主な藤澤の対策であった。七〇年危機の場合は、空冷路線からの転換と宗一郎の引退の準備が藤澤の対策であったようだ。次章でくわしく見るように、七一年以降、宗一郎の引退の花道ができていくし、後継者づくりの最後のステップが行われていくのである。それを藤澤流に表現すると、「ホンダの組織としての完成」ということになる。

宗一郎の引退の花道とは、決して宗一郎への引退の説得とか、無理やりの業績づくりということではなかった。むしろ、宗一郎自身が引退しても構わないと思えるような二つの大きなプロジェクトの成功が、花道になってくれた。一九七〇年、その後のホンダの成長を駆動し象徴することになる二つの開発プロジェクトが本格的にスタートし、それがともに七二年には花を咲かせる。小型乗用車シビックと低公害エンジンＣＶＣＣの開発プロジェクトである。

この二つのプロジェクトでは、宗一郎はもはや以前のような先頭に立ってのリーダーではなく、後ろに一歩引く存在に変わっていく。彼が陣頭指揮をした最後のプロジェクトが、六七年に始まり六九年に終わったＨ１３００プロジェクトだったのである。

一九七〇年という年は、ホンダが企業としてぐらりと揺らいだ年でもあったが、宗一郎にとっても大きな転換点だったのである。

宗一郎の苦悩の晩秋は、最終段階に近づきつつあり、次の季節へ変わろうとしている。しかし、季節がハッキリと移るには、それなりの儀式が必要であった。それが、宗一郎の引退である。のちに「潔い引き際」として語り継がれることになる、藤澤と一緒の同時引退の時期が近づいていた。

第七章　引退への道——一九七一年から一九七三年

来るべきものがきた

一九七〇年から年が変わって間もない七一年の初め、ホンダの総務担当専務であった西田通弘は研究所社長室で宗一郎とそばをすすっていた。研究所社長からの退任をそれとなく宗一郎に促すための社長室訪問であった。気の重い西田は、雑談の頃合いをみて本題を切り出した。宗一郎は、西田の一言だけですべてを理解して、かえって喜んだようだった。西田がこう語る。

「『もう研究所員も、どんどん育っているので、そろそろバトンタッチを考えていただけないでしょうか』と、本田さんに恐る恐る水を向けると、即座に、しかも涙をハンカチで拭いながら『良く言ってくれた』と、おっしゃったのです」

（『50年史』一五二頁）

気の早い宗一郎は真剣な顔で「何なら今日にでも辞めてもいいぞ」といったという。前章で紹介したように、宗一郎は自分のことを小老害だったと後にいっている。このときすでに小老害に自ら気付いていたがゆえの、涙であったのだろうか。宗一郎も周囲も、来るべきものがきたという感覚であったろう。

すでに七〇年から、宗一郎の研究所社長からの退任の前兆はいくつか出ていた。七〇年二月には熱海会談のときの研究所長であった杉浦が本社へ転勤となり、本社から営業部長の鈴木正巳が研究所長となった。営業のエースが研究所長となってきたのである。藤澤の肝いりの人事と考えていいだろう。六九年発売のH１３００の大失敗を見て、研究所に市場志向を持たせる、あるいは宗一郎のあまりにも強い影響力から少し離すための人事ではないかと思われる。

そして七〇年十二月、研究所社長代行という役職が新設され、河島喜好がそのポストについた。河島は久米や川本という研究所の中心メンバーたちの兄貴分である。宗一郎の研究所社長退任への舞台回しは、着々と進んでいたのである。

こうして宗一郎は、一九七一年四月に本田技術研究所社長を退任する。後任は、もちろん河島であった。この退任によって、宗一郎自身もそして周囲も、ホンダ本社の社長からも宗一郎が退任する日がそれほど遠くないことを予感したであろう。すでに六九年に中村良夫が宗一郎と衝突した上で辞表を出したとき、河島たちに「宗一郎が社長を退くのもそう遠くはないから」と慰留されているのである。

しかし、いくら「来るべきものがきた」と頭では思えても、研究所は宗一郎の本拠であった。技術開発は、宗一郎の本分であった。そこのトップから退くということは、宗一郎にとってきわめて大きな出来事だったはずである。毎日の定例業務としての研究所通いの必要がなくなってしまったのである。

宗一郎には、我慢の日々だったらしい。自著『私の手が語る』に「やめた後の我慢」というエッセイがある。そこで、自分でこう書いている。

「やめたあとも、朝になると車に乗って何度か研究所へ行こうとしたことがあった。半ば無意識であるが、半ばは気になるものがある。途中、信号待ちをしていて、考えなおし引き返して家に帰る。かっての仕事場で、そろいの作業服を着て、若い連中の中に入って、ああでもないこうでもないと議論しあう。試作したものを動かしてみる。そういう私の身にしみついた雰囲気が、やはり好きだったのである。

しかし、いまおれがそんな顔をして研究所へ行ったら、もとの立場にかえってしまうではないか。後を任せられて頑張っている人たちの自立心をぶちこわすことになると私は思った」

（『私の手』六五頁）

それだけ我慢しても、やはり宗一郎はしばしば研究所へ行っていたという。根っからの仕事人間、現場好きなのである。しかしそれでも、我慢をしていたことが周囲にもよく分かったという。そして、以前とはかなりちがって時間と気持に余裕ができたのだろうか、この七一年の夏から、その後長く本田邸の恒例行事となる鮎パーティを宗一郎は始める。第二章の冒頭で書いた、知人たちを招いて天竜の雰囲気を楽しんでもらうパーティである。

そして、研究所社長退任から二年半後の七三年十月、宗一郎はホンダ本社の社長も退任する。藤澤も同時に副社長から退き、世に「潔い引き際」と大きな話題になった二人の創業者の経営の場からの退場であった。

この引退については後にくわしく述べるが、研究所社長退任から本社社長引退までの二年半の間に、引退の花道にふさわしい出来事がいくつか起こっていく。決して誰かが花道を意図的に作ったというのではなく、花道ができていったのである。その点でも、宗一郎は幸運な人であった。

シビックという救世主

花道の一つは、七二年七月に発売された一二〇〇ccの小型乗用車シビックの成功であった。

欠陥車騒動が七〇年夏に再燃し始めたのと同じ頃、研究所でＨ１３００の後継小型車の開発プロジェクトとして、シビックプロジェクトがスタートした。このプロジェクトの初代リーダーは久米であった。このクルマがうまく行かなければホンダの四輪乗用車は終わり、と誰もが暗黙のうちに思った追いつめられたプロジェクトであったという。

さまざまな意味で、シビックはＨ１３００をアンチテーゼにしたプロジェクトだった。もちろんエンジンは水冷だったし、プロジェクト運営方式についても久米はまったく新しい試みをしていた。彼が共創方式と名付けた、「凡人が束になって天才を凌ぐ仕事をする」ためのスタイルである。

具体的には、さまざまな分野の専門家を集めて開発目的のそもそも論から議論する、そこから各自の仕事の分担をこれも議論で決め、何か障害が現れたら関係者がみんな集まってとことん議論する、などワイワイガヤガヤの全員議論を重んじるやり方である。ホンダではのちにこれをワイガヤ方式と呼ぶようになる。管理方式としても、システマティックに開発すべき具体的対象と日程を考え、定期的に評価をきちんとして進むべきかどうかを決めるようにした。

作るべきクルマのコンセプトも、二つのチームに分けて議論をさせ、それを持ち寄ってどちらがいいかを決める、という方式をとった。のちに河島が併行異質自由競争主義、と唱えることになる方式の先駆けである。結果として、二つのチームのコンセプトは似ていた。それをうまく統合してでき上がったシビックのコンセプトは、「世界のベーシックカーとして、軽量、コンパクトでキビキビ走れるもの」。

しかし、ベーシックカーとは普通のクルマ、ということになる。技術的に独創性があって尖ったクルマを作りたがった宗一郎の作りそうなコンセプトとは、そこがちがうのかも知れない。久米が半年ほどでプロジェクトの基礎を作った後で二代目リーダーを引き継いだ木澤博司《きざわひろし》は、こういう。

「（H1300を経験して）バランスが悪いものをつくるということに、みんな嫌気が差していたんですよ。バランスの良い、普通のクルマをつくりたかったのです」

（『50年史』一〇七頁）

しかし、バランスを重んじ過ぎれば、個性のないつまらないクルマになってしまう。そこで、コンパクトでキビキビ走れる、というコンセプトが大切になり、また車の個性を主張できるデザインも大切になる。

コンパクトかつキビキビを実現するための大きな鍵は、エンジンにあった。小型軽量高性能エンジンである。しかも高性能とは、宗一郎がこれまで追及してきたような高回転高出力ということでなく、低速でもキビキビ走れる力が出せるという性能である。

それは、「ブン回るエンジンなどいらない」という発想転換であった。久米自身は、過去の経験から暗黙のうちにブン回るエンジンがいいと思い込んでいた。そうでもないと久米が気付いたのは、ワイガヤ方式の流れの飲み会の席でのメンバー（木澤と思われる）の発言からだった。酒が入って、「高速でブン廻るエンジンなんかいらない」とくだを巻いているメンバーがいたのである。

つまり、この発想転換は、共創方式の成果だったのである。しかも、新しいエンジンの設計には、久米がF1などのレースで培った経験が活きた。排気量を常識的なエンジンより二〇％ほど少なくして限界設計をした後でそこから排気量を五〇％大きくしていく、という限界設計のコツともいうべき手法をとって、小型軽量高性能を実現したのである。

オートバイのエンジンと同じようにアルミダイキャストで作られたシビックのエンジンは結局、排気量や出力は犠牲にせずに、カローラのエンジンよりはるかに小型軽量になった。それはじつはグランプリで蓄積した技術のおかげだと、久米と同じくＦ１やＦ２の経験のある川本はこういう。

「グランプリの成果で、一番でかいのは、コンパクトで軽くて、性能の高いエンジンを乗用車に普及させたことです。……世界中のエンジンがみんな1サイズも2サイズも小さくなって、軽くて性能が良くなった」

（『３６０ストーリー』一四〇頁）

シビック　カーオブザイヤー受賞

他方、車の個性を主張できるようなデザインでは、長く宗一郎の下でさまざまなオートバイやＮ３６０のデザインを担当してきた岩倉信弥《いわくらしんや》が苦労していた。

シビックでは室内スペースを大きく取り、全体は低くすることが求められたために、車自体はずんぐりむっくりになってしまうのである。そこで思い切って、前方からも後方からも、そして横から見ても、台形のデザインでまとめることにした。そのために、トランクを思い切って出っ張らせずに、後ろはストンと斜めに切れているようなデザインにした。後部の荷物スペースの開閉は窓ごとドアのように上に開く方式にした。日本で初のハッチバックスタイルである。この個性的な台形デザインが、若者たちに受けた。

こうしてユニークな小型乗用車シビックが誕生した。市場での評価は上々だった。七二年七月に発売されると、七三年は八万台、七四年が十二万台と大きなヒットになっていくのである。しかも、モーターファン誌主催の日本カーオブザイヤーの受賞を、七二年から三年連続で受けるという栄誉も得た。

アメリカでの評価も高かった。シビックの燃費が抜群によかったことが幸いした。七三年十一月のオイルショックの後はとくに、燃費がアメリカでは大問題になっていたのである。シビックはFFで後輪に動力を伝えないから、そのためにFR車には必要なプロペラシャフトがいらない。それだけでも、車体総重量は大きく下がる。さらに、シビックは車体重量を抑えるために、久米が部品一つひとつの重さを量ってチェックしたという逸話が残っているくらいである。だから、燃費がよく、コンセプトのよさやスタイルのユニークさとあいまって、世界的なヒット車になったのである。

シビックのおかげで、ホンダの四輪事業は日本のモータリゼーションの波の最後の部分に乗ることができた。そして、オイルショック後の世界的な低燃費時代の風をまっさきに受けることに成功した。それは、宗一郎の時代とはかなり開発方式もエンジンのコンセプトもちがう考え方での成功であった。

通過儀礼としての宗一郎の影

そうした新しい考え方での開発を若い人たちのチームが成功させるのを、宗一郎は一歩引いて見ていた。シビックの二代目プロジェクトリーダーだった木澤は、シビックの開発プロセスについてのインタビューで、さまざまな決定では宗一郎を通さなければならなかったかと問われてこう答えている。

「通さなければいけないんですが、図面を描いている間は何もおっしゃらなかったですね。ちょうど１３００のあとだったんで、宗一郎さんは、オレ、しばらく口を出さないよといった感じがありました。……とはいえ、お父さんのことですから、気になればやはりなんのかんの出てきます」

（『50 Years』三六七頁）

しかし、これまでは開発の細部にいたるまで口を出していた宗一郎が、研究所社長を退任する七一年四月まではまだ毎日のように研究所にいたのである。宗一郎としては一歩引いたつもりでも、開発チームの面々の感じ方としては微妙に宗一郎の影を感じてしまうのが、当然であろう。それは、宗一郎の時代が過ぎていくための通過儀礼というべきかも知れない。

『ホンダ50年史』に、部門史というＣＤ版があり、その中の商品開発編にシビックプロジェクトの現場の気持が記録されている。その部分のタイトルは「オヤジに隠れてアングラ開発」。それが、シビックプロジェクト開始直後の現場の正直な感覚だったのだろう。そこにこう書かれている。

「研究所の内にいては、いずれ本田宗一郎の目にとまる。オヤジは好きだが、開発中は会いたくない。それぞれがどこか後めたさを感じつつ、よく成増の桐壺旅館に集った。それもそのはず、エンジンは回らず馬力も出ない。おまけに水冷ときている。デザインは流麗さからおよそ程遠いゲンコツスタイル。サスペンションは、オヤジの好きな生産性のよいリジッドサスに対して、リアもストラットの四輪独懸。チームメンバーが自分たちもほしいクルマを追求すると、これまでのホンダの流れに反する部分がいっぱい出てきてしまう。見つかって怒鳴られるのはよいとしても、H１３００の二の舞いになるのが怖かったのである」

（『ホンダ50年史　部門史CD』商品開発編）

実際には、宗一郎はほとんど口出しをしなかった、と関係者たちは口を揃える。しかし、少なくともシビックプロジェクトの初期段階では、多くのプロジェクトメンバーたちの受け止め方はまだ、「オヤジに隠れてアングラ開発」だったのである。

宗一郎の微妙な影は、実際に口出しをしなくても、メンバーの行動に影響を与えていた部分もあったようだ。シビックのデザインを担当した岩倉は、実際にデザインをしている間も、宗一郎がなんというだろうかとつねに気になっていたという。宗一郎はほとんど口出ししないのに、いつの間にか岩倉の方が宗一郎の気持に添うようなデザインを考えようとしていたことがあった、というのである。実際には、台形デザインを宗一郎は気に入ってくれた。

結局、サスペンション問題が唯一、宗一郎の考えと異なったために最後までもめた部分であった。しかしここでも結局は担当者である坂田の意見が通って、独立懸架方式が採用となる。それが決まったときの情景を、『50年史』はこう書いている。

「本田を前に坂田は、恐る恐る、しかし無我夢中でストラット式独立懸架の良さと、世界に通用するクルマとして、このサスペンションの必要性を説いた。ところが、説明を聞いても、本田は相変わらず渋い顔をしている。

『おれには独立懸架の良さは分からねえなあ』と言うだけだ。しかし、隣にいた河島に意見を求めると、『この男が、これだけ言うんですから、どうでしょう、やらせてみては』と、うれしい助け舟。これには本田も、『そうか、ならやれよ』と、たった一言、言っただけだった」

（『50年史』一〇八頁）

この一言は、宗一郎が開発の実権を真に現場に渡した象徴といえるかも知れない。研究所の開発プロセスは、宗一郎の微妙な影をはねのけたのである。

アングラ開発の気分、宗一郎の気持を推し量っての開発、最後に出てくる抵抗を乗り切る覚悟。いずれも、それまでの宗一郎の直接関与と影響力の大きさを考えれば、現場が実際に宗一郎離れできるようになるための自然な通過儀礼といえるだろう。いつかは現場の人々自身が宗一郎の影から抜け出なければ、組織としてのホンダの大きな発展はあり得ない。シビックの開発プロジェクトは、新しいホンダが生まれるための胎動として、大きな意味を持ったと思われる。

しかし、たしかに開発のプロセスは変わったが、シビックには宗一郎が作ったホンダDNAが活きている面も多くあった。一つの製品開発の大成功が企業全体を新しい成長の段階へと導く、そうした製品開発を狙う、というパターンはこれまでと同じだった。人まねをしない、徹底的に顧客のニーズにこだわるDNAも同じである。そして、鍵になるエンジン技術ではF1などの限界への挑戦の成果が活きている。

シビックの成功は、二重三重の意味で、ホンダの救世主であった。H1300の失敗を取り返した市場面での救世主、宗一郎の微妙な影を振り払った組織面での救世主、そしてホンダDNAの再確認という風土面の救世主。シビックは一九七二年のカーオブザイヤーの表彰を受けることになるが、それを一番喜んでいたのは、宗一郎だったのではなかろうか。

シビックがカーオブザイヤーを受賞した七二年末、彼はすでに六十六歳になっていた。宗一郎はもう本社社長の退任のタイミングを頭のどこかで考えていただろう。若い力が育った。彼らは自分にはとてもできないことをやってくれるようになった。

そして、宗一郎がさらにそう思ったのは、シビックの開発成功に続いてすぐに起きた、低公害エンジンCVCCの開発成功ではなかったか。

世界を驚かせたCVCCエンジン

シビック発売三カ月後に、宗一郎の引退へのもう一つの花道ができた。

一九七二年十月、ホンダはマスキー法というアメリカの自動車排気ガス規制の法律をクリアできる低公害エンジンの開発に、世界ではじめて成功したと発表したのである。

七五年から実施される予定のその規制は、自動車の排気ガスの中に含まれる一酸化炭素、炭化水素、窒素酸化物、という三つの有害成分のレベルを、七一年の実際の数値の十分の一に七五年あるいは七六年までに下げようという、きわめて意欲的なものであった。七〇年十二月にこの法律はアメリカ議会で成立するのだが、その後も実現不可能とアメリカのビッグスリーがアメリカ議会で訴えていた。そして、すべての自動車メーカーがこの規制をクリアできずに規制実施の延期を申請するなら、実施を延期するということになっていた。

CVCC エンジンの記者発表

そんな状況の中で、日本の最後発自動車メーカーのホンダだけが、規制をクリアするエンジンの開発に成功したのである。そして、規制実施の延長を申請しない、と発表した。世界中の自動車メーカーは驚くと同時に、窮地に追い込まれた。

CVCCエンジン（Compound Vortex Controlled Combustion の略。複合渦流調整燃焼方式エンジン）と呼ばれたそのエンジンの発表の席には、二十一人の研究員が並び、宗一郎も久米も川本もその中にいた。司会の河島喜好は、三人の中心人物の名を上げた。伊達《だて》撛《たすく》、久米是志、八木《やぎ》静夫《しずお》、であった。

そして、「排出ガス対策は発生源であるエンジン本体で対応すべきで、触媒やリアクターなどの後処理によるべきでない」という基本理念を掲げた人として、社長の宗一郎も二十一名の研究員の中に含まれている、と述べた。宗一郎が、大勢の中の一人として扱われている。時代はそこまで来ていたのである。

ＣＶＣＣエンジンは、トーチ点火方式という希薄燃焼エンジンである。主燃焼室の上に小さな副燃焼室を置き、そこで点火した炎をトーチのようにして主燃焼室のガソリンの希薄な混合気を燃やす、というエンジンである。伊達は、トーチ点火方式のアイデアを最初に出した人間である。八木は有害成分の計測と分析の主任者、久米は全体のプロジェクトリーダーであった。川本はエンジン設計のリーダーとしてこのプロジェクトに加わっていた。

ホンダが公害対策エンジンの研究のためのＡＰ研（Air Pollution 研究室）を作ったのは、一九六六年のことだった。伊達がその中心になっていた。業界でも早い着手であった。六九年には、希薄燃焼で有害成分の発生が少なくなることが分かり、その研究のためのチームができた。

しかしその頃は、排気ガス対策としては触媒方式（後処理方式）が他社を含めて主流であった。しかし、ホンダの独自性ということで、エンジン内ですべてを処理する「触媒などの後処理でない方式」の開発チームにも、六名という少人数だが人を割いた。宗一郎が主張した理念であった。このグループは「一・八グループ」と呼ばれていた。運を天に任せての一か八かのコンセプトと当時思われていたからである。研究所でエンジン開発全体を統括していた久米が、一・八グループという名前の名付け親である。

この当初は本命ではなかったチームの成果が、のちにトーチ点火方式の希薄燃焼方式につながって、

CVCCの成功をもたらす。それは、たしかに宗一郎が「エンジン内ですべてを処理する」というコンセプトを出したからこその、成功であった。しかし、コンセプトはそうであったろうが、排気ガスについての具体的技術貢献をしようにも、宗一郎にそのための技術的基礎はなかった。低公害エンジンプロジェクトは宗一郎にとって、自分の技術的限界を感じるプロジェクトではなかったか、と多くのプロジェクト関係者がいっている。

七〇年の半ば頃、一・八グループが窒素酸化物が突然十分の一に減るという実験結果に出くわした。みんな、間違いあるいは計器の誤作動だと思ったという。そこへ、しばしば実験室に来ていた宗一郎が姿を見せた。宗一郎も計器をじっと見つめた。そしてしばらくすると振り向き、「みんなで銀座へ行って飲めるだけ飲んでこい」と叫んだという。宗一郎らしいエピソードである。

その後、エンジン内ですべて処理するためのトーチ点火方式の研究態勢が増強され、残りの有害成分についても実験室段階ではマスキー法をクリアできる可能性が見え始めてきた。しかし、量産可能なエンジンを実際に作って走らせてみなければ、マスキー法を本格的にクリアーできたことにはならない。そこまでは、まだ距離はかなり遠い。

しかしその段階で、七一年二月、宗一郎は「CVCCという方式でマスキー法クリアのメドがついた。三年以内にはそのエンジンを上市するつもりである」と記者会見をしてしまった。いわば、開発成功見込みの記者会見である。プロジェクト全体のリーダーであった久米は、苦々しい思いがしたと率直に書いている。

「『また、性こりもなく〝嵐の航海〟の二の舞いをさせるつもりか』というような感情が先に立ったし、研究当事者の中にもことの成否を疑問視する意見がくすぶっていたように記憶しています」

（久米是志『「ひらめき」の設計図』小学館、二〇〇六年、九二頁、以下『ひらめき』と記す）

嵐の航海とは、H１３００プロジェクトのことである。しかし、宗一郎にしてみれば、「現場が完成しましたというまで待っていたら、会社がつぶれる」という思いであっただろう。たしかに、七一年二月時点のホンダは、N３６０の売上激減とH１３００の不振があり、ライフの発売前であった。その危機的状況の中で従業員たちに先の夢を持たせるために、経営者として大きなアドバルーンを揚げたかった。五四年危機の中のマン島挑戦と同じ、宗一郎流である。

しかし、現場を預かる久米たちは、トーチ点火方式を中心に突っ走るしか道はなかった。しかも、一〇〇名を超える大部隊の最終段階の開発をスムースに進行させなければ、宗一郎が設定してしまった七二年九月というデッドラインに量産エンジンの試作が間に合わない。そこで、久米たちが考えた組織だった開発システムが見事に活きることになる。おそらく他社よりもはるかにシステマティックに、希薄燃焼エンジンを作るための綿密な開発計画を作っていたのである。

そして、幾多の紆余曲折と研究所を挙げての二十四時間体制での努力の結果、結局CVCCエンジンは宗一郎の設定した期限通り、完成するのである。その成功は、世界を驚かせるに十分なものだった。

トヨタ、天啓、しかし燃焼

それは、ホンダのエンジン技術が、四輪量産車の分野でも世界的に認められたということでもあった。その証拠に、七二年十月の発表のすぐ後で、ホンダはフォードやトヨタに対してこの技術を供与する契約を結んだ。とくに宗一郎にとって意味が大きかったと思われるのは、トヨタからの技術供与の申し入れであろう。宗一郎はとうとう、トヨタの先を行ったのである。

トヨタの動きは早かった。この七二年十月の記者会見のその会場に、当時のトヨタの社長であった豊田英二《とよたえいじ》は宗一郎に直接電話をかけてきた。もちろん、トヨタへの技術供与を申し入れる電話である。電話を受ける宗一郎の顔が紅潮していたことを、その場に居合わせた川本は覚えている。その紅潮の背後には、なにがしかの秘かな心のささやきの過去もあったのではないか。そのトヨタが、宗一郎に頭を下げてきたのである。

しかし、この成功の影には、プロジェクトの最終段階で全体の指揮をとっていた久米が「天啓」と呼ぶような一種の偶然もあった。天に助けられた成功、という思いが久米たちにはどこかあるのである。

宗一郎が設定した七二年九月の公開実験という締め切りまで数カ月という最後の最後の段階で、どうしても炭化水素の規制値をクリアできないという状況が続いていた。そんなとき、まだ継続させていた触媒方式グループの研究の一環として、トーチ点火方式のエンジンに触媒装置を付けた実験をしていた研究者がいた。その実験のデータ収集のために、彼はエンジンと触媒装置を連結する排気管にあり合わせの管を使った。その管は高熱ですぐに真っ赤になったが、データは炭化水素の激減を示していた。高熱の排気管の中で未燃炭化水素が燃えたのである。久米はこう書いている。

「間もなく排気管は熱のために破損してしまいましたが、それは我々にとっては思いもかけぬ『天啓』とでも言うべき現象でした」（『ひらめき』一〇五頁）

この偶然の現象の意味するところは、排気管を工夫して内部が高熱になるようにしてやればトーチ点火方式で炭化水素を激減させられる、ということであった。つまり、排気管をも燃焼装置の一部として使うようなアイデアである。即刻、そのような排気管のためのチームが作られ、結果としてすべてのマスキー法規制値をクリアできるエンジンが作れたのである。

つまるところ、すべては燃焼であった。そして燃焼は、ホンダがレースでさんざんに突き詰めてきた現象であった。川本はこういう。

「混合気をいかによく燃やすかとか、燃費をかせぐためにいかにして薄い混合気を燃やすかとか、そういう基本的なことを、市販車のエンジンからは考えられないようなレベルでいやというほど勉強させられた。その技術は……クリーンエア・エンジンの技術と結果的には共通してるんですね。それにわれわれは、何かするときには失敗しようがどうしようがとにかく徹底的に集中してやらなければ駄目だということを、レースで学んでいました」

（『地上の夢』二八七頁）

曲がりくねった因果関係だが、F1にいきなり飛び込んだときに宗一郎が狙った極限状況での技術の修得ということが、CVCCエンジンの開発の肝の部分で活きたのである。だから、ホンダだけが希薄燃焼方式の低公害エンジンを完成できたのであろう。そして、CVCCエンジンの最終設計図面を描いたのは、F1エンジンの経験豊富な川本であった。

世界的に見ても、CVCCの意義は大きかった。とくにマスキー法の本場であるアメリカでは、世界で唯一のマスキー法をパスしたエンジンという評判のインパクトは大きかった。CVCC一五〇〇ccのエンジンを積んだシビックCVCCが七三年に発売されると、アメリカでも大ヒットとなるのである。

ただし、七五年からマスキー法実施という予定は、結局延期された。大半の自動車メーカーが規制をクリアできなかったからである。そして、その後しばらくすると触媒技術が進んで、触媒方式が低公害エンジンの主流になる。ホンダ自身もそちらに移行してしまう。CVCC技術の寿命はそれほど長くなかったのである。

それにもかかわらず、二〇〇〇年に米国自動車技術者協会の機関誌が選んだ二十世紀最優秀技術車に、七〇年代の代表としてホンダシビックCVCCが選ばれている。また、のちに宗一郎がアメリカの「自動車の殿堂」入りする最初の東洋人になるが、そのときもCVCCエンジンの開発がその理由の一つに上げられている。

不可能とみんなが思った低公害エンジンの開発にホンダだけが成功したことのインパクトは、きわめて大きかった。

背負うた子に浅瀬を教えられ

宗一郎は、この低公害エンジン開発競争を、GMやトヨタと同じスタートラインに立って同等に競争できる絶好のチャンス、といっていた。彼にとっては、F1から撤退した後の、「もう一つのレース」だったのであろう。

絶好のチャンス発言は、プロジェクトの現場で努力している人たちへの激励のつもりだったかも知れない。七一年正月の研究所の新年式典でも、同年六月の研究所創立記念式典でも、宗一郎は同じような演説をぶった。しかし、それを聞いた低公害エンジンプロジェクトの若い技術者たちはかえって反発した。彼らは、昼夜兼行の三交代で睡眠時間も削って努力している頃だった。久米がこの宗一郎の発言について、こう書いている。

「トップの激励ともとれる発言が、苦闘を続けるメンバーに何とも受け入れがたい反感を呼び起こしました。『そんなことのためなら、もうとっくに家に帰って寝てますよ。これは空気をきれいにしようという世のため人のための仕事じゃないですか?』」

（『ひらめき』一〇三頁）

その反感は、七一年七月の研究所の構想会というミーティングでの研究所社長の河島に対しての若い人たちの発言として表面化した。彼らを代表して宍戸俊雅が河島に、「社長にいって、こんな発言はやめてもらってください」といったのである。

河島はその後しばらくして、エレベーターの中で宗一郎にこの若い人たちの抗議の話をした。宗一郎ははっと気が付き、顔色が変わった、という。宗一郎は素直に反省したのであろう。「社会のため」といい続けてきた自分が、その原理原則から外れた発言をしていたのである。そして、絶好のチャンス発言を二度としなくなった。その影響は微妙にしかし確かにあった、と久米は書いている。

「チーム内での『さあ殺せ』ムードは、これを契機に『世のため、人のため』といったムードに微妙に変化していきました」（同上）

若い力が育っている。若い人たちが立派な考え方をしている。宗一郎はのちにホンダ本社の社長退陣の挨拶の中で、「社会的責任としてこのエンジンを開発していると主張する若い人たちに教えられた」と書いているし、また七三年に上智大学から名誉博士号を授与された際の記念講演でも、この出来事にわざわざ触れて次のようにいっている。

「その時、私は企業の立場ということを強く出したのでございますが、うちの若い人たちに反撃を食ったのでございます。と申し上げるのは、『私は企業の為にはやりません、企業のためではなくて、社会的責任においてこの開発はやるんだ』、ということを言われた時に、私も年を食ったな。なるほど私がいった事を、もう自分がいった事を忘れた。若い人に、背負うた子に浅瀬を教えられるという諺がございますが、ほんとにその時は冷や汗を流したような思いをしたのでございます」

（上智大学名誉工学博士号授与式記念講演、一九七三年、ホンダ社内資料）

七二年七月に初代シビック発売、そして成功。七二年十月にはＣＶＣＣエンジン開発成功を発表。しかも、両方のプロジェクトとも、宗一郎の陣頭指揮ではもはやなく、かえって宗一郎が一歩引いて久米たちのシステマティックな開発プロセスに任せたからこそ成果が出ている。その結果、会社としても、四輪へそして世界へ、大きなステップを踏み出せた。その上、トヨタも頭を下げてきた。

宗一郎の引退の花道は整ったのである。

その花道を作った二つのプロジェクトはともに、ホンダという企業にさまざまに大きなインパクトをもたらした大プロジェクトである。一つだけでも、それが成功するには大変な開発努力の集中が必要であろう。それが二つも、七〇年から七二年という短い期間にほとんど併行するように進んでいる。そして、ともに成果をあげた。異常なほど巨大な開発努力の集中といっていい。

それが可能な人材蓄積ができていたことも事実だろうが、その異常ともいえる集中を可能にしたのは、それへの圧力装置があったからこそだと思われる。Ｈ１３００の失敗とＮ３６０の欠陥車騒動が、その圧力装置になっていた可能性がある。さらに、じつは宗一郎の引退が近づいていたという事実、あるいは人々のそうした想定そのものも、その圧力装置ではなかったか。藤澤はその圧力を高めるために、二人が表舞台から去る時期が近いことをことさらに意識的に演出していた節がある。

中国の三国志の時代に、「死せる孔明生ける仲達を走らす」という故事がある。蜀の諸葛孔明がすでに死んでいるのにその影におびえて魏の司馬仲達が戦場から走った、という故事である。それとのアナロジーでいえば、宗一郎の引退が近いという想定そのものが、引退の前にホンダの技術開発を新しい路線に乗せなければという圧力装置として機能したのではないか。つまり、「引退する宗一郎残る研究所を走らす」ということで、宗一郎の引退という影がじつはホンダの技術研究所を走らせ、二つの大プロジェクトを同時成功させる圧力装置として機能したのであろう。

七二年十一月に、宗一郎は六十六歳の誕生日を迎えた。私は前章の「晩秋の苦悩」を、六七年十一月のF1空冷・水冷ダブル設計から書き起こしたが、それから五年の月日が経ち、七二年十一月にはその苦悩の時期は終わりつつあるようだった。

少しずつ、引退のときが近づいている。

潔い引き際

一九七三年八月九日、宗一郎は羽田空港での記者会見で、ホンダの社長退任を公表した。宗一郎の中国旅行のさ中に宗一郎と藤澤の引退報道が流れ、それを受けて羽田に帰ってきた宗一郎が記者会見を開いたのである。「外遊中にバレてしまった」と宗一郎は淡々と語った。

たしかにホンダ社内の上層部の間では、創立二十五周年のタイミングで宗一郎と藤澤が同時に引退することは、すでに既定路線であったようだ。羽田での記者会見のすぐ後の社内報特集号の中で、宗一郎自身が「退陣のごあいさつ」を書いている。そこで、宗一郎はこういう。

「創立二十五周年を機に、次の世代にバトンタッチして、副社長と第一線を退こうと話合ったのは、かなり前のことだった。四専務に私たち二人の意向を伝えたのも、確か四月頃のことで、四専務も了承してくれて、あとのやり方を具体的に検討している段階にある。……この一年以上は、この会社が実質的には四専務を中心とする運営がされていたことから、この交代は時期の問題だけだと察せられていたと思う」

（『ホンダ社報』特集号、一九七三年八月）

引退の話を具体的に切り出したのは、藤澤だった。この年の春、藤澤は西田を通して、自分は創立二十五周年を機に副社長を最後に引退したい、と告げたのである。宗一郎も、「二人一緒だよ、自分も辞める」とすぐに西田に答えたという。あうんの呼吸というべきであろう。

創業者が第一線から退くという決断のタイミングは、むつかしい。だから多くの創業者が遅すぎる退陣となって、老害となる。それを宗一郎は避けることができた。宗一郎は次のようにいっている。

「いつかは辞めなきゃならんという覚悟は俺もしていたよ。しかし、さて、というと毎日毎日が同じでしょ。太陽はいつでも東から出て西に沈むんだから、キッカケがないし、キリがない。それでみんな（辞める）タイミングが遅れる、失っちゃう。

そういう点では、ウチの副社長はよく見ててくれたと思いますね。……俺は最善のときに辞めたな。その意味でも俺は幸せだよ。やっぱり副社長が偉かったんだなあ。あのタイミングで切り出してくれたんだから」

（佐瀬稔稿「夢見て、燃えて、グランプリ」『人の心』第五章、一二二頁）

こうした引退話の影で、一九七三年三月、宗一郎の次男の勝久が二十四歳の若さで病死している。宗一郎は見た目にもガッカリした様子だったというが、葬儀などは公表されなかった。子供を会社には入れないとつねにいっていた宗一郎だから、後継者を失ったことではまったくなかったが、親としての悲しみは深かったであろう。ただし、それが宗一郎の引退の決断と関係あるのかどうか、分からない。

一九七三年十月、宗一郎と藤澤はともに取締役最高顧問に退いた。二人の創業者揃っての退陣で、年齢も六十六歳と六十二歳。「まだ若い」と一般的には思える年齢である。しかも、すっぱりと退いて経営には関与しないと宣言した。相談役という肩書きを避けたのは、おそらくこの肩書きで院政を布く経営者が案外多く、それとはちがうことを明らかにしたかったからであろう。その上、後任の社長となる河島喜好はまだ四十五歳であった。若さのホンダ、潔い引き際という鮮烈な印象を残した引退劇であった。

先に引用した「退陣のごあいさつ」の中で、宗一郎は社員にこう感謝している。

「若いつもりでも、副社長も私も六十才を超えている。もはや私たち二人が先頭に立ってみんなをリードする時期は過ぎたと思うし、また口を出す必要もない。……今までの四専務を中心とする企業運営の実績から、バイタリティあふれ、フレキシブルに対応し、フレッシュさを失わないで行ける見究めもついた、安心してバトンタッチできる。

皆さんの努力で、よい交代時期を作ってくれたことを心から感謝している。

思えば、随分苦労も失敗もあった。勝手なことを言ってみんなを困らせたことも多かったと思う。しかし、大事なのは、新しい大きな仕事の成功のカゲには研究と努力の過程に九十九％の失敗が積み重ねられていることだ。これがわかってくれたからこそ、みんな、がんばりあってここまできてくれたのだと思う。

ホンダとともに生きてきた二十五年は、私にとって最も充実し、生きがいを肌で感じた毎日だった。みんなよくやってくれた。

ありがとう。

ほんとうにありがとう」

（『ホンダ社報』特集号、一九七三年八月）

宗一郎の本当の気持であろう。若い連中を怒鳴り、ときには手を出し、しかし深夜までともに悩み、そうしてきた宗一郎の心が素直に出ている退陣の挨拶である。ありがとうを二度重ねているところなど、ごく自然の発露であろう。おそらく、これを読んだ宗一郎と近しかった社員の大半が、素直に宗一郎の気持を受け止めたであろう。

この挨拶にある「よい交代時期を作ってくれた」というのは、前年のシビックのカーオブザイヤー受賞であり、CVCCエンジンの開発成功であり、そして社内の運営体制の整備であろう。引退の花道ができていたのである。そこに、藤澤がタイミングを見計らってくれた。

一つ間違えば、H1300の失敗で会社が傾いていたかも知れなかった。そこから盛り返し、こうした潔い引き際を迎えることができた。そして河島のもとでホンダは新しい路線の上での急成長を再開し、早くも一九七八年には戦後生まれの企業として日本ではじめて売上一兆円を超し、宗一郎の引き際の潔さはのちに一段と輝くようになる。宗一郎の人生には、どこか幸運の星がめぐってくるようである。

引退直後，二人への感謝の会での宗一郎と藤澤

しかし同時に指摘すべきは、引退の花道ができたのも、その後のホンダの新しい路線での成長再開が可能だったのも、宗一郎と藤澤が育てた人材の蓄積があったからこそ、という事実である。シビックで世界のベーシックカーを作れるだけの技術陣が育っていた。CVCCエンジンで世界を驚かす開発ができるだけのエンジンについての深い知識

と人材の蓄積が、F1以来できていた。

そして、二人の引退そのものが、新しい路線の形成という前向きの花道ができ上がるための圧力装置として機能していたようだ。それは、引退が前向きの圧力装置として働くような熱い思いが、ホンダの組織の中で共有されていたことを意味するのではないか。

潔い引き際は、手練手管やたんなる運だけで迎えられるものではない。

両雄は並び立った

宗一郎は天才的な技術者で、かつ経営者としてもきわめて大きな人であったが、藤澤も「もう一人の天才」であった。戦後の日本企業のどこを見ても、天才が二人いたと思えるような企業はまずない。ましてや、両雄は並び立ったのである。ホンダが奇跡的な成長を遂げたのも、うなずける。

藤澤の営業や財務、そして組織管理の手腕は、並の経営者のレベルではない。天才的ともいえる手腕を随所で発揮し、宗一郎とはいわば相互に不可侵であった。第三章で紹介した二人の出会いのときから、相互に担当分野には口を出さないとの約束であったのだ。前章で述べた空冷・水冷論争で藤澤がエンジン技術の選択の問題に口を出したのは、例外であった。

宗一郎は、前進のエネルギーのかたまりのような経営者だった。夢を大きく描く経営者だった。そのエネルギーを藤澤がうまく制御し、宗一郎の夢を後ろから支えた、というのが二人の関係であったろう。その支えがなければホンダはどこかでつぶれていただろう、と二人のことをよく知る人々は口を揃える。

自らの役回りについて、藤澤はこういっている。

「本田技研の経営を担ったのは私でした。それは会社のなかで知らない人はほとんどなかった。……だからといって、それならば私に社長が務まるかといえば、それは無理です。社長にはむしろ欠点が必要なのです。欠点があるから魅力がある。つきあっていて、自分の方が勝ちだと思ったとき、相手に親近感を持つ。理詰めのものではだめなんですね。あの人（宗一郎、伊丹注）には、それがあります。欠点があるから他人から好かれないかといえば、あれだけ人に好かれる人もめずらしい。社員からも好かれている。……私の方が欠点は少ないでしょう。だが、そのぶんだけ、魅力がない。だから、社長業は落第です」

（『終わりはない』一〇〇頁）

社長を落第、というより、社長としては宗一郎の方が一枚上、というべきであろう。社長のキャラクターとしては宗一郎に一歩譲っても、藤澤自身も卓越した経営者であった。そして、宗一郎は類まれな技術者であり、リーダーであった。そうした二人が並び立ったのもまた、希有なことであったろう。

二人は、仕事のやり方や性格はたしかにかなり違った。それでも、目指すゴールや哲学を共有していた。二人とも、思想の人、理論の人であった。そして、お互いに深く信頼していた。互いに自由に振る舞いながら、二人の基本方針は平仄《ひょうそく》があっていた。そうした信頼関係の根底には、お互いの相手への大きな尊敬があったのであろう。

藤澤はコンビが長続きしたことを、珍しいこと、といって次のように説明する。

「それは、本田だって、私がいやになったときもあるでしょう。このとおり私は勝手ですから。役員室をつくるときも、研究所を独立させるときも、彼に相談していない。経営にかけては向こうより私のほうが本職なんですから。

私だって本田がいろんなことをやっているのを、『なにいってんだ』と思うときがあります。しかし、いずれにしても、根底では二人は愛しあって、理解しあっていた。『これ以上はないという人にめぐり会えた』という気持がすくなくとも私のなかにはある」（『終わりはない』二二八頁）

経営者として名をなした人たちが、「愛しあっていた」という表現を使うのは、あまりないであろう。それでも、「またとない人とめぐりあった」というのは藤澤の本音だと、私には思える。宗一郎と藤澤をその初期からよく知っている東京グラフィックデザイナーズの尾形次雄は、すでに六〇年代に藤澤が「本田は天才だ」といっていたという。そして尾形は、空冷エンジンを宗一郎に諦めさせた後の藤澤から、こんな言葉も聞いている。

「本田に空冷を思う存分やらせたかった。空冷自身はものにならなかったかも知れないが、それをなんとかしようと努力する中から、とんでもないものを本田は作り出せたのではないか」

久米もまた、藤澤が「宗一郎に空冷を最後までやらせてみたかった」といっているのを聞き、それが藤澤の本音だったと思っているという。藤澤の宗一郎に対する信頼は、それほど深かったのである。

しかしそれは、二人の間にまったく摩擦がなかったということを意味するわけではない。藤澤自身の言葉にもあるように、お互いに「なにいってんだ」と思うとき、いやになったときがあっただろう。ライバル意識もあっただろう。

だが、二人とも大人であった。創業当初はまだしも、大きくなったホンダの中でこの二人が正面から衝突すればどういう事態を引き起こすかも、よく分かっていただろう。したがって、お互いに相手には抑え気味に行動をする。それを両方とも分かっている。そして何よりも、お互いに結局は認め合っている。

二人の関係について、晩年は敵対関係だったかのごとくのうがった見方、あるいはマスコミに登場する宗一郎像は虚像であり真実ではなく、藤澤がそれを作って最後はこわそうとしたという見方もあるが、さまざまな資料からの総合判断として、私はそうした見方はとらない。二人の関係は、たしかにときに緊張関係をはらんで微妙にもなる、しかし「互いを認め合った大人の関係」だったと思えるのである。

両雄は、基本的な信頼関係ゆえに、そして二人の器の大きさゆえに、並び立ったのである。

経営者としての宗一郎

そして、両雄は並び立ったと同時に、ホンダの経営者はやはり宗一郎だった、と私には思える。宗一郎が将来への夢を構想して大きな絵を描き、その実行の際の役割分担を宗一郎と藤澤が他に例がないほどの名コンビとして行った、と思えるのである。

では、「経営者」とは一体どのような存在なのか。なぜ、社長印すら藤澤に預けて自分は見たことも押したこともない、と広言していた宗一郎を、私は「経営者」というのか。

先にあげた宗一郎の「退陣のごあいさつ」の中で、宗一郎は二人の分担について「副社長は売ることを中心に、金や組織など内部のこと、私は技術のこと、作るほうのことと対外的な面、と分担を分け合ってきた」と表現している。この「対外的な面」という言葉に、経営者とは何かを考える一つの鍵がある。そして、藤澤の言葉として引用した中にあるように、「宗一郎ほど人に好かれる人は珍しい。社員からも好かれている」という言葉にも、経営者とは何かを考えるもう一つの鍵がある。

私は、経営者あるいは組織の頂点に立つ社長の役割は、三つあると考えている。（拙著『よき経営者の姿』日本経済新聞出版社、二〇〇七年、四一頁）

・リーダー
・代表者
・設計者

リーダーとは、その組織の人間集団の求心力の中心となる人物のことである。リーダーとしての経営者の役割は、組織の中で働く多くの人々を束ね、統率していくことである。そのリーダーシップを

素朴に定義すれば、

「人について行こうと思わせ、そして彼らをまとめる属人的影響力」

ということになるだろう。

経営者は、こうした意味でのリーダーシップを発揮して、自分自身が人間として組織の求心力の中心にならなければならない。そして、そうした求心力の源泉を組織の人々に生み出すために、組織に魂を吹き込まなければならない。

この第一の役割は組織で働く人々に対する役割だが、経営者の役割はそうした内向きの役割だけではない。経営者は、その組織を代表するただ一人の人間として、外部に向かっての代表者としての役割をも果たさなければならない。それが、経営者の第二の役割である。外部へ働きかける役割とは、外部へのスポークスマンとしての顔である。外へ向かって企業を代表して説明をする、訴えかける、そうした役割である。

経営者の第三の役割は、設計者としての役割である。企業のグランドデザインの提示者、と表現してもよい。

グランドデザインとは文字通り、大きな設計図のことである。企業のグランドデザインは、二つのパートからなる。一つは、戦略の設計図である。第二のパートは、組織の中の人々の活動の役割と連携、その管理のための構造設計図である。経営システム（組織構造、管理システム）と人の配置の基本設計だと考えてよい。

経営者の仕事をこうして三つの役割として考えてみると、それは次の三つの存在としての機能である。

リーダーとは、人間集団の求心力の中心になる存在である。代表者とは、社会に対して企業を代表する存在である。設計者とは、グランドデザインの提示者としての存在である。

私は、経営者にこうした三つの役割があると思うと同時に、三つの役割には重要性の順序が一般的にあると思う。

人間集団の求心力の中心としてのリーダーの役割が、もっとも重要であろう。企業というものが人間の集団である以上、そして企業の仕事が人間によって行われるものである以上、当然である。そして第二に、代表者として役割が次の重要性を持つ。他の誰にも任せられない、「ただ一人で組織を代表する人」だからである。そして、第三に経営戦略や経営システムの設計者として役割が大切である。大切であるが、それはリーダーや代表者としての役割を果たした上で、重要となるものだと思う。

ホンダのケースにこの三つの経営者の役割を当てはめて考えると、宗一郎がホンダ全体のリーダーとしての役割と代表者としての役割を中心的に果たしていたと思われる。「社員にも好かれている」という宗一郎は、まさにリーダーとしてのホンダという人間集団の求心力の中心だったのである。そして、「対外的な仕事は自分の分担」という宗一郎は、社会に向けてホンダを代表するスポークスマンとしての役割は自分の役割と自覚していたのである。通産省を相手の大立ち回りのエピソードなどは、そのいい例である。

それに対して藤澤は、天才的な「経営の設計者」であった。戦略の設計、経営システムの設計など、この本でもときどき紹介してきた藤澤の構想の多くは、設計者としての経営の構想であった。たとえば、スーパーカブという底辺拡大の商品が必須という製品ラインの設計。あるいは自前の流通網を自転車の小売店から一気に作り上げる流通システムの設計。さらには、技術研究所を本社から独立の組織体とするという経営システムの設計。藤澤はじつに卓越した戦略と経営システムの設計者であった。

前項で紹介した藤澤の言葉の中に「本田技研の経営を担ったのは私」という表現が出てくるが、その際の「経営」とは、私の分類でいえば「設計者」の役割のことで、経営者の三つの役割全体のことではないと解釈すべきであろう。

そして、宗一郎にも設計者としての側面もあった。どのような技術を自社のベースとするかの設計、そのための技術蓄積の場としてのモーターレースの位置付けという設計。あるいは、鈴鹿製作所などの工場群をどのように作っていくか、そこにどのよう生産技術を埋め込んでいくかの設計。

宗一郎と藤澤の間の役割分担の多くは、経営の設計者としての役割の中での分担で、人間集団の求心力や企業の代表者としての役割の分担はそれほど多くはなかった。たしかに、営業や財務などの分野での求心力や代表者としての役割を藤澤は見事に果たしたが、ホンダ全体として見たときのリーダーとしての役割と代表者としての役割は、あくまでも宗一郎のものであった。

こうした経営者の三つの役割すべてを、一人の生身の人間がきわめて高い水準で満たすことは、むつかしい。だから、多くの企業は複数の人間からなる経営チームの中で、三つの役割を分担する。ホンダは、例外的に幸運な企業で、宗一郎と藤澤が天才的なレベルで三つの役割を見事に分担し合ったのである。そしてその上、両雄は並び立った。

藤澤はおそらく、求心力の中心としても代表者としても、高度な次元の能力を持っていた人であったろう。自分一人で創業してもすぐれた経営者であったろうと思われる。しかし、藤澤は宗一郎と組んだ。宗一郎がじつに類い稀な経営者としての素材だったから、藤澤は設計者としての能力を存分に振るう機会に恵まれたのである。

それは、宗一郎の幸運でもあり、ホンダの幸運でもあった。

しかし、二人がコンビを組んでホンダをもり立てていく時代は、二人の引退とともに終わった。その後の二人の人生は、宗一郎が人間の求心力と代表者たりうる魅力を思う存分にぎやかに社会的に発揮していく人生の航路をとっていく一方で、藤澤はホンダの経営の設計者として、その設計の行く末を静かに見守る人生を選んだように見える。一九七四年以降、二人の人生はそれほど交わることはなくなり、藤澤はひっそりと六本木で暮らす一方で宗一郎はその人間的磁力の大きさを社会に向けてますます発揮していくのである。

宗一郎の晩秋の苦悩は社長退陣とともに終わり、宗一郎の人生の冬にあたる季節は清冽な輝きを放つものになっていく。宗一郎の人間的な器量の大きさ、魅力の大きさが本当に出てくるのは、むしろ社長退任後のようでもある。

第八章　人間的磁力の大きさ——一九七四年から一九八七年

現場の人との握手の旅

創業者社長を二十五年間もやった人が大企業の社長を辞めて最高顧問にすっぱりと退いてしまうと、一体何をするのか。

宗一郎は、破天荒なことを始めた。全国のホンダの営業所、SF（サービスファクトリー）などの営業の最前線の事業所を「すべて」回り、現場で働く人々の「全員」と握手して、二十五年間のお礼を直接伝える旅に出る、といい出したのである。彼らは、ホンダ本社からすれば、子会社、グループ会社という位置付けの会社の人たち、現場の最前線の人たちであった。いくらホンダ精神が現場、現物、現実の三現主義とはいえ、前代未聞の試みであった。

宗一郎はそれを、社長退任後わずか三カ月の一九七四年一月二十八日から、本当に始めた。厳密な意味では「すべて」ではなかったかも知れないが、意図としては「すべて」を目指し、実際にほとんどすべての事業所を回ったのである。七〇〇カ所ほどになったという。それは、いったん東京を離れ

四日市SFでの宗一郎

れば数日間は毎日クルマで四〇〇キロ近く走りあるいはヘリコプターを乗り継ぎ、そしてまた東京へ戻り、しばらくすると次の旅に出る、という一年半にわたる全国行脚であった。

九州の南の端から行脚を始めるというので、最初の訪問地は鹿児島空港に近い鹿児島県隼人町の隼人SF。従業員十名足らずの事業所である。続いてホンダ桜島販売店、次は鹿児島南SF、その後に鹿児島市内の中古車販売店とSF、川内SF、最後に鹿児島市内に戻って工場長たちと夜の会食である。これが初日のスケジュールであり、その後の行脚の典型的一日であった。

現地のSFや営業所の中には、本社から今まで誰も来たことがない場所もかなりある。そこでは最初に来た本社の人が宗一郎ということになる。中には、連絡を入れておいても本当に来るかどうか、信用していないところも最初のうちはあったらしい。信用しない方がふつうかも知れない。

現場の従業員たちは、あの有名な本田宗一郎が来てくれて、自分と握手をしてくれて、お礼の言葉を少人数の自分たちにいってくれる、と感激する。中には、仕事で手が油にまみれている従業員もいる。彼らのところへ宗一郎が突然行って握手の手を出せば、自然に油まみれの手を出そうとしてしまう。気が付いて油を拭こうとすると、宗一郎がこういう。「いや、いいんだよ。その油まみれの手がいいんだ。俺は油の匂いが大好きなんだよ」。宗一郎も修理工あがりだと知っていても、彼らは信じがたい思いだったろう。

販売店などに行くと、宗一郎は途端にセールスマンになって、クルマの売り込みを始めたりする。「本田宗一郎です」と本人に名乗られたお客さんは、驚いただろう。販売効率は案外よかったのではないか。

最初の南九州の旅の訪問地の一つに、従業員数わずか五人の天草の本渡《ほんど》ＳＦがあった。氷雨の中を数時間走って、やっとたどり着く。九州の端である。そこで五人を前に宗一郎はこう語りかけた、と同行した秘書の原田一男が書いている。

「昨年秋、社長を退任したが、在職二十五年、このあいだに会社がこのようになれたのも、ひとえに君たちのおかげだから、ひとことお礼がいいたかった。やっと、昨日、訪れることができました。君たちはいつも第一線でお客様から文句をいわれる立場で、つらいことが多いと思う。僕も十六のときから修理工場で働いてきたので君たちの気持ちは、いちばんよくわかる。だがね、君たちがいたからこそ、いまの本田技研があるといってもけっして過言ではない」

（原田一男『人間・本田宗一郎の素顔』ごま書房、二〇〇八年、三〇頁、以下『素顔』と記す）

そして宗一郎は、お客と直接接する君たちの仕事は真剣勝負の連続だ、と続ける。原田は感動していた。

「本田さんはひと言ひと言、心をこめて話していました。従業員たちの目にも熱いものがこみ上げ、ほんとうに心が通い合っている様子は、はたから見ている私にとっても感動的なシーンでした」

（同上）

私は宗一郎の社長退任後の人生を書くこの章のタイトルを「人間的磁力の大きさ」としたが、この全員握手の旅ほど宗一郎の人間的磁力の大きさとその源泉を象徴するものはないように思う。握手を通して、宗一郎はお礼をいいたいのである。手紙ではダメで、顔を見せるだけでもダメ。手と手が触れ合わなければ、ボディランゲージがなければ、感謝も磁力を持って伝わらないのである。

この評伝を書くために私は色々と宗一郎の言動を調べたが、この「握手の旅」に一番驚いた。戦争直後の人間休業宣言や六〇年代はじめにＦ１へいきなり参戦したことよりも、はるかに驚いた。その上、この国内行脚は海外にも延長され、さらに半年、世界各地を回っている。考えることのスケールとディテール、そして人間の大きさ・暖かさ、さらにはそれを実行できる体力、すべてがケタ外れである。

握手のお礼をされた現場の人も喜んだが、もっとも感激していたのは宗一郎らしい。この全国行脚が終わった後の藤原弘達《ふじわらこうたつ》との対談で、宗一郎は感極まって、こう語る。

「俺は涙が出た。むこうの若い人たちも泣いたよ。けど、俺は士気を鼓舞するなんて気じゃない。自分が嬉しいからやるんだ。俺は社長をやめて、やっと人間らしいものに行きあったよ。……しかし、みんなが感激してくれたときは俺はもう……（と絶句しかかって）もう何もいらねえ……」

（『不常識』一一九頁）

辞めても大丈夫、しかし我慢

この全国行脚最初の南九州五日間の旅の途中で、ホンダDNAが二代目社長の河島喜好に見事に継承されていることを象徴するような出来事が起きた。クルマで走っているときにラジオのニュースが、「ホンダはここ当分の間、値上げをしないと河島社長が発表した」、と伝えたのである。

一九七三年十月に宗一郎と藤澤が退陣したちょうどその頃、中東では第四次中東戦争が勃発していた。その後、中東の産油国が石油禁輸に踏み切り、七三年十一月から世界的な石油危機が発生した。日本でも物価が上がり、世の中は騒然としていた。どの企業も値上げせざるを得ないと考えていた。

その中で、トヨタも日産も値上げを発表していたが、七四年一月三十一日、ホンダの新経営陣は値上げ凍結に踏み切ったのである。

ニュースを聞いた宗一郎は、うれしそうにうなずいたという。自分が辞めても大丈夫だった、という安堵であろう。そして、熊本のホテルに入るとすぐに、河島宛ての電報を打つよう原田に頼んだ。電文は、

「ネアゲセズノNHKニュースヲキイタ。ゴリッパ。ミナサンニヨロシク。ホンダソウイチロウ」

河島は、この電報の心配りが非常にうれしかったという。もちろん、宗一郎の旅の目的は知っていたであろう。だが、値上げ凍結については宗一郎に相談していない。その決断を褒めてもらって、社長になりたてでもあり、やはりうれしいのであろう。宗一郎は、南九州の従業員握手旅行に出かけて、現場の従業員を感激させただけでなく、後任社長も感激させている。

たしかに、辞めても大丈夫と思ったであろうが、しかしそれは社長を辞めてせいせいした、ということではない。逆に、社長を辞めた後もついつい現場へ行きたくなるという気持を抑えるのに苦労した時期が最初はあったようである。「経営に口を出したい」というのではなく、クルマが、技術が、開発現場が、宗一郎は好きなのである。

宗一郎としてはこうして我慢していたのだが、それでも研究所にはかなり頻繁に顔を出していたよ

うである。しかし、口は出さないように、と努力をしていた様子があったという。だが、やはり「きっぱりと手を引き、経営には口を出さない」という引退時の公式発言通りにはならなかったこともあったようだ。

川本や岩倉は研究所に来た宗一郎から、「本社の連中は何をやっているんだ。よくいっとけ」といわれた経験が、ときにあったという。本社とは、社長ということで、河島や久米のことであろう。そういわれても、川本や岩倉にはどうしようもない。それでも、宗一郎としてはつい言いたくなる。しかし、直接は口を挟まないようにしていたのである。

川本は七〇年代の後半に、あるクルマの開発をめぐって宗一郎が河島に直接に文句をいっている場面に遭遇したという。その文句に対して、河島がほとんど怒鳴るように「最高顧問がそういうことをいったら、みんなはどうなるんですか」と抗議したという。それは稀な出来事だったが、あたかも親子げんかを見ているようでもあったという。

宗一郎は口出しをしないように努力をしていたのであろうが、しかし根っからの仕事好き、現場好きなのである。それを藤澤は知っていたからこそ、藤澤自身はことさらに本社などに顔を出さないようにしていたのかも知れない。藤澤は本社のみならず他の公の席にもほとんど現れず、隠居というスタンスを明確にしていた。一種の宗一郎への牽制だったとも思える。

「辞めた後の我慢」の一助にと、宗一郎は絵を描き始める。最初は時間つぶしであったようだが、凝り性の宗一郎はそのうちにのめり込み、きわめて精密な技術者らしい日本画を描いた。また、営業現場の全国行脚も、もちろん現場への思いやりが深いからこそ一年半の時間もエネルギーもかけたのだろうが、きっかけの一つは案外「辞めた後の我慢」の一助だったのかも知れない。しかし、宗一郎が絵を描いている写真について久米は、「やはりさびしそうに見える」といっている。

創業者名物社長としては経営に口を出したくなるのは当然で、引退時の「すっぱりと手を引く」という言葉通りには必ずしもならなかったが、それに近くなるようによく我慢した、という評価がおそらく適切であろう。

社会的な活動

さらに宗一郎は社長退任後、社会的な活動を活発に行うようになった。銀座に、そしてのちに八重洲に事務所を構え、外部の公的な仕事や講演などで個人として社会に関わり続ける生活中心に切り替えたのである。

公的な仕事とは、たとえば東京商工会議所副会頭であり、政府の売春対策審議会会長や研究開発型企業育成センター技術審査委員長、あるいは民間の行革推進フォーラム代表世話人、東京ボーイスカウト連盟役員、幼児開発協会理事、などである。生涯の友であった井深大とは、互いに仕事を頼んだら必ず引き受けるという約束で、行革推進フォーラムと幼児開発協会は井深からの依頼だった。

社長を辞めた宗一郎には、こうした公職の依頼が殺到した。その多くは、宗一郎のネームバリューを狙っての形式的役職だったらしい。しかし宗一郎らしいのは、いったん引き受ける以上は真面目にきちんと会議に出るという原則を持ち、したがって大半の依頼を断ることになった。それでも結局、三十近い公職についていた。売春対策審議会会長職も本人は真面目につとめて、名会長だったという。

口の悪い友人たちは、宗一郎の若い頃の芸者遊びなどを持ち出して、「学識経験者として会長になったんじゃなくて、経験豊富だから会長になったんだろう」と冷やかしたそうである。

宗一郎は、自分で財団などを設立して、社会的な活動に自らの財産をつぎ込んだりもした。たとえば、社長退任の翌年には、藤澤とともに私財を寄付して財団法人交通安全学会を作っている。あるいは、一九七七年には弟の弁二郎と共同で寄付をして、本田財団を作っている。科学技術と文明のあり方を考える活動を援助する目的の財団で、毎年、本田賞を世界中の学者・研究者の中から贈っている。

この二つの財団の設立に関与した西田通弘が財団設立のための寄付の相談に行ったとき、宗一郎はこういったという。

「俺の金はだんだん増えていったので、かなりの財産になったと思うけど、どれくらいあるか知らない。どれだけあっても、これは皆がやってくれてできたお金だから、俺の金じゃない。本当に必要があるなら、遠慮なく使えよ」

（西田通弘稿「私が惚れた本田宗一郎の魅力」『人の心』第三章、七七頁）

こうした財団活動の中には、現役時代から行っていたものもある。一九六一年に藤澤とともに設立した作行会である。これは、科学技術教育振興のために若手研究者に研究助成金を支給する財団で、寄付者の名前は伏せられていた。支給を受けた人の中には、宇宙飛行士になった毛利《もうり》衛《まもる》もいた。この財団は一九八二年に解散となり、そのときにはじめて寄付者二人の名前が公表された。

宗一郎はこうした社会的活動をしながらも、他方でホンダの最高の広報マンとしての活動も続けていた。国内のみならず海外でのホンダのさまざまな催しに、宗一郎はきわめて価値の高いゲストだった。徒手空拳から世界のホンダを作り上げた男として、そしてF1で優勝した男として、さらにはCVCCエンジンを世に出した男として、宗一郎の個人的名声は世界的にも高まりやすいものであったのである。また、宗一郎自身がそうした場面に出かけるのが案外と好きなキャラクターでもあったのであろう。

ホンダのための活動と社会的活動がほどよくミックスされて、自分がホンダのためにも広く社会のためにも役に立っている実感がある。そして人々の賞賛の眼差しも大量に直接に浴びる。それで宗一郎の最晩年は充実したものになっていったのであろう。それが、彼の人生がこの最後の時期に再び輝きを増したような印象になっていく、一つの原因だと思われる。

良人に国境なし

宗一郎は、ホンダがまだほとんど輸出もしていない五〇年代初期から、「良品に国境なし」といっていた。それをもじれば、良人に国境なし、となる。宗一郎の人間的磁力は、国境を越えて伝わるものだった。

そこには、たんに人格的に立派だったということだけではない、体全体からにじみ出る誠意と熱い気持があったのであろう。宗一郎の体の動き、手の動き、表情、そして当意即妙のジョーク、が伝える磁力である。それに、ボディランゲージにはそもそも国境はないのである。宗一郎は、社長時代もそうだったが、千両役者だった。最晩年にそれに磨きがかかり、その上に顔つきもどんどんよくなっていったようだ。

社長退任の翌年、七四年五月に宗一郎が行ったミシガン工科大学学位授与式（卒業式）でのスピーチは、その好例である。宗一郎はその日、同大学から名誉工学博士号を授与されたのである。

スピーチの内容は、「技術は人間に奉仕する手段である」、「パイオニア精神」、「問題を根本から解決する」、「人の和」、など、日頃宗一郎が語っていることをまとめた内容だった。宗一郎の思いは、アメリカ人の学生や参列者にきちんと伝わった。宗一郎の体を通しても伝わった。同大学のスミス学長が、そのときの様子をこう書いている。

「その日、大変珍しいことが起きたのです。学位授与式のスピーチに対して、全員が総立ちで拍手を送ったのです。普通スピーチが終わると会場からは安堵のため息がもれるものですが、本田博士のカリスマ性とダイナミックな人柄は、素直な感動を呼び起こしたのです。学生はとても感激し、スピーチの後、名誉学位が本田博士に授与された時、再び全員総立ちで拍手を送りました」

（『ミスターホンダ』五七頁）

宗一郎は、スピーチの終わりの部分で学長などへのお礼の言葉を述べた後、最後のエンディングをこう締めた。

「とくに美しい、やさしいご婦人方にお会いして、お話ができたことも、私と私の妻にとって、たいへん幸せでございました。ありがとうございました」

（『素顔』一一〇頁）

これが宗一郎流なのである。「美しいご婦人とお会いできてうれしい」などと堅苦しくなりがちなこうしたスピーチでさらりといってのける。しかもそのときの宗一郎は少しいたずらっぽい表情をしていたはずである。それが国境を越える人間的磁力の一つの現れなのである。天衣無縫さと心の暖かさ、そ

シャガールと宗一郎
（右後ろはさち夫人）

して人間くささの魅力が、宗一郎のボディランゲージを通して発散されている。

この磁力は、たとえば一九八〇年にフランスの画家のシャガールの家を南仏に訪問した際にも放射され、気難しいはずのシャガールやシャガール夫人と大いに意気投合したエピソードになっている。あるいは、不世出のＦ１ドライバーとして有名なアイルトン・セナが宗一郎の磁力を感じて彼を慕い、セナ自身がＦ１の世界で苦しい状況にあったときのパーティの席（後に述べる、宗一郎が一九九〇年にＦＩＡゴールデンメダルを受賞したときのパーティ）で、宗一郎の手を握ったまましばらく泣いていて周囲

も近づけなかった、というエピソードなどにつながる。

ホンダがアメリカに生産基地をはじめて作ったのは、一九七八年二月、宗一郎が社長を退いて四年以上経っていた。その開所式に宗一郎が現地を訪れたときにも、宗一郎の国際的磁力は遺憾なく発揮されている。

ホンダは、一九七七年にアメリカ・オハイオ州に二輪車の生産工場を作ることを決定した。そしてその後、八二年には四輪車工場を同じ場所に新設することを決定する。日本とアメリカの間に自動車経済摩擦が発生しそうになっている直前のタイミングの、日本の自動車メーカーの先陣を切ってのアメリカ工場建設であった。

一九七九年、宗一郎はこの工場の開所式のためにオハイオを訪れ、コロンバス空港でアメリカの新聞記者たちに囲まれる。「なぜ、オハイオを進出先に選んだのか」と問われて宗一郎は瞬間、「神のお導きで」と答えた。オハイオ以外にも誘致してくれていた州があり、彼らへの配慮でもあった。この当意即妙の答えは好感をもって迎えられ、早速、翌日の地元紙の一面を飾り、ホンダへの地元感情に大きなプラスとなった。

そして工場では、開所式のあとで一〇〇〇人余りのアメリカ人従業員たちの間を宗一郎は握手して回り、「皆さん、ありがとう」を連発した。七四年の日本国内全国行脚と同じことを、宗一郎はオハイオの地でも行ったのである。

それは、アメリカ人従業員たちにとってはまったく意外であった。経営者というのは彼ら労働者とは異なる階級に属する、という暗黙の了解がアメリカにはあり、アメリカの自動車メーカーの経営者が工場の労働者に握手して回るということはあり得ないことであった。そして、彼らは宗一郎の姿に驚き、喜び、大きな拍手が最後には工場を包んだという。自分たちを同じ仲間として扱ってくれる経営者に、アメリカ人も感激したのである。

オハイオ工場の日本人幹部たちは、進出当初から従業員をワーカー（労働者）ではなくアソシエイト（仲間）と呼ぶことにしており、幹部もアソシエイトも同じ白の作業服を着るというホンダの国内の慣習も持ち込むことにしていた。事務所も大部屋である。宗一郎の平等主義というホンダDNAが、オハイオにも継承されていたのである。その考え方が、創業者自身のボディランゲージ（握手）で現地の従業員たちに裏打ちされた。宗一郎の人間的磁力を、国境を越えてオハイオの人々も浴びることになったのである。

同じような行動を、じつは宗一郎はベルギーで十五年以上も前にとっている。一九六三年九月、ベルギーホンダの工場開所式に現地を訪れた宗一郎は、「みんなと平等に楽しくやっていこう」とスピーチし、式典の後は自ら従業員の輪に歩み寄って「一緒に記念写真をとろう」といった。階級的雰囲気がアメリカよりもさらに残っているヨーロッパの従業員たちはやはり驚きつつも、喜んだという。しかも、マン島レースを完全制覇して二年後である。そのホンダの経営者がこうした行動をとる。宗一郎の国際的磁力は筋金入りなのである。

思想の人、理念の人

宗一郎の磁力は、こうした上品な世界の磁力ばかりではなかった。宗一郎は猥談の名手でもあった。国際的には通じなかっただろうし、試みることもあまりなかったかも知れないが、しかし日本国内ではしばしば下ネタが出たという。それが、不思議といやみでないらしい。花柳界で鍛えた話術なのであろうか。

しかし猥談の名手である一方、宗一郎は思想の人でもあった。そうした矛盾しそうな二つの面が巨大に同居していることが、宗一郎の人間的磁力のひろがりを支えている。

社長を退任して七年後の一九八〇年、宗一郎はアメリカ機械学会からホーリーメダルを授与された。宗一郎の技術的リーダーシップ、企業家精神、そして小型高性能のエンジンの開発への貢献をたたえて、日本人としては五十年ぶりの受賞だったそうだ。このメダルは、一九三六年にヘンリー・フォードも受賞している。

その授賞式の記念講演で宗一郎は「私の技術思想」と題して話し、その終わりをこう結んだ。

「私の哲学は技術そのものより、思想が大切だというところにある。思想を具現化するための手段として技術があり、また、よき技術のないところからは、よき思想も生まれえない。人間の幸福を技術によって具現化するという技術者の使命が私の哲学であり、誇りである」（『私の手』五四頁）

現場、現物、現実という三現主義をモットーとした宗一郎ではあるが、モノや技術の背後にある思想を大切にする人だった。それは、年をとったがゆえの熟成ということではなく、若い頃から一貫してそうだった。一九五八年、ホーリーメダル講演の二十二年前、ホンダ社報の座談会で宗一郎は若い従業員にこう語っている。

「おれはいつも言うんだが、仕事をするその行為よりも、それをする前の思想が問題だということだな。いくら技術がよくても思想がだめだと、その技術を活かすことはできないんだよ。思想のないところにどんなに努力してもだめだということね」

（『ホンダ社報』一八号、一九五八年）

この頃から宗一郎はよく、製品を見ればそれを作った人の思想が分かる、といっていたし、欧州の工業展覧会で最新の機械などを見学してから帰った際も、機械そのものよりもそうした技術の背後にある思想を摑もうとしていくのだ、といっていた。

また、理論尊重を工場経営の旗印に明確に掲げ、早くも一九五三年に社内報に書いた「工場経営断想」という文章の冒頭で、次のようにいっている。

「私の会社では工場経営の根本を理論の尊重に置く。苟もこと会社の業務に関する限り理論を尊び合理的に処理する。正しい理論こそ古今を通じて謬らず中外に施してもとらず、普遍妥当な、時間と空間に制約せられないものである」

（『ホンダ月報』二一号、一九五三年五月）

こうした思想の人・宗一郎だからこそ、一九五四年に経営危機にホンダが陥った際に、マン島レース出場宣言を出すと同時に、「わが社存立の目的と運営の基本方針」をあらためて社員に訴えたのであろう。そしてその思想や理念を尊重する姿勢は、第四章で紹介したように、一九五六年という早い時期での社是・基本方針の制定につながるのである。

このときに制定した社是・基本方針は、その後ながく改訂されることなく、「三つの喜び」とともにホンダの基本理念であり続けた。しかし、一九九〇年、ホンダが大きな成長の曲がり角を迎え、経営が行き詰まっていた時期に川本が四代目社長に就任し、「社是を含めて、これまでのホンダの経営をすべて見直し、変えよう」という話が出た。川本はその方針を宗一郎に報告にいった。川本はさすがに「本田宗一郎の否定も含めて」とはいわなかったが、経営を根本的に見直すとはいった。それに対して宗一郎は、「そうか」とひと言答えただけだったという。

しかしその後ホンダ社内でさまざまな議論がさまざまなレベルで繰り返された結果、「社是そのものが時代に合っていないのではなく、社是の通りに自分たちが行動していないのがいけないのだ。社是の基本内容は変える必要がない。海外の人たちもその理念に賛成だ」という結論になった、と当時品質担当役員をしていた山田建己《やまだたけし》はいう。その結果、一九九二年一月、あらためて社是や三つの喜び・人間尊重という基本理念を中心とするホンダフィロソフィーとして、全体が体系化された。

こうした理念の体系化が川本以前に行われなかったのがかえって不思議でもあるが、思想の人・宗一郎の理念は、河島・久米時代を経過してもまだ堅牢であり続けるだけの深さがあったのであろう。

そうした体系化をした川本も、ホンダの社是は素晴らしいとあらためて感じたという。そして、理念の人であり同時に行動の人でもあった宗一郎を振り返り、彼のこんな言葉をいまも鮮明に記憶しているという。

「理念なき行動は凶器であり、行動なき理念は無価値である」

組織を照らし続ける磁力

作家の城山三郎も、宗一郎の人間的磁力の大きさを感じた一人である。彼は河島との対談で、こういっている。

「私が本田さんと最初にお会いしたのは、たぶん昭和三十年代だったと思います。それいらい何度かお会いしたわけですが、お会いすればするほど魅力的な人だということがわかってきました。……ヘンリー・フォードだって太刀打ちできない人物だと思いました」

（城山三郎・河島喜好対談「かくも魅力的な男に会えた我らが幸福」『人の心』第一章、八頁）

城山は一九八三年に鈴鹿サーキットで行われたホンダの創立三十五周年記念式典に宗一郎とともに参加した。この式典は、二代目社長の河島喜好から三代目社長の久米是志へのバトンタッチの式典にもなっていた。一九七三年に宗一郎から社長を四十五歳で引き継いだ河島が、五十五歳の若さで五十一歳の久米と交代するのである。河島は宗一郎から引き継いだ売上三九〇〇億円のホンダを、十年間で売上二兆三七〇〇億円の堂々たる世界的企業に成長させての交代であった。河島は見事に二代目の職責を果たしたのである。

次の社長の久米は、空冷エンジンをめぐって宗一郎ともっとも対立した男である。創業者にもっとも逆らった男が、社長に選ばれている。それを会場の多くの人が知っている。

鈴鹿サーキットのメインスタンドの前にオートバイとホンダシティの隊列が現れ、その中からレーシングスーツの河島と白い作業服の久米が降りてスタンドへと歩き始める。そして、コース中央の演壇に向かって二人が左右から登り、がっちり握手。その後、つぎつぎと従業員代表が登壇。城山は、「まるで人気歌手の野外演奏会にでもいるような熱気」と書いている。

鈴鹿での35周年式典スピーチ

式典の最後に、司会者が締めの挨拶を宗一郎に頼む。身振り手振りをまじえて宗一郎は、こんなうれしい日が来るとは夢のようだ、と話し始めた。城山はこう書いている。

「その後、いかにも本田らしく結んだ。
『河島もええかげんにやってきたが、久米もええかげんだ。オレをはじめええかげんなやつが、うちでは社長になるようになっている。だから、みんなによほどしっかりやってもらわんとな』
爆笑の渦。そして、これ以上ないと思われる拍手」
（『一〇〇時間』二四頁）

この社長交代を機に、河島は取締役最高顧問に就任し、宗一郎と藤澤は取締役を外れて終身最高顧問に退いた。これもきれいな引き際であった。

しかし、取締役という肩書きがなくなっても、宗一郎がその磁力ゆえにホンダの多くの人の心の中に存在し続けることは、おそらくホンダの組織の中では暗黙の共通理解であったろう。この式典後の新旧の役員たちのビールの席での会話が、それを象徴している。

そこに同席していた城山が、ホンダの役員の条件は何か、と気軽に問いかけた。役員の一人が「一にスケベ、二にケイハク」と答えると、宗一郎が「何だ」とにらみ返す。座の中心には宗一郎がいる。その後のやり取りを城山はこう書いている。

「『つまり、力まないことですよ。オヤジさん』
本田はわざと胸を反らして、
『いや、おれはちがうぞ。おれはえらいんだ。』

そこで、また爆笑」（『一〇〇時間』二九頁）

宗一郎が社長を退いてから、すでに十年。なんという磁力、なんという会社であろうか。

河島から久米に社長がバトンタッチされた一九八三年は、ホンダがＦ１を再開した年でもあった。

夢の続き

八三年十月の創立三十五周年式典で宗一郎が「こんな日が来るとは夢のようだ」といったとき、その場所が鈴鹿だったから、彼の頭のすみにはＦ１再開を喜ぶ気持もあったのかも知れない。川本信彦に率いられたホンダＦ１チームは、八三年七月のイギリスグランプリから、Ｆ１に再参戦していた。ホンダにとって、第二期Ｆ１の始まりであった。

一九六八年を最後に無念の撤退をせざるを得なかったＦ１は、その後も宗一郎にとって見果てぬ夢であり続けたのであろう。そして、六八年のルーアンの悲劇から十五年の時を経てのＦ１再開は、宗一郎には個人的な名誉回復でもあったのかも知れない。

川本も、ずっとＦ１をやりたかった。たしかにＣＶＣＣではエンジンの世界に革命を起こし、その作業の一部に川本も参加していたのだが、やはり物足りなかった。エンジンはブン回るものでなければ、エンジンではないのである。川本は七三年にはホンダを辞めてイギリスへ渡り、Ｆ１エンジン設計を本業とすることを考えていたほどであった。

この計画は結局、久米が許さずに頓挫し、川本はその後技術研究所の中心人物に育っていく。そして、河島の下でホンダが世界的企業に成長して業績も安泰となった一九八〇年、川本はF2でのエンジン供給からホンダの国際モーターレースへの復帰を率いることになる。その三年後の八三年、いよいよF1に復帰したのである。

川本がF1復帰を宗一郎に直接報告する機会はなかった。しかし、F1を再開して三戦ほど経ったある日曜日の朝、宗一郎から川本の自宅にいきなり電話がかかってきた。F1のレースは欧州を中心に世界各地で土曜日に予選が、日曜日に本戦が行われる。その土曜日の予選結果を知った宗一郎が、「どうなっとるんだ」と問い合わせと小言の電話をしてきたのである。幸か不幸か、川本の自宅は宗一郎の自宅からそれほど遠くない。川本はすぐ宗一郎に「ちょっと来てくれ」といわれ、その日は午前中いっぱい西落合の宗一郎の家の居間で、レースの反省やら今後の対策やら、宗一郎の話を聞く羽目になった。

それは、その日だけでは終わらなかった。その後、F1のレースがあるたびに、土曜の予選後の定期便のように、川本の西落合参りが恒例となったのである。それは、ホンダが八六年に勝ち続けるようになるまで、続いた。F1総監督の立場を一九八五年に桜《さくら》井《い》淑敏《よしとし》に譲ったのちも、宗一郎へのF1の報告は川本の役回りだった。

それはたんに短時間の報告だけではなかった。宗一郎は「何が悪かった」、「ここをこうしたらどうだ」と自宅の応接間で、一時間も二時間もあれこれと怒ったりアイデアを出したりを続けるのである。すさまじいエネルギーである。執着心でもある。

Ｆ１再開の初期はホンダが勝てなかったから、とくに宗一郎の思い入れが激しかったようである。のちに八六年以降ホンダが常勝チャンピオンになっていくと、宗一郎はもうあまりガミガミいわなくなり、ほとんど「飽きた」ような状態になっていったという。

日曜の西落合定期便だけでなく、Ｆ１再開直前まで多少研究所と距離を置いていた宗一郎が、Ｆ１再開を機に研究所にもしばしば顔を出すようになった。Ｆ１は宗一郎にとって、それだけの存在だった。宗一郎は、自分が十分には果たせなかった夢の続きを見たかったのであろう。

宗一郎はしかし、Ｆ１のレースの現場に自ら行くことは、社長現役のときも引退後も、ほとんどなかった。自分が行くと現場の人たちに迷惑をかけるのがいやでもあったろうし、気が気ではなく見ていられないという気持もあったのだろう。その宗一郎が珍しくＦ１サーキットに顔を出したのは、一九八六年十月のオーストラリアグランプリのときであった。自分でいい出したのではなく、テレビ局の企画に乗ったのである。さち夫人も一緒だった。

この年、ホンダはすでにそのシーズンのコンストラクターズ・チャンピオンとなることが決まっていた。まだ二戦残っていたが、もう誰も追いつけない状況になっていた。ホンダが六四年にＦ１に初参戦して以来はじめての年間チャンピオンを、川本は宗一郎にプレゼントできたのである。この年の十一月に八十歳になる宗一郎にとっては、何よりの誕生日プレゼントであったろう。

アデレードで行われたそのグランプリの現場に宗一郎が姿を見せると、ホンダＦ１総監督として現場を仕切っていた桜井淑敏は、宗一郎の国際的な磁力の大きさをまざまざと実感することになる。桜井は、ピット・エリアに入ってきた宗一郎をＦ１ドライバーたちに紹介したときのことをこう書いている。

「彼（宗一郎、伊丹注）が現れると、まわりがパッと華やぐのはいつものことだが、まさか世界が注目する華やかなＦ１の舞台でも、同じようなことが起こるとまでは僕は想像もしていなかった。……すぐに彼のまわりにはテレビ局のクルーやジャーナリスト、カメラマンでいっぱいになったのである。……驚いたのは、彼らドライバーたちの眼である。キラキラ輝き、まるで憧れの人物を見る眼だった」（桜井淑敏『本田宗一郎、セナと私の闘うことと愛すること』青春出版社、一九九五年、一六八頁、以下『闘うこと』と記す）

ふだんは自分がスターであるＦ１ドライバーが憧れるスーパースター。それがＦ１現場の宗一郎であった。Ｆ１関係者にとっては、二十世紀の自動車の世界で、宗一郎はアメリカのヘンリー・フォード、イタリアのエンツオ・フェラーリに並ぶ存在なのである。

残念ながら、このオーストラリアグランプリではホンダ車に事故や故障が続いて、ホンダは勝てなかった。しかし、年間チャンピオンはすでに決まっていたので、その祝賀会がアデレードの日本料理店で宗一郎夫妻とスタッフたち二十五名ほどで開かれた。上座の席に座った宗一郎は、桜井が挨拶を求めると立ち上がり、下座の方へわざわざ歩いていって座敷に正座し、みんなに深々と頭を下げた。

その後、自分の孫のように若いスタッフたちにこういった。

「みんなありがとう。自分の生涯の夢は、F1でチャンピオンになることだった。その夢は自分では実現できなかったけど、若いみんながやってくれた。ほんとうにありがとう」

（『闘うこと』一七四頁）

現場の人との握手旅行で宗一郎と出会った天草・本渡SFの若いスタッフと同じように、その日の敗戦で沈んでいたアデレードのF1スタッフは感激して、みんなが一気に生気を取り戻した。桜井も感激したが、しかし宗一郎が帰り際にぽつりともらした一言が、もっと桜井には響いた。

「でも、やっぱり、全部勝ちたいな」

宗一郎は、夢の続きをいつまでも見ようとする人なのであろう。

そして宗一郎のF1の夢は、巨大な果実を結ぶことになる。一九八七年にホンダチームはF1で十一勝、そして八八年にはなんと十六戦中十五勝というとんでもない記録を打ち立てるのである。

目配り、気配り、思いやり

こうして宗一郎は、さまざまな状況で、そして世界のあちこちで、人間的磁力を放射し、多くの人を魅了していった。それも、社長退任後にその真価がより広く出てきたようである。もう仕事の鬼である必要はなくなり、人間的な側面だけが前面に出てきたからであろうか。

宗一郎の人間的磁力の最大の発生源は、すでに第六章で紹介した「目配り、気配り、思いやり」という宗一郎の基本的な態度であったろう。それも、そういうスタンスで「本能的につい体が動く」ほどに徹底したものだった。だからこそ、目に見えない磁力を回りの人々が感じることになる。

東京グラフィックデザイナーズの尾形次雄は、宗一郎とさまざまな行動をともにしたが、「つい体が動く」宗一郎をたびたび経験している。

七十歳をもう過ぎた頃、埼玉のゴルフ場に数人で行く途中の田舎道で、ホンダの軽乗用車が溝にはまっているのに、宗一郎一行は出くわした。宗一郎はすぐに降りて、溝から車を出すのを手伝おうとした。靴を脱ぎ、あぜ道の泥の中に入って車を後ろから押すのである。助けられている方の人は、もちろんそれが本田宗一郎本人だとは知らない。三人で助けてやっと車は溝を出て、運転する人たちはありがとうといって去っていく。助けた方は結局ゴルフの予約時間に遅れるのだが、そんなことはお構いなしに、つい宗一郎の体が動いたのである。

久米是志も、まったくちがう状況で似たような経験をしている。あるホテルで宗一郎と同宿したときのこと、朝食のテーブルで久米が食べていた。ボーイが来て久米のカップにコーヒーを注ぎ足していった。しかし、前に残っていたのは紅茶だった。困ったなと久米が思っていると、宗一郎が同じテーブルについた。コーヒーと紅茶が混ざって困ったと久米がこぼすと、宗一郎は「そんなの簡単じゃないか」といって、その混ざった液体をさっと飲み干した。それで、「これで新しいものを入れてもらえ」といったという。

久米は、「この人にはかなわない」と思ったという。これほどまで、人を喜ばすことに本能的に体が動くのに、参ったと思ったのである。久米は宗一郎のことを、「とことん人を喜ばすのが好きな人」と表現する。

宗一郎がゴルフを始めたのは、五十六歳のときだったが、社長退任後はますますゴルフが盛んになっていった。ホームコースの武蔵カントリークラブにふらっと一人で行くこともしばしばだった。その宗一郎とプレーしたいと、宗一郎が現れそうな日にはフロント周辺でメンバーが何人も待っていたそうである。宗一郎とプレーすると、じつに楽しいからである。

そして、五四年の経営危機のとき以来世話になってきた銀行からの話でハワイのパールカントリークラブを宗一郎個人の資産として買ったりもした。別に個人のゴルフ場が欲しかったというより、世のため人のためかと、買ったのだという。地域に愛されるパブリックコースを目指して、大改造もした。

そこでパール・オープンというローカルなプロアマ参加のトーナメントを宗一郎は始めた。ハワイの人々が「ミスターホンダのためなら」と大いに協力してくれて、現在にいたるまで続いており、公式シーズン開幕直前のトーナメントとして有名になっている。そのトーナメントに宗一郎も元気な頃は毎年のように参加していたが、ある年の前夜祭とその翌年の前夜祭で、尾形次雄は宗一郎の「目配

ハワイで「パーリー・シェルズ」を歌う宗一郎

り、気配り、思いやり」を象徴するような出来事を経験している。

ある年の前夜祭で、宴もたけなわになってきた頃、司会をしていたハワイの人気歌手ダニー・カレイキニが突然、宗一郎に歌を歌って欲しいといい出した。宗一郎が花柳界で鍛えたのどは、都々逸も小唄も演歌もなんでもござれであることが、ハワイでも有名だったのであろう。想定外のリクエストだったが、宗一郎はとっさに「月が出た、出た」と炭坑節を振りをまじえて歌った。

その帰り、宗一郎はハワイの歌でみんなが知っている歌は何だ、と尾形に聞いた。一年勉強して翌年歌う、というのである。結局、「パーリー・シェルズ（真珠貝の歌）」というハワイアンの名曲がいいだろうということになって、それから一年の間、宗一郎は自動車の中にテープを用意して、移動中に歌いながら練習していた。英語が分からない宗一郎が耳から覚えようと努力をしたのである。

そして、翌年、前夜祭でまた歌を所望されると、宗一郎は「パーリー・シェルズ、フロム・ジ・オーシャン」と英語で歌い始めた。見事にすべてをネイティブのような発音で歌い終わった宗一郎に、ハワイの人々が驚きと感激と大きな拍手で答えたのはいうまでもない。彼らもまた、宗一郎の人間的磁力を大量に浴びたのである。

左手をかばってやる右手

そうした宗一郎の「目配り、気配り、思いやり」の視線は、目上、周囲、部下へばかりではなく、とくに仕事などで直接の関係のないしかし表に出ないところでひっそりと努力する人々へも、しっかりと配られていた。配られていたというより、ごく自然に体が動いたというべきかも知れない。たとえば、アデレードのＦ１祝賀会で宗一郎がわざわざ下座まで歩いていき正座した上で挨拶したのも、その一つの例である。

陰になりがちな人々を思いやる気持を、宗一郎は「左手をかばってやる右手」と表現する。この本でも引用してきた宗一郎の著書『私の手が語る』の出だしに、宗一郎の傷だらけの左手

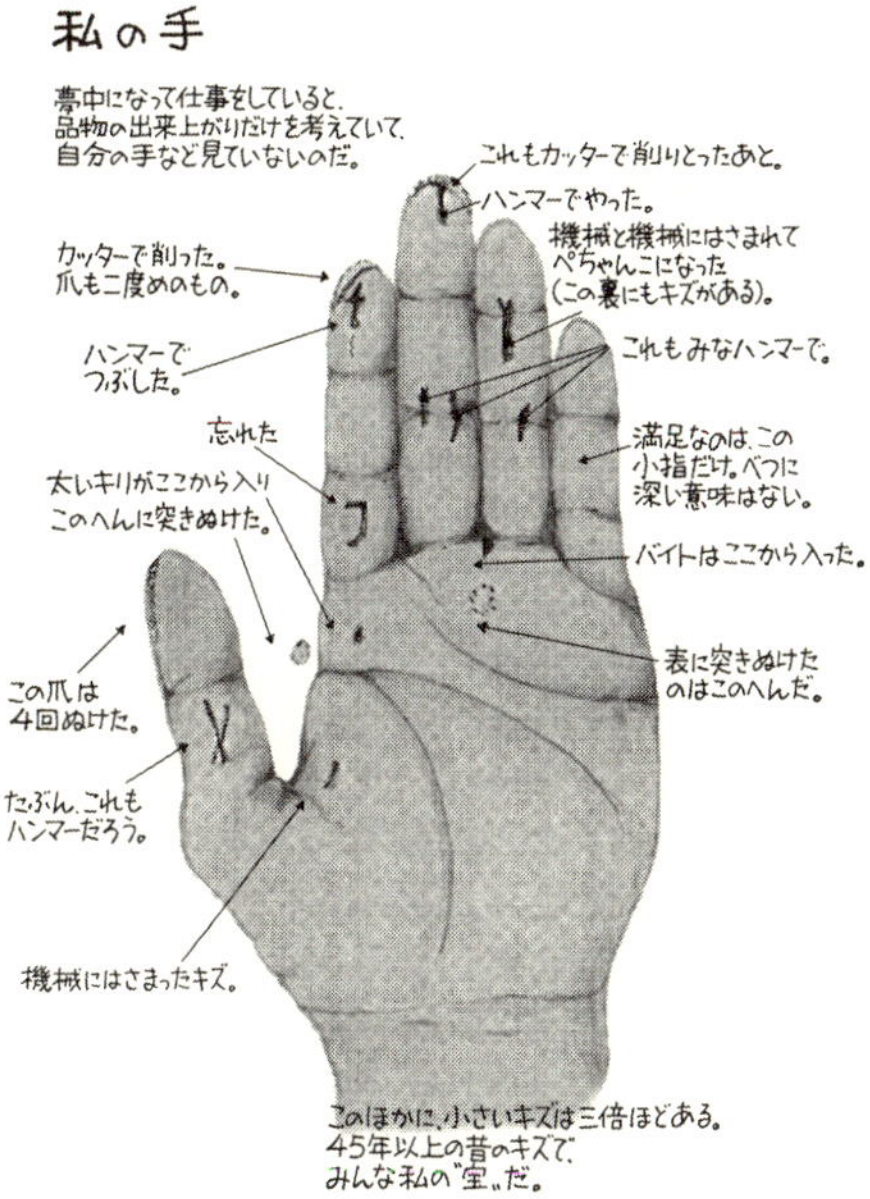
私の手
夢中になって仕事をしていると、
品物の出来上がりだけを考えていて、
自分の手など見ていないのだ。
これもカッターで削りとったあと。
ハンマーでやった。
機械と機械にはさまれて
ぺちゃんこになった
（この裏にもキズがある）。
カッターで削った。
爪も二度めのもの。
ハンマーで
つぶした。
これもみなハンマーで。
忘れた
満足なのは、この
小指だけ。べつに
深い意味はない。
太いキリがここから入り
このへんに突きぬけた。
バイトはここから入った。
表に突きぬけた
のはこのへんだ。
この爪は
4回ぬけた。
たぶん、これも
ハンマーだろう。
機械にはさまったキズ。
このほかに、小さいキズは三倍ほどある。
45年以上の昔のキズで、
みんな私の“宝”だ。

宗一郎の左手のスケッチ

のスケッチが載っている。丁稚の頃から、右手で握るハンマーなどの道具でさんざんに傷つけてきた左手である。大小合わせて、四十五カ所ほどの傷があり、指も二本は五ミリ強、右手より短くなっている。削られてしまったのである。城山三郎が取材の際に宗一郎に左手を見せてくれといったとき、大きな傷の由来などを説明した後で宗一郎はこういった。

「ハンマーをふるう右手は、いつも目立ちますよ。逆に左手は陰になって、いつも犠牲になって。だから、必要ないかといえば、とんでもないことで、左手があるからこそやれる。人間の組み合わせも、そうじゃないですか。地味にやっている人たちがあればこそ、何とかなる。そういう左手を右手はかばってやることです。いや、必要以上に可愛がってやればいいんじゃないですか」

（『一〇〇時間』一六頁）

こんな言葉が、すらりと出てくる。言葉だけでなく、体が動く。

これまたゴルフ場の例だが、体調の悪いキャディさんにも、自然体で宗一郎は「右手で左手をかばって」いた。宗一郎が七十歳台前半の頃、NHKの科学部の記者二人が宗一郎にインタビューをしたいといってきたことがあった。「現役をもう退いたんだから」と宗一郎はいやがったが、ゴルフを一緒にしながらなら、と神奈川のコースに四人で行った。プライベートということで、四人目は尾形次雄であった。

記者たちのボールがフェアウェイを外れて右左に大きく散らばるのを、宗一郎は駆け回って探していた。いつもの同伴プレーヤーへのサービスであった。しかし、それにしてもキャディさんはなぜかあまり動いてくれない。その理由が、最後の茶店に入ったときに分かった。茶店の人がキャディさんに、「今日は体は大丈夫?」と聞いたのである。風邪で熱があったのに、今日はお客が多いからと呼び出されて勤務についていたのである。だから、動きが悪いのは当然であった。

それを聞いた宗一郎は、「卵酒を作ってやってくれ」と茶店に注文し、キャディさんに「悪かったな、体は大丈夫か」と声を掛けた。そして、「卵酒を飲んで、今日はすぐに家に帰ってゆっくり寝るんだよ」とやさしくいった。それも、記者たちに聞こえるように大きな声でいった。キャディさんへの気配りである。そして、その先がいかにも下ネタがつい出る宗一郎らしい。「今日は父ちゃんとやるんじゃないぞ」、と付け加えたのである。全員爆笑。

プレーが終わると最後に、宗一郎はキャディさんに深々と頭を下げて、「オレが来たために出てくることになって、申し訳なかった」とあらためて謝った。それを見ていたＮＨＫの記者たちいわく、「今日は本当にいい人生の勉強をさせていただきました。もうインタビューも何もいりません」。

こうしてファンが増えていったのが、社長退任後の宗一郎の人生であった。

宗一郎が社長を退任した一九七三年から一九八七年まで、十四年間の時間がある。長い月日である。その期間の最初の何年かは、おそらく社長退任による一種の空洞のさびしさが大きかった月日であったろう。あるいは、自分とホンダという組織、それを統御している経営陣との間合いの取り方に苦労した期間があったのかも知れない。しかし、それにも慣れ、社会的な活動が活発になり、そしてとくにF1が再開されると、宗一郎は再び輝くようにも見える。やはり、宗一郎はスピードに生き、そしてレースに血が騒ぐ人なのであろう。

その十四年間、前半も後半も一貫していたのは、他人に対する目配り、気配りで「つい体が動く」人生であった。それが、宗一郎の人間的磁力の大きな源泉であったのであろう。

しかし、そうした宗一郎も、人間としての寿命には勝てない。八十歳を超えてからの宗一郎の写真には、老齢特有の表情が垣間見られるようになる。宗一郎の時間も永遠ではないのである。

そして宗一郎よりも先に、藤澤がこの世を去る時期が近づいていた。

第九章　人生の着陸――一九八八年から一九九一年

飛行機は着陸が一番むつかしい

一九八八年頃から、宗一郎は大半の公職から退き、人生の終盤を迎える時期に入っていた。

じつはその二年前、八十歳になろうとする八六年の春、宗一郎は軽い脳血栓を起こした。そのせいで、若干の後遺症も残った。その上、宗一郎には糖尿病の持病もあり、肝臓にも問題を抱えていた。八十を超えた年齢からすれば当然とはいえ、宗一郎の体はすでにかなり蝕まれていたのである。そんな宗一郎に公職から退いてもらい、老いた宗一郎の姿を世間にさらさないようにと周囲が考えたのは、当然であろう。

そしてやがて来る人生の終幕をきれいに迎えたい、と宗一郎は昔からいっていた。もともと宗一郎は人生を飛行機の操縦になぞらえ、着陸が一番むつかしい、とことあるごとに語っていたのである。たとえば、七十歳になったばかりの一九七七年に藤原弘達との対談で、こういっている。

「飛行機っていうものは、太平洋を無事に飛んできても、羽田の着陸でひっくりかえりゃおしまいなんだ。俺はもと飛行機屋だろ、『人生の着陸』だけは立派にやりたいと思っているよ。……飛行機乗りの鉄則は、終わりよければすべてよしだ」

（『不常識』一〇七頁）

飛行機屋と宗一郎が自分でいうのは、宗一郎自身がときに操縦桿を副機長席で握ったこともあり、飛行機の操縦にくわしかったからである。自分が乗った小型飛行機で何度かあわやという事故も起こしている。

そして、浜松の練兵場で曲芸飛行ショーを小学生のときに見て以来、飛行機は宗一郎の夢でもあった。じつは一九五〇年代の後半に、宗一郎は小型飛行機を実際に作ろうとしたことがあった。エンジンはのちにＦ１に転用されたという二・五リッターのエンジンを自分たちが設計し、機体の設計は朝日新聞とタイアップして大々的に募集し、東大教授などの専門家からなる審査委員会が選考した。しかし、最後の段階で藤澤が反対して、実際の飛行機製作は取りやめになった。五四年危機からまだ間もない頃で、藤澤にしてみれば「会社がつぶれかねない」という思いだったのだろう。

そこまで筋金入りの飛行機野郎でもあった宗一郎は、つねづね「飛行機は離陸することは意外と簡単だけど、着陸の際に機首を下げるタイミングを正確に判断してスムーズなソフトランディングをするのは、とても難しい。人生も飛行機も、着陸が一番やっかいだ」と多くの人に語っていた。

宗一郎は、引き際を語っているのでもあろう。宗一郎のような経営者には、二つの着陸、二つの引き際がある。第一は社長としての引き際であり、第二は人生そのものの着陸である。人の真の価値は棺を覆うてはじめて定まる、というが、その人生の着陸に向けて宗一郎は機首を下げ始める時期に来ていたのである。

社長としての引き際は、藤澤がタイミングを作ってくれたおかげもあって、大成功した。そして第二の「人生の着陸」へ向けての機首降下もまた、振り返ってみると一九八八年十二月の藤澤の急死から始まったようにも見える。その約二年半後の一九九一年八月、宗一郎も人生の着陸を迎えるのである。

藤澤武夫の急逝

藤澤武夫は、一九八八年十二月三〇日、東京・六本木の自宅で家族に見守られながら、心筋梗塞で七十八年の生涯を閉じた。

夕方に散歩から帰ってから急に息苦しさを感じ、すぐに呼ばれた娘婿の東京女子医大心臓外科教授今井康晴が脈をとろうとしたとき、心臓が止まった。直ちに心臓マッサージを今井は施したが、藤澤は息を吹き返さなかった。急逝であった。

藤澤の六本木の自宅は、高會堂《こうかいどう》という美術商（現代芸術雑品商と藤澤自身はいっていた）の店舗と併設であった。藤澤が副社長退任の二年後、一九七五年に自宅を改造して店を開いたのである。ある意味で、商売を始めたというよりは趣味の店というべきかも知れない。そこで美術品に囲まれ、芸術の世界の人々との交流などをしながら、藤澤はひっそりと余生を過ごしていた。

もちろん、ホンダの幹部たちは折りに触れて藤澤にも宗一郎にも相談に訪れていたようである。しかし、藤澤が公の席に登場することは、宗一郎とはちがって、ほとんどなかった。現役時代にも宗一郎が表舞台の中心で踊っていたように、現役引退後の二人の役回りも、前面に出るのは宗一郎、背後で相談にのるのは藤澤、となっていたのであろう。

引退後は宗一郎との付き合いもそれほどはなかったようだが、しかしそれも引退以前の二人のペースと同じであった。決して、疎遠だったと表現すべきようなものではなかったのであろう。藤澤の急逝の直前には、その年の十月に鈴鹿で開かれたF1日本グランプリでアイルトン・セナがマクラーレン・ホンダのクルマで優勝した後、「勝てて本当によかったな」と藤澤が宗一郎に電話している。それが二人の最後の会話になった。このひと言は誰から贈られた言葉よりもジーンと胸にしみた、と宗一郎はのちに藤澤の葬儀の弔辞の中で明かしている。

藤澤が急逝したという知らせを受けて、宗一郎は直ちにさち夫人と六本木の藤澤邸に弔問に訪れた。宗一郎は藤澤の遺体を前に、懸命に涙をこらえて座り尽くし、そして最後には号泣したという。宗一郎が滅多に人には見せない涙であった。

「ずるいよ。順番があるだろう。お前より俺の方が先のはずだろう」
（山本祐輔『藤沢武夫の研究』かのう書房、一九九三年、二三三頁、以下『武夫』と記す）

年齢でいえば、宗一郎は藤澤より四歳年長なのである。宗一郎はいくら泣いても別れ切れず、ついには今日はここへ泊まっていくといい出したという。さすがにさち夫人がなだめて、宗一郎を連れ帰った。

ふだんは会わなくても、いざいなくなると巨大な欠落感をひしひしと感じる。それが宗一郎の気持だったのではないか。そして年が明けて八九年一月七日、昭和天皇崩御。宗一郎にとっては、自分たちの時代が終わったという終焉感、空洞感を強く感じても不思議のない時代状況でもあった。

年号が平成とあらたまった一九八九年一月二十七日、芝・増上寺で藤澤の葬儀がホンダの社葬として行われた。三〇〇〇人近い人が集まった大葬儀であった。宗一郎は、社長の久米とともに、弔辞を読んだ。参列した人々の多くが、じつに心のこもったいい弔辞だったという。その中で宗一郎は、こう藤澤に語りかけている。

「四十年間、藤澤君と私は最良のコンビ、最良の友といわれてきましたが、私にとって、君は友人というより兄弟、いやそれ以上の存在でした。

経営にあたっては二人合せて一人前でした。

会社を退いてからは、それぞれに自分の好きな道を歩んできて、お互いに顔を合せることも少なくなりましたが、君の豪快な笑顔は、いつも私の近くにありました。……

二人の夢と情熱を注ぎ込み、世界のホンダを目ざして二十五年間全力を尽くしましたが、藤澤君と私が経営者として最後にしたことは、本田技研を一緒にやめることでした。

燃えるだけ燃え二人とも幸せでした。

私は藤澤君に短いけれど心からの感謝の言葉を伝え、君も同じ言葉を返してくれました。

そして今日、もう一度それを繰り返します。

藤澤武夫君、幸せな人生を本当にありがとう」（『ホンダ社報』藤澤最高顧問追悼号、一九八九年一月）

宗一郎がここでいっている「短いけれど心からの感謝の言葉」とは、藤澤が退任の直前に社内報に寄せた文章に出てくる、引退についての二人の会話の中の言葉のことである。

時はさかのぼって一九七三年、おそらく春。二人とも創立二十五周年で辞めるということを決めてしばらくした後で、二人が何かの会合で一緒になったときのことである。藤澤はこう書いている。


「こっちへこいよと、目で知らせられたので、一緒に連れ立った。『まアまアだナ』と言われた。

『そう、まアまアさ』と答えた。

『幸せだったナ』と言われた。

『本当に幸福でしたよ、心からお礼を言います』と言った私に、

『俺も礼を言うよ、良い人生だったナ』

とのことで、引退の話は終わりました」


（『ホンダ監督者弘報特別号』一九七三年九月）

宗一郎が弔辞で「もういちど繰り返し」ているのは、藤澤の文章にある「俺も礼を言うよ、良い人生だったナ」という宗一郎の言葉なのである。二人の同時引退から藤澤の社葬まで、十五年三カ月の月日が経っている。その長い年月ののちに再び、そのときの言葉を宗一郎はもう一度弔辞でいいたかったのである。

国際的な栄誉

藤澤を社葬で送った一九八九年は、悪いことばかりの年ではなかった。

この年の十月、宗一郎はアメリカのデトロイトにいた。デトロイト近郊のノースウッド大学に設けられている「自動車の殿堂」に東洋人としてはじめて推挙され、殿堂入りの記念式典とパーティに参加するためである。それは、自動車産業人としてはきわめて名誉なことであった。東洋人として次に殿堂入りしたのは、五年後の豊田英二であった。

授賞式には、一〇〇〇人を超す欧米の自動車産業の経営者や関係者が参加していた。彼らを前に、宗一郎は感謝のスピーチをし、こう結んだ。

「殿堂入りは本当に名誉なことです。夢のようです。まだここにいても身体がフワフワしております。そこでこうして手をつねってみたのですが、痛いので本当だと感じたわけです。いま皆さまのおかげで生きている喜びをしみじみ感じております。この夢を永久に見続けていきたいと思います。ありがとうございました。本当にありがとうございました」

（佐藤正明『ホンダ神話』文春文庫、二〇〇〇年、五三九頁）

このスピーチは一部が現在インターネットで見られる。そこでは、「フワフワ」というときに体をそのように動かす宗一郎が見られるし、「身体が」というときに浜松弁で「からどが」と発音する宗一郎を聞くことができる。そして、宗一郎が体全体で喜びを表現していることがよく分かる。別な写真には、手をつねる宗一郎の姿も残っている。少し舌の回りは滑らかではなくなっているが、宗一郎の国際的ボディーランゲージはいまだ健在なのである。スピーチを終えると、万雷の拍手だった。

この記念式典の後、宗一郎はオハイオへ行く。ホンダアメリカマニュファクチャリング（ホンダのオハイオ工場）を再訪するためである。十年前の一九七九年に訪れたときには、工場のフロアを歩き回って一〇〇〇人のアソシエイトたちの中に入り、彼ら全員と握手した。しかし今回は、身体がそれほどいうことをきかず、電気自動車に乗って工場内を回ることにした。今度も従業員たちが握手の手を次々と出してくる。宗一郎はクルマから乗り出して、その手を握ろうとする。同行したさち夫人は宗一郎がクルマから落ちないようにベルトを後ろから懸命に摑んでいたという逸話を、のちにこの現地法人の社長をした山田建己はよく聞かされたという。殿堂入りした宗一郎は、それだけ大歓迎されたのである。

このアメリカ旅行からの帰途、宗一郎は成田から六本木の藤澤邸に直行した。そして、受賞してきたメダルを宗一郎は藤澤の位牌にかけ、涙声でこう語りかけたという。

「この勲章は、俺がもらったんじゃない。お前と二人でもらったんだ。これは二人のものだ……」

（『武夫』二三六頁）

年が明けて一九九〇年になると、ホンダで社長交代があった。五月の連休明けに、久米から川本へのバトンタッチが発表されたのである。日本経済はバブル崩壊の時期へと向かい、ホンダの経営も大きな曲がり角に来ていた状況での、社長交代であった。この社長交代も、宗一郎は相談を受けていなかった。しかし、「次は誰か想像できる」ともいっていた。川本が社長就任の挨拶に宗一郎の所に出向くと、宗一郎はひと言だけアドバイスをいった。

「社長は心棒だから、振れるなよ」

企業としてのホンダは大きな踊り場に差しかかっていたが、個人としての宗一郎に対する国際的な評価はさらに高まることになったのが、九〇年という年であった。前年のアメリカの自動車の殿堂入りに次いで、九〇年十二月にはヨーロッパで国際自動車スポーツ連盟（ＦＩＡ）のゴールデンメダルを受賞したのである。

このメダルは、Ｆ1などのモータースポーツへの貢献に対して与えられるものだが、それまでの受賞者はドイツのフェルディナンド・ポルシェ博士とイタリアのエンツオ・フェラーリ氏はじめ、数人しかいなかった。ホンダがＦ1に参戦したのは六四年から六八年までの五年間と八三年以降であった。

ゴールデンメダル授賞パーティでのセナと宗一郎

そして、八八年には十六戦中十五勝というすさまじい記録を作り、たしかにホンダはF1の世界を変えたのである。

ゴールデンメダルの授賞式は、九〇年のF1年間チャンピオンの表彰式に合わせて、パリで九〇年十二月に行われた。ホンダは、エンジンメーカーとして、コンスタラクターズ・チャンピオンにこの年もなっていた。一九八七年以来、四年連続である。その四年連続優勝をもたたえての、宗一郎へのゴールデンメダルだったのであろう。

そして、九〇年のドライバー・チャンピオンは八八年に続いてアイルトン・セナが二度目の栄冠を得ていた。したがって、宗一郎にとってこのゴールデンメダル授賞式は、セナと同じ、そしてホンダのチーム表彰も含めた、晴れの舞台であった。

この授賞式の後のパーティで、宗一郎はセナに「来年も世界一のエンジンを作るから」と語りかけている。セナは宗一郎に会うのはこれが三度目だった。前回は八八年に鈴鹿でセナがホンダのエンジンに乗ってF1日本グランプリで優勝したときだった。藤澤が急逝する二カ月前である。そのときの宗一郎の暖かい人柄が、セナを感激させたのであろう。セナは宗一郎のことがとくに好きなようだった。宗一郎の方も、F1ドライバーの中ではセナをとくに認めていたようだ。どこか祖父と孫のような組み合わせでもあった。

そして宗一郎がセナの肩を叩き、背中に手を回すと、セナが突然、泣き始めた。セナは、この頃、悩みの中にあった。その年のレースでたびたびアラン・プロストと接触事故を起こし、当時のFIAの幹部陣から「危険なドライバー」としてライセンス停止の処置もあり得るといわれ、もめていたのである。悩んでいたセナは宗一郎のやさしさがうれしく、つい涙を流したのだろう。宗一郎の手を握りしめ続けるセナを周囲は取り巻いたままで、誰も二人に近づこうとしなかった。

こうして国際的なさまざまな名誉が八九年、九〇年と続いた。それは、技術者としての宗一郎というよりは、経営者としての宗一郎の貢献がもたらした栄誉だといっていいだろう。

自動車の殿堂入りの大きな理由は、ホンダというユニークな企業を作り上げたことであり、またCVCCエンジンで大きな貢献をしたことであった。CVCCエンジンを実際に作り上げたのは、久米を中心とするホンダの技術陣だった。またF1への貢献の主なものは、宗一郎が社長を引退して十年も経過した後のことである。八三年からのF1参戦第二期で何度もチャンピオンになったのは、川本を中心とするホンダの技術陣が成し遂げた偉業であった。

宗一郎自身は直接手を下さず、しかし宗一郎の理念にしたがい、宗一郎が育てた人材が大きなことを成し遂げる。それが組織としてのホンダの評価になり、それを代表して宗一郎が栄誉を受ける。まさに、「他人を通してことをなす」経営者、「組織を代表する」経営者、への栄誉なのである。

九〇年十二月のパリでのＦＩＡ授賞式の二カ月前、アメリカでも宗一郎はまことにユニークな姿を見せていた。それもまた経営者としての宗一郎の一つの姿でもあったし、宗一郎の国際的磁力が八十三歳になってもまだ衰えていないことを示す姿だった。

九〇年十月、宗一郎はアメリカホンダの新社屋視察と記念植樹に、ロスアンジェルスを訪れた。そしてそのときに開かれていたホンダの北米ディーラー大会に飛び入り参加し、ディナー・パーティにも出た。

そこで宗一郎は、パーティの招待客を驚かせかつ喜ばせる、思いがけない行動に出た。ホテルのソムリエからジャケットを借り、腕にナプキンもかけ、ソムリエになりすましてテーブルすべてを回って愛想を振りまきながら、食前酒（アペリティフ）を注いだのである。酒を注がれた招待客の一人が、宗一郎は高齢でしかもその日は疲れていたはず、と感激してこういった。

「それが、疲れを一切出さずに、笑顔でサービスしている。ミスター本田がまえの年に、（アメリカの）自動車殿堂入りしたことは全部のディーラーが知っているし、彼をジャパニーズ・ヘンリー・フォードと呼んで誰もが尊敬していた。その彼からアペリティフを注いでもらっているわけだから、みんなも感激していましたよ、それはもう」

（『武夫』九七頁）

なんというサービス精神、なんという茶目っ気。しかも、八十三歳。そこから発散される人間的磁力の大きさ。宗一郎の人気が世界のあちこちで高いのも理解できようというものである。

こうして、宗一郎の最晩年にはきわめて名誉な国際的表彰が続いた。それはもちろん宗一郎の実績ゆえなのだが、しかし一方で宗一郎の人生がもうそう長くはないことを人々が感じ、宗一郎に与えられるべき名誉は生きているうちにきちんと表現したいという思いが、暗黙の内に共有されていたからかも知れない。

ロスアンジェルスでディーラーにサービスし、パリでセナをなぐさめてから約八カ月後、宗一郎は東京の病院に当初は検査目的の入院をし、そこでそのまま大往生をとげるのである。

大往生

井深大が宗一郎に最後に会ったのは、一九九一年五月十七日、雑誌の対談のために宗一郎が品川のソニー本社に出向いたときだった。足が多少不自由になっていた井深を気づかって、宗一郎の方から出かけたのである。宗一郎は元気だった。井深はこう書いている。

「私などより、ずっとお元気そうで、対談も楽しくすすみました。私が最近関心を持っている『気』について話し、自分でも『気』がわかるようになってきたというと、『おいおい、だいじょうぶかい。おまえもいよいよ危なくなってきちゃったな。香典の前払いをしようか』と茶化しておっしゃったのも、いかにも本田さんらしいところでした」

（『わが友』二〇頁）

宗一郎は、この対談の翌月の六月下旬、本田財団の用事でドイツのボンへさち夫人と旅たつ。現地でさち夫人が腰痛になり、その療養のためにバーデンバーデンという温泉地にとどまることになった。宗一郎は一人で東京へ戻った。

宗一郎が急いで東京へ戻ったのは、東海精機重工業時代に通った静岡大学工学部の同窓会の会合や友人がオープンした浜松方面のゴルフ場のオープニング・セレモニーがすでに予定されていたからであったが、ホンダの新任取締役の就任挨拶を受ける予定があったためでもあった。ホンダの新任取締役は株主総会の直前に、宗一郎の個人事務所を訪ねて挨拶をする慣例があったのである。

新任取締役の一人がデザインを長くやってきた岩倉信弥だった。その挨拶の場での宗一郎は、妙に涙もろく、やさしかったという。まだ宗一郎も知る由もなかったが、死期が近づいた人間の優しさだったのだろうか。宗一郎の死まで、あと一カ月を少し超えるだけの時間しか残されていなかった。

ドイツから帰国して間もなく宗一郎は腹痛を訴えたことがあったが、しかし予定通り浜松に出かけた。ゴルフ場ではハーフラウンドのプレーをしたという。その元気はまだあったのである。

そこへ、さち夫人が帰国した。ドイツにいる頃から宗一郎の体調がすぐれないと思っていたさち夫人は、すぐに病院を手配し、宗一郎を入院させた。九一年七月二十二日、入院先は東京・本郷の順天堂医院であった。順天堂医院の山内裕雄院長は、久米是志の旧制浜松一中での同級生だった。宗一郎は一九八七年頃から、山内院長を頼って順天堂をかかりつけの病院としていた。宗一郎は、「じゃあ、行ってくる」といつものような様子で家を出たという。

しかし、宗一郎は肝臓ガンで末期症状だった。手の施しようがなかった。

さち夫人が「宗一郎の体調がおかしい」とドイツで感じたのは、そして帰国後すぐに宗一郎を入院させたのは、じつに正しい判断だったのである。宗一郎は、人生の最後まで、さち夫人の世話になったことになる。夫婦なのだから当然だともいえるが、しかし、自由奔放に生きた宗一郎の傍らで、花柳界などとの関係も含め酸いも甘いも噛み分けて、そしてすべてを呑み込んで支え続けたさち夫人の存在がなければ、宗一郎の人生もこれほど幸せなものにはなっていなかったであろう。宗一郎自身が、たびたびそういっていた。

順天堂に入院するとすぐに、宗一郎の体力は衰えていった。長年の糖尿病と肝臓の機能不全で身体に相当のガタがきていたのであろう。ただ、痛みなどで苦しむことはなく、気力はまだあった。宗一郎は入院後昼夜が逆転したような生活になり、リハビリのためといって夜中に部屋の中をさち夫人の肩につかまっては歩いていたという。最後の最後も、さち夫人の肩だったのである。

七月二十九日には、F1ドイツグランプリのテレビ中継を夜中に見ていた。ウィリアムズ・ルノーが圧倒的な強さで優勝し、マクラーレン・ホンダのアイルトン・セナはガソリン切れで最後の周回を前にリタイアしていた。宗一郎は、セナのリタイアを悔しがったという。そして、翌七月三〇日には川本が見舞いに訪れ、ホンダF1の報告をしていった。

その夜から、宗一郎の意識は混濁し始めた。順天堂医院の山内院長は宗一郎の最後の数日のことを、次のように書いている。

「亡くなる三日前、朦朧とした意識の中で『俺は浜松に帰る』と言われた。『元気になられたら、私と一緒に帰りましょう』と言ったところ、私を見てニコッとされたかに見えた。ご家族は無理をしないで自然に逝かせてあげたいというご意志であった。私は、『過去形で言うのも申し訳ないけれども、本当に素晴らしいご一生でした』と申し上げていた。眠られるように息を引き取られた」

（『ミスターホンダ』六九頁）

一九九一年八月五日、午前十時四十三分。享年、八十四歳。わずか十五日間の入院であった。大往生というべきであろう。藤澤の急逝から機首を下げ始めた宗一郎という飛行機は、いくつもの国際的栄誉という地上からの拍手の中、徐々に高度を下げながらも死の間際まで活動的であり続け、最後は家族に見守られてスムースなソフトランディングをした。見事な人生の着陸であった。

お礼の会

宗一郎の葬式は、一切行われなかった。

本田家では、宗一郎の遺志通り、密葬の形の葬儀すら行わなかった。西落合の自宅からほど近い落合斎場で荼毘に付しただけである。火葬場に出向いたのは、さち夫人、長男夫妻、長女夫妻など身内だけで、火葬場の担当者が「お坊さんは来なくていいんですか」と心配したという。宗一郎の墓もそうであるが、まったくの無宗教の人生の最後だったのである。

もちろん、ホンダとしての社葬も行われなかった。宗一郎は日頃から、「クルマ屋のおれが葬式を出して大渋滞を起こしちゃあ申し訳ない」といっていた。次男の勝久が亡くなったときは、宗一郎はまだ現役の社長で、その葬儀に大変な数の人が来た。藤澤の社葬でも三〇〇〇人もの参列者があった。自分のときはそれ以上になるだろうと分かっていたのだろう。ただし、藤澤の社葬は宗一郎の意思でもあった。藤澤なくしてホンダなし、という宗一郎の気持が、藤澤の社葬は出してやりたい、と思わせたのだという。しかし、自分の社葬は断固拒否なのである。

社葬は望まなかったが、宗一郎は周囲にこうも話していた。

「素晴らしい人生を送ることができたのもお客さま、お取引先の皆さん、社会の皆さん、そして従業員の皆さんのおかげである。おれが死んだら、世界中の新聞にありがとうという感謝の気持ちを掲載してほしい」

（『50年史』三二二頁）

こうした宗一郎の遺志を考え、しかし宗一郎らしい感謝の表現として、本田家とホンダの経営陣は相談して、「お礼の会」を本社と各事業所で行うことにした。宗一郎の人生をもり立てて下さったお客様や関係者の皆さんに、宗一郎に代わってホンダがお礼を申し上げる会、という形式にしたのである。本社・青山会場では九月五日から九三日間、誰でも参加できる、長時間の会である。熊本、鈴鹿、浜松、埼玉、栃木の各会場でも九月六日から八日にかけて行われた。

本社・青山会場の中央には宗一郎の写真が参加者に語りかけるように掲げられた（口絵を参照）。写真のバックは赤色に塗られた大きなボードで、そこには白字で「皆様のおかげで幸せな人生でした。どうもありがとう」という言葉と宗一郎のサインが、日本語と英語で写真の左右に書かれていた。そして添えられた花は、宗一郎が好きだったコスモス。会場には、宗一郎が作り出した製品やF1カー、そして宗一郎の絵、さまざまな賞のメダルや勲章なども展示された。

創業者の死去に際して、社葬ではないお礼の会を開催するのは前代未聞であった。いかにも宗一郎の残したホンダらしい、独創的な試みでもあった。ただ、さち夫人や長男の博俊氏などのご遺族、あるいは社長の川本をはじめとするホンダの役員たち、などお礼の会で参列者に挨拶をしなければならない人たちにとっては、三日間午前十時から午後五時までの行事は大変であったろう。

しかし、大成功であった。会場には平服の一般の人々が大勢集まり、老若男女・世代を超えた多くの人々が、宗一郎の写真に手を合わせ、宗一郎を偲んで語り合ったりしていた。六つの会場を合わせた来場者は、三日間で六万二〇〇〇人を超えた。その中には、井深大もいたし、もちろん政財界の方々もいた。井深はお礼の会について、こういっている。


「お葬式やお通夜もなさらない。本田さんはこの世の中にいろいろなものを残されたが、これは私が本田さんに一番最後に感心させられた大事件である」

（『50年史』三二三頁）

井深のように「お礼の会」に感銘を受けた人は、多かった。各会場には、さまざまな形の感謝の印が参加者から寄せられた。そのいくつかの写真が、『ミスターホンダ』に掲載されている。札幌在住の方が、十数年前に宗一郎の講演を聞いて大ファンとなって息子を宗一郎と命名した、その息子と宗一郎氏にお礼をいいたくてやって来ました、と鈴鹿会場に寄せた礼状がある。青山会場に寄せられたホンダ関係者夫妻からの色紙には、その奥様のこんな俳句が見事な筆で書かれている。

「爽やかに夢の車でゆきたまふ」

（『ミスターホンダ』七一頁）

そうか、やるか

宗一郎が亡くなって六日後の八月十一日、F1のハンガリーグランプリがブタペスト郊外のハンガロリンクで行われた。七月二十九日のドイツグランプリで無念のリタイアとなったアイルトン・セナは、このレースに喪章をつけて登場した。セナだけでなく、マクラーレン・ホンダチーム全員が黒い喪章をつけてレースに臨んだのである。このグランプリは、宗一郎を慕っていたセナにとって、弔い合戦となった。

セナは、当然のようにポールポジションをとり、そして鬼気迫るドライビングで一度も他の車にリードを許すことなく、チェッカーフラッグを受けた。五月から勝利のなかったセナの、六試合ぶりの完璧な優勝であった。そして、試合後の優勝インタビューでセナは涙を流しながら、天国の宗一郎への追悼の言葉を語った。

"Keep smiling on your face and stay in peace."

（大下英治『人間・本田宗一郎』光文社文庫、二〇〇三年、五六一頁）

セナの勝利と宗一郎への言葉は、F1を最後の最後まで気にしていた宗一郎にとって、何よりの花むけであったろう。七月三〇日に見舞いに訪れた川本は、F1について報告をしたいといって病院を訪れていたのである。見舞いというと、宗一郎がいやがるからである。

川本の報告のうち一つは、F1で負けています、ということ。そして第二の報告は、しかしやめません、年間チャンピオンに勝つまで続け、それからやめます、ということだった。「勝つまで続けます」という川本の言葉を聞くと、宗一郎は急に身を乗り出すようにしてベッドのサイドパイプをつかみ、目をガッと見開いた。そして、川本に向かってこういった。

「そうか、やるか」

長い入院生活でヒゲの生えた顔の奥で、宗一郎の目が光っていた。まだそれだけの闘争心が残っていた。

その夜から、宗一郎は部屋を歩き回ることをやめ、静かにベッドに横たわるようになった。そして、他人との言葉のコンタクトがなくなり、意識が混濁し始めた、と川本はのちにさち夫人から聞いた。

「そうか、やるか」は宗一郎が意識を持って他人に話した、最後の言葉の一つだったのである。

さらに宗一郎は、静かに眠りつつ、「そうか、やるか、よくやるな」とつぶやくようにうわごとをいったそうである。宗一郎は山内院長の前でも、「俺は浜松に帰る」、と朦朧とした意識の中でうわごとをいっている。そのときの「浜松」とは、じつは宗一郎の郷里である、光明村船明のことではなかったか。

「そうか、やるか」。「浜松に帰る」。

F1と光明村船明が、冥界へと旅立ちはじめた宗一郎の夢の中に出てきたのであろうか。

宗一郎は富士山の麓、富士霊園に葬られている。近くにある富士スピードウェイから、しばしばレーサーの爆音が聞こえてくる。日本一の霊峰がすぐ手が届くようなところに見える。そして宗一郎の墓には今も訪れる人が絶えず、つねにいくつもの花束が手向けられている。

富士山麓の南斜面に造られたこの広大な霊園の中で、宗一郎の墓所だけが周囲とかなり趣きが異なる。敷地の広さも広いのだが、他の墓所と九〇度角度が異なって作られているのである。他の墓所は斜面の向きにしたがって南向けに作られ、墓石も斜面を見下ろすように南方向を向いて建てられている。しかし宗一郎の墓所だけが斜面を直角に横切るように西の方向を向いて作られ、宗一郎の墓石もまた西の方角を向いている。

西は浜松の方角である。墓石は大きな黒御影石で、戒名も墓誌も何もなく、ただ「本田」とだけ宗一郎の書体で彫られている。この墓所も墓石も、宗一郎が生前自分で決めていたものである。墓所の一隅には、もう一つ古い墓石が建っている。父儀平が本田家の墓として自らの手で彫った墓を、宗一郎が浜松から移設したものである。

宗一郎は、父儀平と同じ墓所で、遠く西に光明村船明を望んで、眠っている。そして、レーシングエンジンの爆音だけが響いている。

宗一郎の墓

船明の天地と父の背中から始まり、マン島を経てF1で終わった、天衣無縫に夢を追い続けた快男児の人生。それにふさわしい永眠のピットである。

参考文献

『本田技研工業社史――創立7周年記念特集』本田技研工業、一九五五年
『TOP TALKS――先見の知恵』本田技研工業、一九八四年
『Mr. HONDA FOREVER　ポールポジション特別号　故本田宗一郎最高顧問追悼集』本田技研工業、一九九一年
『語り継ぎたいこと――チャレンジの50年』本田技研工業、一九九九年
『ホンダ月報』本田技研工業
『ホンダ社報』本田技研工業
『ホンダ監督者弘報』本田技研工業
本田宗一郎『ざっくばらん』自動車ウィークリー社、一九六〇年（ＰＨＰ研究所、二〇〇八年、復刻）
本田宗一郎『得手に帆をあげて』わせだ書房、一九六二年（三笠書房、二〇〇〇年、新装版）
本田宗一郎『私の履歴書　第17集』日本経済新聞社、一九六二年
本田宗一郎『俺の考え』実業之日本社、一九六三年（新潮文庫、一九九六年）
本田宗一郎『スピードに生きる』実業之日本社、一九六四年（実業之日本社、二〇〇六年、新装版）
本田宗一郎『私の手が語る』講談社、一九八二年
本田宗一郎『本田宗一郎は語る――不常識を非真面目にやれ』講談社、一九八五年
本田宗一郎『本田宗一郎　夢を力に――私の履歴書』日経ビジネス人文庫、二〇〇一年

本田宗一郎『やりたいことをやれ』ＰＨＰ研究所、二〇〇五年
本田宗一郎・田川五郎『本田宗一郎　おもしろいからやる』読売新聞社、一九八四年
藤沢武夫『松明は自分の手で』産業能率短期大学出版部、一九七四年（ＰＨＰ研究所、二〇〇九年、復刻）
藤沢武夫『経営に終わりはない』ネスコ、一九八六年（文春文庫、一九九八年）

池田政次郎『終わりなき走路　本田宗一郎の人生』東洋経済新報社、一九九一年
井深大『わが友　本田宗一郎』ワック、二〇〇四年
岩倉信弥『本田宗一郎に一番叱られた男の本田語録――人生に「自分の哲学を持つ人」になれ』三笠書房、二〇〇六年
岩倉信弥『かたちはこころ――本田宗一郎直伝　モノづくり哲学』ＪＩＰＭソリューション、二〇〇九年
海老沢泰久『Ｆ１地上の夢』朝日文芸文庫、一九九三年
大下英治『人間・本田宗一郎――夢を駆ける』光文社文庫、二〇〇三年
片山修『本田宗一郎と昭和の男たち』文春新書、二〇〇四年
久米是志『「無分別」のすすめ――創出をみちびく知恵』岩波アクティブ新書、二〇〇二年
久米是志『「ひらめき」の設計図』小学館、二〇〇六年
小堺昭三『鬼才と奇才――本田宗一郎・藤沢武夫物語』日本実業出版社、一九八四年
崎谷哲夫『ホンダ超発想経営――本田宗一郎と藤沢武夫の世界』ダイヤモンド社、一九七九年
桜井淑敏『本田宗一郎、セナと私の闘うことと愛すること』青春出版社、一九九五年
佐藤正明『ホンダ神話　教祖のなき後で』文藝春秋、一九九五年（文春文庫、二〇〇〇年）
城山三郎『本田宗一郎との一〇〇時間――燃えるだけ燃えよ』講談社、一九八八年

（城山三郎『城山三郎伝記文学選　第六巻』岩波書店、一九九八年に収録。本書の引用は同書による）
城山三郎・河島喜好ほか『本田宗一郎――その「人の心を買う術」』プレジデント社、二〇〇七年
中部博『定本　本田宗一郎伝――飽くなき挑戦　大いなる勇気』三樹書房、二〇〇一年
中村良夫『F-1グランプリ――ホンダF-1と共に１９６３―１９６８』三樹書房、一九八八年
中村良夫『ひとりぼっちの風雲児』山海堂、一九九四年
日経ベンチャー編『本田宗一郎と松下幸之助（改訂版）』日経BP社、二〇〇八年
西田通弘『語りつぐ経営――ホンダとともに30年』、講談社、一九八三年
西田通弘『「長」と「副」の研究――本田宗一郎と藤沢武夫に学ぶ』かんき出版、一九八七年
野村篤『評伝本田宗一郎――創業者の倫理と昭和ものづくりの精神』青月社、二〇〇八年
原田一男『人間・本田宗一郎の素顔』ごま書房、二〇〇八年
前間孝則『マン・マシンの昭和伝説（下）――航空機から自動車へ』講談社文庫、一九九六年
宮戸公明ほか編『HONDA 50 Years ホンダ50年史』八重洲出版、一九九八年
山下克吉『ホンダ四輪の挑戦――世界最後発からのスタート』尚学社、二〇〇五年
山本祐輔『藤沢武夫の研究』かのう書房、一九九三年
吉田匠ほか『ホンダ３６０ストーリー――１９６３―１９８５』三樹書房、一九九七年
和田一夫・由井常彦『豊田喜一郎伝』名古屋大学出版会、二〇〇二年

あとがき

原稿をすべて出版社に渡し、あとがきを書く段階まできた。しかし、何かこの本から去りがたい気分がある。

まだ、本田宗一郎という人物の余韻が体の中で鳴っている。そして、取材の際に経験した、宗一郎が十八歳のときに作った最初のレーサーとホンダの最初のF1カーのエンジンの轟音が、体の底で響いている。

また、さまざまな資料の中で読んだり取材の際にお聞きした、宗一郎語録のいくつかが心にすぐ浮かぶ。宗一郎という人は、偉大な技術者・経営者として多くのすぐれた製品とホンダという企業を残し、また多くの若い人たちを育てたばかりでなく、心にしみる言葉を数多く残した人だった。

・やってみもせんで、何がわかる
・こわれているお客の心を直すまでして、本当の修理業である
・能率とはプライベートの生活をエンジョイするために時間を酷使することである

・成功は九十九％の失敗に支えられた一％である
・創意工夫は苦しまぎれの知恵である
・真似をして楽をしたものはその後に苦しむことになる
・不常識を非真面目にやれ
・人を動かすことのできる人は、他人の気持ちになることができる人である
・哲学のない人は経営をやることができない
・技術そのものより、その前の思想が大切である
・理念なき行動は凶器であり、行動なき理念は無価値である
・右手は左手をかばって、必要以上に可愛がってやればいい

私は経営学者で、経営や企業の理論についての本あるいは産業分析の本はたくさん書いてきたが、まさか一人の個人の評伝を書くことになろうとは思ってもみなかった。自分の意思とか希望とかを超えて、何かの運命のいたずらでこうした本を書くことになった、という思いが強い。ご縁があったのであろう。

ミネルヴァ書房から日本評伝選という壮大な企画案とともに、本田宗一郎の担当候補者として私を考えたいという依頼状が届いたときには、「なぜ私が」と驚いた。だが、本田宗一郎という人物には興味があったし、しかもなんと卑弥呼から書き起こして何年かかってもやり遂げるというシリーズ企

画の壮大さである。私の中の何かがそれに共鳴して、二つ返事で引き受けてしまった。もう、八年も前のことである。

たしかに私は日本の自動車産業の戦後の発展に関する本を二冊、共著で出している。その内の一冊の中で、「チャンピオンとマベリック」というタイトルでトヨタとホンダを比較した論文を書いた。また、本田宗一郎と藤澤武夫にはむかしから興味があり、「二人の天才」というタイトルで小さな論文を書いたこともあった。だから日本の自動車産業については少量の研究歴があるのだが、まさか宗一郎の評伝を自分が書くことになろうとは、夢にも想像していなかった。

しかし、書いてみてよかった、というのが書き終わったいまの本音である。宗一郎という人物にますます興味が湧いてきたのみならず、一人の人物を描くという作業も面白いものだと思えた。さらに、宗一郎の生き様を現代の読者に紹介することにそれなりの意義を自分で感じることができた。

二十一世紀になって十年、多くの日本企業が世界の中で漂流している。韓国に追い上げられ、中国の成長に驚き、しかし自分たちは日本に閉塞しがちである。内向きである。世界の中で、何を目指して、どこへ行きたいのか、何を心棒にしようとしているのか、それがはっきりしない企業が多いようだ。

その一方で、「坂の上の雲」だの「龍馬」だの、日本という国が一丸となって何かを目指していた明治維新前後の時代へのノスタルジーが社会のあちこちに見られる。あるいは、戦後の復興期や高度成長期、国民上げて無我夢中の努力をしていた時代へのあこがれも感じる。

宗一郎は終戦直後に徒手空拳で本田技研工業を創業したのち、経済復興の波に乗って成長し、浜松から東京へと飛躍していった。そして日本の高度成長とともにさらに会社を発展させ、世界のホンダを作り上げた。その上、宗一郎が社長から引退したのは日本の高度成長が終わったその年(一九七三年)であった。まことに宗一郎は、戦後の経済復興と高度成長の象徴のような経営者人生を送ったのである。

そういう宗一郎のような人物像を、いまという時代、現在の日本の状況が、求めているように思える。しかも、宗一郎は強烈なキャラクターの経営者で、その事績と残された言葉から二十一世紀のわれわれが汲み出せるものも多そうである。だが、宗一郎について書かれた本は多いものの、彼の誕生から逝去までの一生を経営者としての視点を中心に書いた本が、意外にもほとんどない。

しかし、評伝を書くという作業には、私は素人同然である。資料の収集から読み方、使い方、そして人間像の描き方、まったく自己流で手探りでやらざるを得なかった。資料を読み始めて早い段階でこの本の副題とすることに決めた「やってみもせんで、何がわかる」は、私のこの本の作業プロセスのモットーにもなったのである。その自己流の作業を自分としては楽しんでやれたと思っている。いやそれ以上に、何かに動かされて「書かされている」という感覚もあった。

この本の作業のごく初期の段階で、私は宗一郎が生まれた村(光明村船明)と宗一郎のお墓(富士霊園)を訪れた。伝記を書くにあたって、まず生誕と永眠の現地に自分の体を置いてみたかったのである。それも、自己流というべきだろう。しかしそのときに二つの土地で感じたことが、この本全体のモチーフや構成の一つの基礎になっている。

たとえば、本の冒頭とエンディングに、それが反映されている。あるいは、トヨタと宗一郎の関係を考え始めたのも、この訪問からである。

光明村（現浜松市天竜区山東）を訪れた際に、最寄り駅の天竜浜名湖鉄道の二俣駅のレストランで昼食をとった。なんと「菜めし田楽」がメニューにあった。串刺しにして焼いた豆腐に味噌だれをかけた田楽に、大根の葉をめしに混ぜた「菜めし」がついた、私の郷里である愛知県豊橋の郷土料理である。他の町では見たことがなかったし、豊橋でも食べさせる店は一軒しか知らない。しかし、それが二俣で食べられたのは、考えてみれば不思議ではないのかも知れない。むかしの国鉄時代、豊橋を起点として二俣を終点とする、浜名湖西岸から北岸を走る二俣線という路線があったから、豊橋と二俣はつながっていたのである。私は、その二俣線に子供の頃によく乗った。

菜めし田楽という私にとっての究極の郷土料理を宗一郎の生まれ育った二俣の駅で食べたとき、何かのご縁を感じたし、また二俣線の豊橋と二俣の中ほどに鷲津という駅があり、そこが豊田佐吉の生まれた土地であることも思い出した。私はそのときはまだ、戦前の東海精機重工業時代の宗一郎とトヨタの深い関係は知らなかったが、豊田佐吉と本田宗一郎という遠州が生んだ二人の偉人が案外と「ご近所さん」だったと気が付いたのである。

本田宗一郎については、多くの資料が存在する。彼について書かれた本も多いし、本人が書いた本も何冊かある。本田技研工業の社史も充実している。その上、本田技研工業のご厚意で、いくつかの社内資料も見せていただいた。したがってこの本を書くにあたっては、資料集めそのものはそれほど問題ではなく、むしろ多くの情報とエピソードの中からどれを書かないことにするかが一番の悩みであった。

その取捨選択には、宗一郎の人生についての土地勘、臨場感を自分なりに持つことが必要だった。そのためには、資料の読み込みは当然だが、宗一郎をよく知る方々へのインタビューが、情報を得るだけでなく雰囲気を感じるために、不可欠であった。旧知の川本信彦さん（元本田技研工業社長）には取材開始の最初の段階からインタビューのみならずさまざまなご協力をいただき、ツインリンクもてぎでの見学とレーサーの実車体験などもお世話いただいた。東京グラフィックデザイナーズ社長の尾形次雄さんには度重なるインタビューと資料や写真の提供で、本田技研工業広報部の中島隆一さんには取材のアレンジ、資料と写真提供、さらに原稿チェック、などさんざんにお世話になった。このお三方なくして、この本は書けなかった。とくに明記して、深くお礼申し上げたい。

また、久米是志さん（元本田技研工業社長）には、インタビューだけでなくいくつもの資料をご紹介いただき、またご著書から多くの引用をさせていただいた。元本田技研工業役員の山田建己さん、岩倉信弥さん、宍戸俊雅さんにも、取材などのご協力を頂いた。深謝あるのみである。

こうした資料や取材情報の使い方として私が立てた原則は、なるべく当事者の発言を生の形で収録することによって少しでも臨場感を出す、ということであった。だから、引用を多用した。そして、何かの資料にある発言を引用する場合には必ず引用先の文献を明示した。引用先の示してない発言は基本的に私自身のインタビューによるものである。

しかしさまざまな歴史的事実については、資料原典も多様に存在するので、とくにその資料先を示さずに私の判断で事実と考えたことを書いている。もちろん、参考にした文献資料はすべて巻末にリストアップしている。こうしてでき上がった原稿を多くの関係者に読んでいただき、指摘された訂正はしているので、事実としての間違いはないだろうと思っている。

この本が実際に世に出るには、出版社での編集作業が不可欠である。それを担当してくださるミネルヴァ書房の堀川健太郎さんに、お礼を申し上げると同時に、こうした「自分でも思ってもみなかった」仕事を与えてくださったミネルヴァ書房にも、感謝申し上げたい。

本書は、東京理科大学総合科学技術経営研究科イノベーション研究センターの研究叢書第二号として出版されている。同センターからの研究助成に対し、記して感謝したい。

二〇一〇年五月

伊丹敬之

本田宗一郎略年譜

和暦	西暦	齢	関連事項	一般事項
明治三九	一九〇六	0	11・17静岡県磐田郡光明村にて生まれる（父儀平、母みかの長男）。	
四三	一九一〇	4	11・10藤澤武夫誕生。	
大正 二	一九一三	7	4月光明村立山東尋常小学校入学。	
一一	一九二二	16	3月二俣町立尋常高等小学校卒業。4月アート商会入社。	
一二	一九二三	17		9・1関東大震災。
昭和 三	一九二八	22	4月アート商会浜松支店を創業。	
六	一九三一	25		9・18満州事変。
一〇	一九三五	29	11月磯部さちと結婚。	
一二	一九三七	31	4月ピストンリング事業の東海精機重工業を創業。浜松高等工業機械科聴講生入学。	7・7盧溝橋事件。
一六	一九四一	35		12・8真珠湾攻撃。
一七	一九四二	36	トヨタが東海精機に四〇％資本参加。	

二〇	一九四五	39	9月トヨタに東海精機株式譲渡、人間休業宣言。	8・15終戦。
二一	一九四六	40	9月本田技術研究所を浜松で創業。	
二二	一九四七	41	11月ホンダA型補助エンジン生産開始。	
二三	一九四八	42	8月D型ドリーム号開発。9・24本田技研工業株式会社設立。	
二四	一九四九	43	10月藤澤武夫、常務として本田技研工業に参加。	
二五	一九五〇	44	3月東京進出・東京営業所開設。9月工場も東京進出（北区上十条）。	6・25〜朝鮮戦争。
二六	一九五一	45	10月E型ドリーム号発売。	9・8サンフランシスコ平和条約調印。日米安全保障条約調印。
二七	一九五二	46	4月本社、東京へ移転。宗一郎、藍綬褒章受章。6月補助エンジンF型カブ発売。10月四億五〇〇〇万円の工作機械輸入計画決定。	
二八	一九五三	47	1月大和工場建設開始（三万坪）。4月白子工場フル稼働開始。6月ベンリイ号発売。ホンダ労働組合結成。11月永年保障制度開始。	
二九	一九五四	48	1月ジュノオ発売（スクーター）。株式店頭上場。3月マン島TTレース出場宣言。4月経営危機表面化、ドリーム号緊急生産。浜松製作所葵工場完成。6月宗一郎、マン島レース視察へ欧州旅行。10月TTレ	

			ース推進本部設置。	
三一	一九五六	50	1月「社是・運営の基本方針」を制定。	12・18日本、国際連合に加盟。
三二	一九五七	51	6月埼玉製作所内に技術研究所発足。7月ホンダ労働組合、ストライキ。9月ドリームＣ70発売。12月東京証券取引所上場。	8・27東海村原子炉点火。
三三	一九五八	52	7月スーパーカブ発売。9月四輪開発の第三研究課発足。	
三四	一九五九	53	5月アメリカホンダ設立。6月マン島ＴＴレース初参戦、メーカーチーム賞受賞。	
三五	一九六〇	54	4月鈴鹿製作所開所。7月株式会社本田技術研究所発足。	安保闘争。池田内閣、国民所得倍増計画。
三六	一九六一	55	5月通産省、自動車行政基本方針発表。6月マン島レース完全優勝。	
三七	一九六二	56	6月鈴鹿サーキットでＳ３６０、Ｔ３６０発表。9月鈴鹿サーキット竣工。10月本田弁二郎、常務で退社。	
三八	一九六三	57	5月ベルギーホンダ、操業開始。10月創立十五周年行事を京都で開催。12月軽トラックＴ３６０と小型スポーツカーＳ５００発売。	
三九	一九六四	58	1月Ｆ１への出場を宣言。4月藤澤、副社長に就任。	10月東京オリンピック。

			6月役員室制度発足。7月全国でホンダSFの建設開始。8月F1ドイツグランプリで初参戦。12月四輪専門の狭山製作所での第一号車ラインオフ（S600）。	
四〇	一九六五	59	10月F1メキシコグランプリ初優勝。	2・7アメリカが北ベトナムへの空爆開始。
四一	一九六六	60	9月二輪世界GP5クラス完全制覇。F2で年間十一連勝達成。9月研究所に大気汚染対策研究室発足。10月軽乗用車N360発表。	
四二	一九六七	61	3月N360発売。5月N360軽乗用車月間販売首位となる。9月F1イタリアグランプリ優勝。10月鈴鹿製作所四輪工場稼働。	
四三	一九六八	62	1月軽四輪Nシリーズ（乗用車、トラックなど）で月間販売首位に。7月空冷のF1車フランスグランプリでクラッシュ、ドライバー事故死。10月空冷小型乗用車H1300発表。11月F1からの「一時休止」発表。	学生運動激化。
四四	一九六九	63	4月二輪CB750（ナナハン）輸出開始。5月H1300発売。6月N360欠陥車騒動起きる。8月藤澤、久米らと熱海会談。10月軽乗用車ライフ	

四五	一九七〇	64	(水冷)量産開発開始。4月四専務体制に移行。7月シビック開発プロジェクト発足。8月ユーザーユニオンが宗一郎を殺人罪で告訴。12月マスキー法発効、低公害エンジンプロジェクト大幅拡充。	3~9月大阪で万国博覧会。
四六	一九七一	65	2月宗一郎、CVCCエンジンの開発成功を発表。4月宗一郎、本田技術研究所社長退任。6月ホンダライフ発売。宗一郎、殺人罪の不起訴決定。11月ユーザーユニオン幹部と弁護士が恐喝罪で逮捕。	6・17沖縄返還協定調印。
四七	一九七二	66	7月シビック発売。10月CVCCエンジン全容発表。12月CVCCエンジン、マスキー法規制合格。トヨタにCVCC技術供与契約。シビック、カーオブザイヤー受賞。	2月札幌オリンピック。9・29日中共同声明。
四八	一九七三	67	3月次男勝久死去。10月宗一郎と藤澤、社長・副社長を退任し取締役最高顧問に。河島喜好、ホンダ第二代社長に就任。11月オイルショック発生。12月シビックCVCC発売。	オイルショック。
四九	一九七四	68	1月全国従業員握手旅行開始。	
五〇	一九七五	69		4・30ベトナム戦争終結。
五一	一九七六	70		7・27田中角栄前首相逮捕。

五二	一九七七	71	12月本田弁二郎とともに、本田財団設立。	
五三	一九七八	72		5・20成田空港開港。
五四	一九七九	73		第二次オイルショック。6月東京サミット開催。12月ソ連がアフガニスタン侵攻。
五五	一九八〇	74	4月戦後生まれの企業として初めて、売上一兆円達成。12月アメリカ機械学会ホーリーメダル受賞。	
五六	一九八一	75	4月宗一郎、勲一等瑞宝章受章。	
五八	一九八三	77	7月ホンダ、F1に復帰。10月久米是志、ホンダ第三代社長に就任。	青函トンネル開通。
五九	一九八四	78	6月宗一郎と藤澤、取締役退任。	
六一	一九八六	80	ホンダ、F1で初の年間チャンピオン。	バブル景気。
六二	一九八七	81		4・1国鉄の分割民営化。
六三	一九八八	82	ホンダ、F1で年間十六戦中十五勝。12・30藤澤武夫、逝去。享年七八歳。	
六四 平成元	一九八九	83	10月アメリカ自動車の殿堂入り。	1・7昭和天皇没。2月ソ連アフガニスタンから撤退。6月中国で天安門事件。11月ベルリンの壁崩壊。
二	一九九〇	84	6月川本信彦、ホンダ第四代社長に就任。12月国際	8・2イラク、クウェートに侵

二	一九九〇	84	自動車スポーツ連盟ゴールデンメダル受賞。	攻。
三	一九九一		8・5肝臓ガンで逝去。享年八四歳。	1・17湾岸戦争。12・26ソ連消滅。バブル崩壊。

ま　行

や　行

人名索引

あ 行

か 行

さ 行

た 行

な 行

は 行

《著者紹介》

伊丹敬之（いたみ・ひろゆき）

1945年　愛知県豊橋市生まれ。
1969年　一橋大学商学研究科修士課程修了。
1972年　カーネギーメロン大学経営大学院博士課程修了・Ph.D.。
一橋大学商学部助教授，一橋大学商学部教授を経て，
1994～96年　一橋大学商学部長。
現　在　東京理科大学専門職大学院総合科学技術経営研究科教授・研究科長，一橋大学名誉教授。
著　書　『経営戦略の論理』日本経済新聞社，1980年。
『人本主義企業――変わる経営変わらぬ原理』筑摩書房，1987年。
『日本型コーポレートガバナンス――従業員主権企業の論理と改革』日本経済新聞社，2000年。
『イノベーションを興す』日本経済新聞出版社，2009年，ほか多数。

ミネルヴァ日本評伝選
本《ほん》田《だ》 宗《そう》一《いち》郎《ろう》
――やってみもせんで，何がわかる――

2010年９月10日　初版第１刷発行
2014年８月20日　初版第４刷発行
〈検印省略〉

定価はカバーに
表示しています

著　者　伊　丹　敬　之
発行者　杉　田　啓　三
印刷者　江　戸　宏　介

発行所　株式会社　ミネルヴァ書房
607-8494　京都市山科区日ノ岡堤谷町１
電話（075）581-5191（代表）
振替口座 01020-0-8076番

共同印刷工業・新生製本

ISBN978-4-623-05855-6
Printed in Japan

刊行のことば

歴史を動かすものは人間であり、興趣に富んだ人間の動きを通じて、世の移り変わりを考えるのは、歴史に接する醍醐味である。

しかし過去の歴史学を顧みるとき、人間不在という批判さえ見られたように、歴史における人間のすがたが、必ずしも十分に描かれてきたとはいえない。二十一世紀を迎えた今、歴史の中の人物像を蘇生させようとの要請はいよいよ強く、またそのための条件もしだいに熟してきている。

この「ミネルヴァ日本評伝選」は、正確な史実に基づいて書かれるのはいうまでもないが、単に経歴の羅列にとどまらず、歴史を動かしてきたすぐれた個性をいきいきとよみがえらせたいと考える。そのためには、対象とした人物とじっくりと対話し、ときにはきびしく対決していくことも必要になるだろう。

今日の歴史学が直面している困難の一つに、研究の過度の細分化、瑣末化が挙げられる。それは緻密さを求めるが故に陥った弊害といえるが、その結果として、歴史の大きな見通しが失われ、歴史学を通しての社会への働きかけの途が閉ざされ、人々の歴史への関心を弱める危険性がある。今こそ歴史が何のためにあるのかという、基本的な課題に応える必要があろう。評伝という興味ある方法を通じて、解決の手がかりを見出せないだろうかというのも、この企画の一つのねらいである。

狭義の歴史学の研究者だけでなく、多くの分野ですぐれた業績をあげている著者たちを迎えて、従来見られなかった規模の大きな人物史の叢書として、「ミネルヴァ日本評伝選」の刊行を開始したい。

平成十五年（二〇〇三）九月

ミネルヴァ書房

ミネルヴァ日本評伝選

企画推薦
梅原　猛
ドナルド・キーン
佐伯彰一
角田文衞

監修委員
上横手雅敬
芳賀　徹

編集委員
石川九楊
伊藤之雄
猪木武徳
今谷　明
今橋映子
熊倉功夫
佐伯順子
坂本多加雄
武田佐知子
竹西寛子
西口順子
兵藤裕己
御厨　貴

上代

*俾弥呼　古田武彦
日本武尊　西宮秀紀
仁徳天皇　若井敏明
雄略天皇　吉村武彦
*蘇我氏四代　遠山美都男
推古天皇　義江明子
聖徳太子　仁藤敦史
斉明天皇　武田佐知子
小野妹子・毛人　大橋信弥
*額田王　梶川信行
弘文天皇　遠山美都男
天武天皇　新川登亀男
持統天皇　丸山裕美子
阿倍比羅夫　熊田亮介
*藤原四子　木本好信
柿本人麻呂　古橋信孝
*元明天皇・元正天皇　渡部育子
聖武天皇　本郷真紹
光明皇后　寺崎保広
孝謙天皇　勝浦令子
藤原不比等　荒木敏夫
吉備真備　今津勝紀
*藤原仲麻呂　木本好信
道　鏡　吉川真司
大伴家持　和田　萃
*行　基　吉田靖雄

平安

*桓武天皇　井上満郎
嵯峨天皇　西別府元日
宇多天皇　古藤真平
醍醐天皇　石上英一
村上天皇　京樂真帆子
花山天皇　上島　享
*三条天皇　倉本一宏
藤原薬子　中野渡俊治
小野小町　錦　仁
藤原良房・基経　瀧浪貞子
菅原道真　竹居明男
*紀貫之　神田龍身
源高明　所　功
*安倍晴明　斎藤英喜
藤原実資　橋本義則
*藤原道長　朧谷　寿
藤原伊周・隆家　倉本一宏
藤原定子　山本淳子
清少納言　後藤祥子
紫式部　竹西寛子
和泉式部　ツベタナ・クリステワ
大江匡房　小峯和明
*阿弖流為　樋口知志
坂上田村麻呂　熊谷公男
*源満仲・頼光　元木泰雄
平将門　西山良平
藤原純友　寺内　浩
空　海　頼富本宏
最　澄　吉田一彦
*空　也　石井義長
奝　然　上川通夫
*源　信　小原　仁
後白河天皇　美川　圭
式子内親王　奥野陽子
建礼門院　生形貴重
藤原秀衡　入間田宣夫
平時子・時忠　元木泰雄
平維盛　根井　浄
守覚法親王　阿部泰郎
藤原隆信・信実　山本陽子

鎌倉

源頼朝　川合　康
*源義経　近藤好和
源実朝　神田龍身
後鳥羽天皇　五味文彦
九条兼実　村井康彦
九条道家　上横手雅敬
北条時政　野口　実
熊谷直実　佐伯真一
*北条政子　関　幸彦
北条義時　岡田清一
曾我十郎・五郎　杉橋隆夫
北条時宗　近藤成一
安達泰盛　山陰加春夫
平頼綱　細川重男
竹崎季長　堀本一繁
西　行　光田和伸
藤原定家　赤瀬信吾
*京極為兼　今谷　明

*兼好　島内裕子
重源　横内裕人
*運慶　根立研介
快慶　井上一稔
法然　今堀太逸
慈円　大隅和雄
明恵　西山　厚
親鸞　末木文美士
恵信尼・覚信尼　西口順子
覚如　今井雅晴
*道元　船岡　誠
叡尊　細川涼一
*忍性　松尾剛次
*日蓮　佐藤弘夫
一遍　蒲池勢至
*宗峰妙超　竹貫元勝

南北朝・室町

後醍醐天皇　上横手雅敬
護良親王　新井孝重
*赤松氏五代　渡邊大門
*北畠親房　岡野友彦
楠正成　兵藤裕己
*新田義貞　山本隆志
*光厳天皇　深津睦夫
足利尊氏　市沢　哲
佐々木道誉　下坂　守
円観・文観　田中貴子
足利義詮　早島大祐
足利義満　川嶋將生
足利義持　吉田賢司
足利義教　横井　清
大内義弘　平瀬直樹
伏見宮貞成親王　松薗　斉
山名宗全　山本隆志
日野富子　脇田晴子
世阿弥　西野春雄
雪舟等楊　河合正朝
宗祇　鶴崎裕雄
*満済　森　茂暁
一休宗純　原田正俊
蓮如　岡村喜史

戦国・織豊

北条早雲　家永遵嗣
毛利元就　岸田裕之
毛利輝元　光成準治
*今川義元　小和田哲男
*武田信玄　笹本正治
*武田勝頼　笹本正治
*真田氏三代　笹本正治
*三好長慶　天野忠幸
*宇喜多直家・秀家　渡邊大門
*上杉謙信　矢田俊文
島津義久・義弘　福島金治
長宗我部元親・盛親　平井上総
吉田兼倶　西山　克
山科言継　松薗　斉
*雪村周継　赤澤英二
織田信長　三鬼清一郎
豊臣秀吉　藤井讓治
*北政所おね　田端泰子
*淀殿　福田千鶴
前田利家　東四柳史明
*黒田如水　小和田哲男
*蒲生氏郷　藤田達生
*細川ガラシャ　田端泰子
伊達政宗　伊藤喜良
*支倉常長　田中英道
ルイス・フロイス　エンゲルベルト・ヨリッセン
*長谷川等伯　宮島新一
顕如　神田千里

江戸

徳川家康　笠谷和比古
*徳川家光　野村　玄
徳川吉宗　横田冬彦
*後水尾天皇　久保貴子
光格天皇　藤田　覚
崇伝　杣田善雄
春日局　福田千鶴
*池田光政　倉地克直
シャクシャイン　岩崎奈緒子
*田沼意次　藤田　覚
*二宮尊徳　小林惟司
末次平蔵　岡美穂子
*高田屋嘉兵衛　生田美智子
*林羅山　鈴木健一
吉野太夫　渡辺憲司
中江藤樹　辻本雅史
*山崎闇斎　澤井啓一
山鹿素行　前田　勉
*北村季吟　島内景二
貝原益軒　辻本雅史
松尾芭蕉　楠元六男
*ケンペル　B・M・ボダルト＝ベイリー
荻生徂徠　柴田　純
*雨森芳洲　上田正昭
石田梅岩　高野秀晴
前野良沢　松田　清
平賀源内　石上　敏
本居宣長　田尻祐一郎
杉田玄白　吉田　忠
上田秋成　佐藤深雪
木村蒹葭堂　有坂道子
*大田南畝　沓掛良彦
菅江真澄　赤坂憲雄
*鶴屋南北　諏訪春雄
良寛　阿部龍一
*山東京伝　佐藤至子
*滝沢馬琴　高田　衛
平田篤胤　山下久夫
シーボルト　宮坂正英
本阿弥光悦　岡　佳子
小堀遠州　中村利則
狩野探幽・山雪　山下善也
尾形光琳・乾山　河野元昭
*二代目市川團十郎　田口章子
与謝蕪村　佐々木丞平
伊藤若冲　狩野博幸
鈴木春信　小林　忠
円山応挙　佐々木正子
*佐竹曙山　成瀬不二雄
葛飾北斎　岸　文和
酒井抱一　玉蟲敏子

孝明天皇　青山忠正
*和宮　辻ミチ子
徳川慶喜　大庭邦彦
島津斉彬　原口泉
*古賀謹一郎　小野寺龍太
*栗本鋤雲　小野寺龍太
西郷隆盛　家近良樹
*塚本明毅　塚本学
*月性　海原徹
*吉田松陰　海原徹
*高杉晋作　海原徹
ペリー　遠藤泰生
オールコック　佐野真由子
アーネスト・サトウ　奈良岡聰智
緒方洪庵　米田該典
冷泉為恭　中部義隆

近代

*明治天皇　伊藤之雄
*大正天皇　F・R・ディキンソン
*昭憲皇太后・貞明皇后　小田部雄次
大久保利通　三谷太一郎
山県有朋　鳥海靖
木戸孝允　落合弘樹
井上馨　伊藤之雄
*松方正義　室山義正
北垣国道　小林丈広
板垣退助　小川原正道
長与専斎　笠原英彦
大隈重信　五百旗頭薫
伊藤博文　坂本一登
井上毅　大石眞
*井上勝　老川慶喜
*桂太郎　小林道彦
渡辺洪基　瀧井一博
*乃木希典　佐々木英昭
林董　君塚直隆
*児玉源太郎　小林道彦
*高宗・閔妃　木村幹
山本権兵衛　室山義正
*金子堅太郎　松村正義
高橋是清　鈴木俊夫
小村寿太郎　簑原俊洋
*犬養毅　小林惟司
*加藤高明　櫻井良樹
加藤友三郎・寛治　麻田貞雄
牧野伸顕　小宮一夫
田中義一　黒沢文貴
内田康哉　高橋勝浩
石井菊次郎　廣部泉
平沼騏一郎　堀田慎一郎
宇垣一成　北岡伸一
*宮崎滔天　榎本泰子
*浜口雄幸　川田稔
幣原喜重郎　西田敏宏
関一　玉井金五
水野広徳　片山慶隆
広田弘毅　井上寿一
安重根　上垣外憲一
*グルー　廣部泉
*永田鉄山　森靖夫
東條英機　牛村圭
今村均　前田雅之
蔣介石　劉岸偉
石原莞爾　山室信一
木戸幸一　波多野澄雄
*岩崎弥太郎　武田晴人
伊藤忠兵衛　末永國紀
五代友厚　田付茉莉子
大倉喜八郎　村上勝彦
*安田善次郎　由井常彦
渋沢栄一　武田晴人
益田孝　鈴木邦夫
山辺丈夫　宮本又郎
武藤山治　阿部武司・桑原哲也
西原亀三　森川正則
小林一三　橋爪紳也
大倉恒吉　石川健次郎
大原孫三郎　猪木武徳
*河竹黙阿弥　今尾哲也
イザベラ・バード　加納孝代
*林忠正　木々康子
*森鷗外　小堀桂一郎
*二葉亭四迷　ヨコタ村上孝之
夏目漱石　佐々木英昭
巌谷小波　千葉信胤
樋口一葉　佐伯順子
*島崎藤村　十川信介
泉鏡花　東郷克美
*有島武郎　亀井俊介
永井荷風　川本三郎
北原白秋　平石典子
菊池寛　山本芳明
宮澤賢治　千葉一幹
正岡子規　夏石番矢
高浜虚子　坪内稔典
与謝野晶子　佐伯順子
*種田山頭火　村上護
*斎藤茂吉　品田悦一
*高村光太郎　湯原かの子
萩原朔太郎　エリス俊子
*原阿佐緒　秋山佐和子
*狩野芳崖・高橋由一　古田亮
小堀鞆音　小堀桂一郎
竹内栖鳳　北澤憲昭
黒田清輝　高階秀爾
中村不折　石川九楊
横山大観　高階秀爾
*橋本関雪　西原大輔
小出楢重　芳賀徹
土田麦僊　天野一夫
岸田劉生　北澤憲昭
*山田耕筰　後藤暢子
松旭斎天勝　川添裕
中山みき　鎌田東二
佐田介石　谷川穣
*ニコライ　中村健之介
出口なお・王仁三郎　川村邦光
島地黙雷　阪本是丸
*新島襄　太田雄三
木下広次　冨岡勝
嘉納治五郎　クリストファー・スピルマン
柏木義円　片野真佐子
津田梅子　田中智子

＊澤柳政太郎　新田義之
河口慧海　高山龍三
山室軍平　室田保夫
大谷光瑞　白須淨眞
＊久米邦武　髙田誠二
フェノロサ　伊藤　豊
三宅雪嶺　長妻三佐雄
＊岡倉天心　木下長宏
志賀重昂　中野目徹
徳富蘇峰　杉原志啓
竹越與三郎　西田　毅
内藤湖南・桑原隲蔵　礪波　護
岩村　透　今橋映子
＊西田幾多郎　大橋良介
＊金沢庄三郎　石川遼子
上田　敏　及川　茂
柳田国男　鶴見太郎
厨川白村　張　競
天野貞祐　貝塚茂樹
大川周明　山内昌之
西田直二郎　林　淳
折口信夫　斎藤英喜
辰野　隆　金沢公子
シュタイン　瀧井一博
＊西　周　清水多吉
＊福澤諭吉　平山　洋
福地桜痴　山田俊治

田口卯吉　鈴木栄樹
＊陸　羯南　松田宏一郎
黒岩涙香　奥　武則
＊吉野作造　田澤晴子
山川　均　米原　謙
＊岩波茂雄　十重田裕一
＊北　一輝　岡本幸治
＊穂積重遠　大村敦志
中野正剛　吉田則昭
満川亀太郎　福家崇洋
＊北里柴三郎　福田眞人
高峰譲吉　木村昌人
田辺朔郎　秋元せき
＊南方熊楠　飯倉照平
寺田寅彦　金森　修
石原　純　金子　務
辰野金吾　河上真理・清水重敦
＊七代目小川治兵衛　尼崎博正
ブルーノ・タウト　北村昌史

現代

昭和天皇　御厨　貴
高松宮宣仁親王　後藤致人
＊李方子　小田部雄次

吉田　茂　中西　寛
マッカーサー　柴山　太
石橋湛山　増田　弘
重光　葵　武田知己
市川房枝　村井良太
＊池田勇人　藤井信幸
高野　実　篠田　徹
和田博雄　庄司俊作
朴正熙　木村　幹
竹下　登　真渕　勝
＊松永安左エ門　橘川武郎
鮎川義介　井口治夫
＊出光佐三　橘川武郎
松下幸之助　米倉誠一郎
渋沢敬三　井上　潤
＊本田宗一郎　伊丹敬之
井深　大　武田　徹
＊佐治敬三　小玉　武
幸田家の人々　金井景子
＊正宗白鳥　大嶋　仁
大佛次郎　福島行一
＊川端康成　大久保喬樹
＊薩摩治郎八　小林　茂
松本清張　杉原志啓

安部公房　鳥羽耕史
＊三島由紀夫　島内景二
井上ひさし　成田龍一
R・H・ブライス　菅原克也
金素雲　林　容澤
柳　宗悦　熊倉功夫
バーナード・リーチ　鈴木禎宏
イサム・ノグチ　酒井忠康
川端龍子　岡部昌幸
藤田嗣治　林　洋子
＊井上有一　海上雅臣
＊手塚治虫　竹内オサム
古賀政男　藍川由美
＊吉田　正　金子　勇
武満　徹　船山　隆
＊八代目坂東三津五郎　田口章子
＊力道山　岡村正史
＊西田天香　宮田昌明
安倍能成　中根隆行
サンソム夫妻　平川祐弘・牧野陽子
和辻哲郎　小坂国継
矢代幸雄　稲賀繁美
石田幹之助　岡本さえ

＊平泉　澄　若井敏明
安岡正篤　片山杜秀
島田謹二　小林信行
前嶋信次　杉田英明
保田與重郎　谷崎昭男
＊福田恆存　川久保剛
井筒俊彦　安藤礼二
佐々木惣一　松尾尊兊
＊瀧川幸辰　伊藤孝夫
矢内原忠雄　等松春夫
福本和夫　伊藤　晃
＊フランク・ロイド・ライト　大久保美春
大宅壮一　有馬　学
今西錦司　山極寿一

＊は既刊
二〇一四年八月現在